DOCUMENTS HISTORIQUES INÉDITS SUR LE DAUPHINÉ
Sixième livraison

ORDONNANCES

DES

ROIS DE FRANCE

ET AUTRES PRINCES SOUVERAINS

RELATIVES AU DAUPHINÉ

PRÉCÉDÉES D'UN

CATALOGUE DES REGISTRES

DE L'ANCIENNE CHAMBRE DES COMPTES DE CETTE PROVINCE

PUBLIÉES

par

C.-U.-J. CHEVALIER

Prêtre, Correspondant du Ministère de l'Instruction publique
Officier d'académie

COLMAR
IMPRIMERIE DE CH.-M. HOFFMANN
MDCCCLXXI

TIRÉ A **400** EXEMPLAIRES

Nº ~~45~~

NOTICE PRÉLIMINAIRE

Sans répéter ici ce que nous avons exposé ailleurs en détail[1], nous rappellerons que les archives des Dauphins de Viennois ont été inventoriées à trois reprises : en 1277, en 1346 et à la fin du XVIIe siècle. L'Inventaire des Ordonnances royales relatives au Dauphiné, que nous publions dans la présente livraison, se rapproche par la date de son exécution (1689[2]) du travail terminé en 1698 par l'avocat Marcellier, mais s'en distingue pour la forme et lui est supérieur quant à la rédaction.

Le manuscrit unique où nous l'avons rencontré provient de la bibliothèque du président de Valbonnais[3] ; il a été mis à notre disposition avec une extrême obligeance par son possesseur actuel, M. Amédée de Bouffier. C'est un in-folio relié en veau et composé de 500 pages (numérotées) en papier vergé.

[1] Documents histor. inédits sur le Dauphiné, 2e livr., p. V, ss.
[2] Comme on peut l'inférer des plus récentes pièces analysées, conjecture que ne contredit pas l'écriture du ms.
[3] Voir la préface de la 10e livr. de la présente collection : Correspondance politique et littéraire de Valbonnais : Grenoble, in-8°.

A l'aide de la série numérique que nous avons établie on constate qu'il renferme 1524 analyses. Un chapitre préliminaire (n°ˢ 1 à 78) comprend les actes émanés de princes et seigneurs étrangers (empereurs, papes, comtes de Savoie, etc.) à partir de l'an 1155 : les livraisons précédentes ont prouvé qu'au XIII° siècle comme au XIV° les archives des dauphins ne renfermaient aucun document antérieur ; les ordonnances des souverains particuliers du Dauphiné avant le transport de cette province à la couronne (n°ˢ 79 à 162) ne commencent qu'en 1244, c'est-à-dire sous Guigues VII ; celles des rois et dauphins de la maison de France (n°ˢ 163 à 1524) sont divisées par règnes à partir de 1349.

En tête de chaque analyse le rédacteur a indiqué invariablement la source du texte de la pièce.—La plus grande partie des originaux mentionnés se trouvaient dans la Caisse de Dauphiné, c'est-à-dire dans le placard des archives de la Chambre des comptes où étaient conservés les titres relatifs à cette province en général ; un petit nombre appartenaient à la Caisse de Viennois. En l'absence de toute cotature définitive au dos de ceux de ces originaux qui se retrouvent aux archives de la préfecture de l'Isère, nous avons dû nous borner pour ces articles à l'abréviation C. D. ou C. V. — Il en est par bonheur autrement des copies contenues dans divers registres des mêmes archives, pour lesquels nous avons employé trois classifications. A l'égard de ceux qu'il nous a été donné de retrouver à la préfecture de l'Isère, nous avons remplacé le titre intégral par une lettre et un chiffre, qui correspondent à la série et au volume du classement actuel, un deuxième chiffre indique le folio, dont nous avons vérifié d'ordinaire l'exactitude; bien qu'une refonte dans la série B soit imminente, nous avons cru ce changement indispensable, autant pour éviter des répétitions continues que pour rendre dès maintenant possibles les recherches; on trouvera d'ailleurs plus loin toutes les tables de concordance désirables. Pour les registres en déficit ou qui ne figurent pas dans le classement précédent, nous renvoyons à l'aide de deux chiffres, l'un romain et l'autre arabe, aux numéros des diverses parties d'un Catalogue des registres de la chambre des comptes de Dauphiné, rédigé au commencement du XVIIIe siècle; un 3e chiffre indique le folio.

C'est encore à la bienveillante communication de M. A. de Bouffier que nous devons de pouvoir reproduire intégralement ce précieux répertoire, dont il n'existe à notre connaissance aucune copie. L'in-4° qui le renferme se compose de 91 feuillets (non numérotés) reliés en carton avec dos en parchemin. Les doubles étagères du grand bureau de la chambre des comptes, dont il donne l'inventaire, sont rangées dans l'ordre suivant: N°s 1, 4, 2, 3 et 5 (néant), 6, 7, 8, 9, 10, 11, 12 et 13 (néant), 14, 15 et 17, 16, 18, 19, 20, 21, 22, 23, 24, 25, 26, 28, 30, 32, 34, 36, 38, 27, 29, 31, 33, 35 et 37; nous avons classé ces numéros dans leur ordre naturel pour la facilité des recherches [1].

(1) Nous avons adopté, dans la description des volumes, les abréviations suivantes: an., année, anno; b., basane; c., couvert, c-ture; cah., cahier; cart., carton; com., commençant; col., cotature; d., date; f., ff., feuillet, f-ts; fin., finissant; h., haut; l., lettre; m., marqué; p., parchemin; pap., papier; pet., petit; pl., plus; r., registre; rel., relié; roul., rouleau; s., sans. Les marques distinctives ont été représentées approximativement; les chiffres entre crochets, à la fin de certains articles, renvoient aux numéros provisoires de la série B des archives de l'Isère, et la lettre B à des volumes sans cote.

INVENTAIRE

DES REGISTRES, PARCHEMINS ET AUTRES PAPIERS QUI SONT DANS LES ARCHIVES DU GRAND BUREAU DE LA CHAMBRE DES COMPTES DE DAUPHINÉ.

N° I.

1. *R. coté en h.* Bouciquaut *et un peu pl. bas* Investituræ et retentio. es factæ per dom. Gubernatorem ab anno 1401. *m.* ⊞, *rel. en p.* — 2. Retentiones et investituræ de tempore regiminis. de arca G. Dalphi 1406. *m.* ⊞. *rel. en p.* — 3. Liber reemptionum ac certarum acquisitionum jure prælationis factarum ab anno 1415. *m.* ⊞, *rel. en p.* — 4. Tertius liber retentionum inceptus de anno Domini 1410. — 5. Quartus liber retentionum ab an. Domini 1435. *c. de p.* — 6. Quintus liber retentionum ab an. 1484. — 7. Sextus liber retentionum inceptus de an. Domini 1506. — 8. Septimus liber retentionum inceptus de an. Domini 1519. — 9. Octavus liber retentionum ab an. Domini 1533. — 10. Nonus liber retentionum ab an. Domini 1541. — 11. Dixième registre retentionum com. en l'an. 1547 et fins en 1557.

12. Douzième registre retentionum ab an. 1562. fin. en 1571. — 13. XIII° reg. retentionum ab an. Domini 1575. — 14. XIV° reg. retentionum ab an. Domini 1567. — 15. Reg. des investitures pour le Roy à Crest 1570 jusq. en 1582. — 16. XVI° reg. retentionum ab an. 1582. — 17. XVII° reg. retentionum ab an. 1591. — 18. XVIII° reg. retentionum ab an. 1595 jusq. en 1599. — 19. XIX° reg. retentionum ab an. 1600. — 20. XX° reg. retentionum ab an. 1604, 1605 et 1606. — 21. Reg. des investitures et lettres de naturalité de 1606 à 1616.

N° II.

Registres concernant les lods.

1. Carnet des lods recelés. *rel. et c. de p.* — 2. Allodialia patriæ Dalphinatus, *s. d. et c.* — 3. Extrait du registre où appert la cotte des lods de tout le Dauphiné. *rel. en p.* — 4. De laudimiis Vallis

Bonesii, *rel. en p.* — 5. Laudimia, venditiones et successiones castellaniæ Campissauri unius anni inchoati in festo sancti Joannis Baptistæ 1424. *s. c.* — 6. Sequuntur laudimia et venditiones quæ reperiuntur pro domino nostro dalphino in baillivatu Ebredunensi, etc., *s. c.* — 7. De laudimiis et venditionibus domino nostro debitis in Graisivaudano per magistrum Joannem Attuherii extracta facta, *c. de p.* — 8. Pro laudimiis et venditionibus feudorum nobilium extractæ missæ per notarios hujus patriæ Dalphinatus vigore dominicalium litterarum, *c. de p.* — 9. Recherches d'actes des notaires pour les fiefs, *s. c.* — 10. Répertoire de plusieurs articles et contracts de ventes dont les lods et ventes étoient deus au dauphin dans le mandement de Voyron 1188, *s. c.* — 11. Briançonnois, Bardonnenche, *pl. bas* Millaures et Beolar, et encore *pl. bas* Carnet des lods deus au roy dauphin par les particuliers desd. lieux dont partie ont été payés, *c. de p.* — 12. Registre contenant les extraits sommaires tirés des protocols des notaires concernant les lods et ventes deus au Roy sur les terres de Montelimard, Sauzet et Savasse, etc., *s. c.* — 13. Computa laudimiorum recelatorum in castellania Valentinensi et Dyensi sub ressortu Cristæ Arnaudi, et computa laudimiorum recelatorum in mandamento Curnillionis, Serri et certorum aliorum locorum infra mentionatorum, *c. de p.* — 14. Manuale laudimiorum ab anno 1537, *c. de p.* — 15. Liber ad causam laudimiorum recelatorum per dominos computorum dalphinalium auditores commissarios, *c. de p.* — 16. Manuale laudimiorum totius patriæ Dalphinatus inceptus mense decembris 1512, *c. de p.* — 17. Registre des procès meus pardevant Mges des comptes de Dauphiné pour raison des lods et autres droits et devoirs seigneuriaux deus au roy notre sire, en vertu de sa commission à eux addressant, commancé au mois de décembre 1550, *c. de p.* — 18. Rolle et commission de M^{rs} des comptes du Dauphiné pour contraindre les nommés aud. rolle à payer les lods y contenus qui ont été vérifiés par Me Henry Matheron, commissaire au renouvellement des recognoissances de La Buissière et Bellecombe, *c. de p.* — 19. Registre des lods et devoirs seigneuriaux, commancé le 5 mar^s 1565 jusques en 1575, *c. de p.* — 20. Registre sur le fait des lods pardevant M^{rs} les commissaires, commancé le 22 mars 1581. — 21. Registre des taxes des loyauts couts pour les ventes faittes à perpétuité en l'année 1593 et 1594. — 22. Extracta protocollorum notarum notariorum judicaturæ Viennesii et Valentinesii per eosdem receptarum tangentium laudimia et venditiones domino nostro dalphino debita, etc.

N° IV.

Suite des registres des investitures, rel. en p. sur cart.

1. Vingt-unième registre retentionum com. en l'an 1610, fins en 1610. — 2. xx:e reg. retentionum de 1616 à 1622. — 3. xxiiie reg. des investitures et naturalités de 1617 à 1633. — 4. xxive reg. des invest., natur. et légitimations du 22 mars 1625 à 1637. — 5. xxve reg. des invest. et natur. du 30 avril 1637 à 1643. — 6. xxvie reg. des invest. et natur. de 1643 à mars 1649. — 7. xxviie reg. des invest. et natur. du 6 mars 1649 à 1656. — 8. xxviiie reg. des invest. de 1657 à 1670.

Encore des registres d'investitures

9. xxixe registre des investitures de 1670 à 1686. — 10. xxxe reg. des investitures de 1686 à 1688. — 11. xxxie reg. des investitures de 1688 à 1692. — 12. xxxiie reg. des investitures 1693 et 1705. — 13. Primus liber placitorum, m. +. — 14. Liber extracta placitorum. — 15. Tarif et manière contenant la cotte des lods deus a Sa Majesté en sa province du Dauphiné a cause des hauts et petits fiefs mouvans et relevans du Roy, *et pl. bas* Repertorium retentionum inceptum anno 1461.

N° VI.

Registres d'hommages, couv. de parch. sur cart.

1. Pilati n° iiic xxxiiii, *526 ff.* [8]. — 2. Pilati 1335, 1336, 1337 et 1338. — 3. Pilati 1338 et 1339. — 4. Pilati 1340, 1341 et 1342, *m.* +. — 5. Pilati n° iiic xliii et xliiii, *et pl. bas* Veræ pactiones inter regem Dalphinatus ad causam transportus Dalphinatus f° 21, *et encore pl. bas* In secundo volumine hic consuto f° 24 inseritur publicatio et confirmatio pactionum et juramentorum prelatorum, baronum et nobilium Dalphinatus super successione Dalphinatus cum transportu hujus patriæ in primo genere Franciæ, *590 ff.* [9]. — 6. Pilati mcccxliii, xlv, xlvi, xlvii, xlviii et xlix. *270 ff.* [10]. — 7. Pilati mcccxlvi et xlvii, *m.* $, *221 ff.* [11]. — 8. Pilati mcccxlviii et xlix, dans ce reg. sont les libertés du Dauphiné et la confirmation d'icelles, et

l'hommage du comte de Clermont. *252 ff.* [12] — 9. Pilati M⁰ III ˣ XLIX, *547 ff.* [13]. — 10. Pilati M⁰ III ᶜ L et LI. *m. B. 215 ff.* [14]. — 11. Pilati M⁰ III ᶜ LII, LIII, LIIII et LV, *506 ff.* [15] — 12. Pilati M⁰ III ᶜ LV, LVI, LVII, LVIII et LIX. *202 ff.* [16]. — 13. Pilati M⁰ III ᶜ LX, LXI, LXII, LXIII, LXV, LXVI, LXVII et LXVIII. *294 ff.* [17].

Sept petits registres longs et étroits, c. de p. sur cart. (15 à 19) ou de simple p. (14 et 20).

14. Pilati M CCC XXV, XXVI et XXVII, *m.* ♂ L, *92 ff.* [3] — 15 Pilati M III ᶜ XXIX, XXX et XXXIX, *m.* ♂. *515 ff.* [5]. — 16. Pilati M III ᶜ XXXI, XXXII et XXXIII, *m.* ♂. *571 ff.* [6] — 17. Pilati M III ᶜ XXXIIII. *m.* ✝, *200 ff.* [7] — 18. Pilati 1335, 1336, 1337 et 1338. *m.* ✝. — 19. Pilati M III ᶜ XXVII, XXVIII et XXXVIII. *275 ff.* [1] — 20. Pilati 1338. *m.* ✝

Registres en parchemin couverts et rel. en p. sur cart.

21. Primus homagiorum Joannis Nicoleti 1349. *205 ff. p.* [18]. — 22. Secundus liber homagiorum Joannis Nicoleti 1356, *217 ff.* [19]. — 23. Tertius Nicoleti 1377, *190 ff.* [20]. — 24. Quartus liber homagiorum Joannis Nicoleti 1387, *110 ff.* [21]. — 25. Primus homagiorum Petri Paneti 1388. — 26. Secundus Petri Paneti 1399. *124 ff.* [22]. — 27. Tertius homagiorum Petri Paneti 1407, *175 ff.* [23]. — 28. Quartus liber homagiorum Petri Paneti 1413. *500 ff.* [24]. — 29. Quintus liber homagiorum Petri Paneti 1413, *178 ff.* [25]. — 30. Sextus liber homagiorum Petri Paneti 1413, *582 ff.* [26]. — 31. Homagia recepta per Petrum Paneti 1413, *m. T, c. de b*, *220 ff.* [27].

N° VII.

Registres d'anciens hommages, couv. d'un simple p.

1. Invantaire des hommages et titres receus par Humbert Pilati, divisé par baillage, *fort usé*. — 2. Primus liber Repertorii protocollorum magistri Humberti Pilati, *et pl. bas* Inventoria protocollorum Humberti Pilati et Joannis Nicoleti. — 3. Secundus liber Repertorii Humberti Pilati, *et pl. bas* 2° Repertoire des actes d'hommages d'Humbert Pilati. — 4. Repertorium homagiorum et denominationum per magistros Nicoleti et Paneti. — 5. Tabula super sex libris homagiorum receptorum per Petrum Paneti, Joannem

Nicoleti, Joannem de Neuleyo, Jacobum Boyssonis et Guigonem Frumenti, et per clericos compotorum. — 6. Invantaire, fait sur les protocols des notaires du Briançonnois, des actes qui concernent les droits appartenans au Dauphin, dont le 1ᵉʳ est de 1369 et finit en 1405. — 7. Notæ Poncii Lamberti signatæ per B. 1328. — 8. Mémoires de quelques hommages faits à Humbert dauphin, dont les originaux ont été recueillis dans les registres de Pilati 1338, *r. long et étroit*. — 9. Notæ Hugonis Lamberti homagiorum Valentinensis et Dyensis 1340. — 10. Notæ Joannis Raboti notarii Upiæ, Valentinois et Dyois 1347, *r. c. d'1 f de pap. blanc*. — 11. Notæ plurium homagiorum receptorum per Franciscum Bermundi notarium, etc. 1355. — 12 Vapince?ii super patrimonio domini nostri Dalphini 1331, *m. 8*. — 13. Baronarum patrimonia, *r. fort usé m. ...*. — 14. Seize titres concernant plusieurs assignations faittes par Humbert dauphin pour l'aquittement des légats faits par Jean, Henry et Guigues ses prédécesseurs, pour le payement de plusieurs achepts de maisons à Grenoble, quelques albergements et l'hommage du comte de Forest au dauphin Guigues, 1349, *r. s. c. entouré d'1 corde, cot. au bas*. — 15. Liber vaccantiarum restantium ad recognoscendum in terreriis Dalphinatus propter multa impedimenta, etc. 1395, *m. 8, ... 4ᵉ B*. — 16. Alter liber Mathei Thomassini, *c. de p. sur cart*. — 17. Recognitiones feudorum et homagiorum nobilium Ebredunesii pro domino 1433, *a. †*. — 18. Extracta super recognitionibus receptis per Joannem de Royna in castellania Vizilie, unacum Repertorio novo super aliis antiquis recognitionibus facto per me P. Attaherii, ad faciendas dictas recognitiones dictæ castellaniæ commissariam de quo tem. 1433, *m. A*. — 19. Recognitiones rerum arnachiarum receptæ per notarios ibidem nominatos, 1450, *m. 4*.

Divers registres d'hommages.

20. Copiæ homagiorum per retro comites Valentinensis domⁱ Dalphinis præstitorum pro pluribus terris ab anno 1277 usque 1313 et aliquorum instrumentorum. — 21. Homagium factum domᵒ Dalphino per dominum de Briva de pareria Parisetis et designatio censuum quos ibi capit, de anno 1305. — 22. Ser... pro homagiis regni et Alvergniæ 1353. — 23. Super homagiis et aliis juribus generalibus dalphinalibus in civitate Ebreduni 1392. — 24. Homages receus par Pierre Panet, *et pʳ. bas Dauphiné 1443, m. BB, c. de p.*

sur cart. — 25. Homagiorum receptorum per P. Paneti, F. Nicoleti et J. Guiffredi, dalphinales secretarios, liber tertius 1413. *m.* H. — 26. Homagii praestatio, feudi recognitio ac denominatio baroniæ Rossillionis 1411, *m.* K. — 27. Liber homagiorum receptorum de anno 1414 per Petram Paneti etc.. *m.* + F O. — 28. Quædam homagia et recognitiones Moatilii et Savassiæ 1424. — 29. Liber homagiorum receptorum de tempore regiminis dom' Mathei de Foxo, comitis Comenarum, gubernatoris Dalphinatus etc., 1427 et 1436. *m.* Q. — 30. *Oranges et pl. bas* S jauntur homagia recepta et extracta a protocollis et manualibus magistrorum Joannis Guiffredi et Claudii Bovis, secretariorum et clericorum olim cameræ Dalphinatus computorum, quæ non registrabantur cum cæteris homagiis receptis per secretarios, ut seriosus cavetur infra. 1427 — 31. Notæ Francisci Guiffredi 1437. *m.* +°, *r. long et étroit.* — 32. Liber homagiorum ab anno Dom' 1449, quo adepta fuit possessio Dalphinatus nomine domini nostri Ludovici dalphini Viennensis, 1440. *m.* X. — 33. Homagia recepta per dom. cancellarium de anno 1416. *m.* +°. — 34. Y s'ensuivent les hommages et sermens de fidélité faits à Mgr le dauphin, commandé à son secrétaire Jean Poittiers par les nobles qui cy après s'ensuivent, de l'an 1446, *m.* +°. — 35. Homagia ligia per novos habitatores de Nyhonis praestita sub annis et diebus intus in praesenti libro descriptis. 1526 jusques en 1528. — 36. Protocollum Hugberti Graneti, clerici cameræ computo rum dalphinalium 1371. *m.* B. — 37. Protocollum homagiorium dalphinalium receptorum per me Joannem de Neuilleyo 1375. *m.* ?. — 38. Copiæ instrumentorum et extractorum protocollorum in Ebredunesio, tangentium dominum nostrum dalphinum, quorum prima est ab anno 1385. — 39. Protocollum Joannis Henrici 1386, *m.* CT. — 40. Protocollum homagiorum receptorum per Franciscum Nicoleti, secretarium dalphinalem, ab anno 1396, die 1ᵃ mensis madii, *m.* A. — 41. Protocollum Francisci Nicoleti 1430 et 1437, *m.* E. — 42. Protocollum Joannis de Drosay, sunt ibidem certa homagia, Dauphiné 1414 — 43. Protocollum mei Petri Millanexii, inchoatum anno Dom' 1474, inditione 7ᵃ, die 25ᵃ novembris, etc. 1474. *m.* (A). — 44. Extracta protocollorum notarum notariorum judicaturarum Brianconesii, Ebredunesii, Vapincesii et Baroniarum, etc., *et pl. bas* Laudimia et venditiones 1485. — 45. Protocollum homagiorum et recognitionum Chalanconis receptorum per Galifet 1489. — 46. Protocollum nonnullorum instrumentorum investiturarum et aliorum receptorum per Georgium Testatoris de Valfenaria, scribam secretariorum, etc. 1565 et 1521, *m.* CT. — 47. Protocollum mei Guigonis Boconis plurium annorum 1415 et 1420, *m.* R.

N° VIII.
Gros registres d'hommages.

1. Certa homagia Valentinensis et Dyensis, *et plus bas* Secundus homagiorum receptorum per Reymondum Bermundi (puis Humberti) 1336 jusques en 1429, *c. de b.,* 264 *ff.* [29]. — 2. Homagiorum de turri Valantinensis et Diensis receptorum per Reymondun Umberti 1344 jusques en 1349, *m.* OO, *c. de b.,* 450 *ff.* [38]. — 3. Bermundi Girini 1351, *c. de p. sur cart.* — 4. Notes de Bertrand Rabot notaire 1411, Valentinois, *où il n'y a que 18 actes utiles au roi, c. de b.* — 5. Protocolle des contracts receus par M° Bertrand Rabot, 1412, *c. de b.* — 6. Homagia recepta per secretarios computorum Dalphinatus et quamplures denominationes feudorum ab anno Nativit. Domini 1420 usque ad an. 1449, *m.* II, *c. de p. sur cart.* — 7. Perroquet petit mignon 1450, *m.* M, *sur la c. de cart. un perroquet en effigie.* — 8. Homagia recepta per clericos cameræ computorum Dalphinatus et per secretarios regios et dalphinales, et quamplures denominationes feudorum ab anno Nativit. Dom. 1466, cum quodam quaterno de præterito tempore in principio hujus libri inchoato ab an. 1450, *m.* AA, *c. de p. sur cart.* — 9. Homagia baroniæ Chalanconis delà le Rhosne recepta per Gallifeti, Matonis et Monachi 1489 et 1490, *c. de p. sur cart.*

Autres registres d'hommages.

10. Liber homagiorum præstitorum ab anno Domini 1498, receptorum per secretarios, fins en 1541, *c. de p. sur cart.* — 11. Hommages faits ez mains de M" des comptes du Dauphiné, receus par les secrétaires desd. comptes en l'an. 1541 et autres ensuivans, fins en 1560, *m.* L, *c. de p. sur cart.* — 12. Second livre des hommages faits à M" des comptes de Dauphiné, com. en l'an. 1560 et fin. en 1620, *m.* V, *c. de p. sur cart.*—13. Homagiorum libri tertius, quartus et quintus, receptorum per secretarios ab an. 1600 ensuivans jusq. en 1602, *m.* I, *c. de p. sur cart.* — 14. Homages receus par les secrétaires, com. le 11 avril 1620 jusq. en 1631, *m.* II, *c. de p. sur cart.* — 15. Homages et dénombremens, com. le

11 aoust 1635. fins 1645. *c. de p.* — 16. Hommages pour les terres et seigneuries et autres fiefs nobles étans rière le baillage de Vienne et terre de La Tour, com. en 1645. *m. A. c. de p.* — 17. Hommages pour les terres et seign. et aut. fiefs nobles étans rière le baillage du Buis et Baronies, du 16 mars 1645 au 12 aoust 1667, *m. A, c. de p.* — 18. Hommages p' les ter. et seig. et aut. fiefs nob. étans rière le baillage de Gap. an. 1645 et 1671. *m. A, c. de p.* — 19. Hommages p' les ter. et seig. et aut. fiefs nob. étans rière la sénéchaussée de Montélimard, an. 1645, fins au 28 novem. 1667, *m. A, c. de p.* — 20. Hommages p' les ter. et seig. et aut. fiefs nob. étans rière le baillage de Briançon, an. 1645 et 1657, *m. A, c. de p.* — 21. Hommages p' les ter. et seig. et aut. fiefs nob. étans rière le baillage d'Ambrun, 1645 jusq. en 1651. *m. A, c. de p.* — 22. Hommages de la sénéchaussée de Crest et judicature de Dye, *m. A, c. de p.* — 23. Hommages p' les ter. et seig. et aut. fiefs nob. étans rière le baillage de Saint-Marcellin et eslection de Romans 1645. *m. A, c. de p.* — 24. Reconnoissances de plusieurs particuliers, possédans des fonds nobles dans le baillage de Briançon, an. 1645, *c. de p.* — 25. Registre des hommages rendus depuis le commancement du règne de Louis 14°, com. en 1645, *et pl. bas* Mons et Namur conquis en 1691 et 1692 aussy bien que Montmeillan et Nice, *c. de p. sur cart.* — 26. Hommages et dénombremens des baillages de Graisivaudau, Ambrun, Briançon, Gap et le Buis 1676 et 1695, *c. de p. sur cart.* — 27. Hommages et dénombremens des baillages et sénéchaussées de Vienne, Saint-Marcellin, Valence, Montélimard, Crest et Dye, 1677 et 1695, *c. de p. sur cart.* — 28. Hommages depuis 1695 jusques en 1701 des baillages de la province. Suze pris en 1704. *c. de p. sur cart.* — 29. Livre contenant les terres et seigneuries du domaine de sa majesté, les terres et seigneuries des seigneurs banarets qui sont rière l'eslection de Grenoble, baillage de St-Marcellin, maisons fortes, fiefs, rentes, directes et autres droits et portions nobles etc., *c. de p.*

N° IX.

Registres d'anciens hommages couv. de parch.

1. Protocollum Petri Pilati anno 1318 et sequentibus. — 2. Reymundi Humberti 1335 et 1355. *m. A.* — 3. Protocolle des actes receus par Etienne Girard notaire de Grenoble et autres notaires,

commancé en 1318 et finissant en 1319, *et au bas* Graisivaudan, *m.* +. — 4. Notes de Jean Rabot notaire 1355, *m.* B. — 5. Protocollum Joannis Nicoleti de anno 1368, *m.* R.—6. In isto libro sunt plures notæ per me Joannem Raboti ad opus domini nostri comitis receptæ 1380, *m.* +. — 7. Notæ Giraudi Piconis 1390, *m.* +.—8. Notæ Francisci Nicoleti de anno 1395 et 1399, *m.* V. — 9. Registrum notarum mei Joannis Raboti 1396, *m.* G. — 10. Rotulus super compromissis, pactibus et quibusdam processibus factis et habitis inter dom. dalphinum et comitem Sabaudiæ confectus, 1287 et suivans, *roul. de p.* — 11. Hic sunt quadragesima octava instrumenta simul annexa tangentia etc. 1290, *roul. de p.* — 12. Prise de possession du Dauphiné du 16 juillet 1319, avec plusieurs hommages, *roul. de p. fort gros.* — 13. Dauphiné, plusieurs hommages receus par Humbert Pilati en faveur de Charles dauphin en 1350, *gros roul. de p.* — 14. Dauphiné, plusieurs hommages rendus au Dauphin en la personne de Henry de Villars, gouverneur de la province, et quelques ventes faittes au dauphin receus par Pilati l'an 1351, *roul. de p.* — 15. Hommages receus par Humbert Pilati en 1352, *roul. de p.* — 16. Extraits de divers hommages receus par Pilati en l'an 1353, *roul. de p.* — 17. Dauphiné, *et pl. bas* Hommages 1415, *pet. roul. de p.* — 18. Dauphiné, hommages 1440, *2 pet. roul. de p.*

Encore des registres d'hommages.

19. Homagia comitis Valentinensis quæ sunt in regno trans Rhodanum, *et au bas* Nihil pro causa comitatus 1267, 1285, *c. de p.* — 20. Caternus certorum homagiorum ad causam baroniæ Clayriaci et castri Belliregardi 1515, *m.* +°, *c. de p.* — 21. Plusieurs hommages et autres actes en faveur de Guillaume comte de Genève pour Theys, La Pierre et Domaine de 1319, 1320 et 1321 et autres années, *s. c.* — 22. Hommage prêté au Dauphin par le comte de Forest en 1325, *m.* X°, *s. c.* — 23. Registre contenant coppie d'hommage prêté au Dauphin par Aymard de Poitiers, comte de Valantinois et Dyois, du château d'Etoile et de plusieurs autres terres y mentionnées, de l'an 1332; ensemble coppie de plusieurs actes concernant la maison de Poitiers, comme le mariage du seigneur de Clermont avec la fille du comte de Valantinois, le compromis entre Aymard de Poitiers, comte de Valantinois, et Guillaume de Poitiers, seigneur de Fays, quittance de Guichard de

Beaujeu à Aymard de Poitiers, comte de Valantinois, de 4350 florins, la tutèle pour les enfans d'Amédée de Poitiers, testament d'Aymard de Poitiers, comte de Valantinois, neveu d'Aymard 1ᵉʳ, transaction entre le comte de Valantinois et Charles de Poitiers, seigneur de Saint-Vallier. *s. c.* — 24. Certa homagia recepta per Reymundum Humberti 1336 et 1355, *m. O, c. de p.* — 25. De homagiis Valentinensis et Dyensis receptis per Reymundum Humberti 1339, *m.* +, *c. de p. sur cart.* — 26. Dans ce registre sont plusieurs actes concernant le dauphin Humbert : 1° l'hommage de Gaucher de Monteil, le dauphin luy donna mille florins d'or de revenu qu'il luy assigna sur le péage par eau et par terre de Saint-Nazaire-en-Royans. 2° vente de ce qu'il avoit en Normandie, 3° vente à luy faitte d'un pré à Grenoble, 4° assignation pour la dot de Catherine sa batarde, 5° recognoissances en fiefs de rentes à Bourgoin, 6° albergement de la mistralie d'Herbeys et des moulins de Vaunaveys et des Angonnes, 1310 et 1311. *cot. du dʳ f., s. c.* — 27. Cartularium homagiorum receptorum in baronia Clayriaci 1314 et 1360. *m.* +, *c. de p.* — 28. De notis homagiorum Stephani Ouzerii 1346 et 1366. *c. de p.* — 29. Hommages des habitans du Briançonnois 1349. *c. de p. fort usé.* — 30. Quatre hommages de l'année 1353. *cah. de 5 ff. long et étroit s. c.* — 31. Notæ dom. comitis Valentinensis receptæ per Reymundum Salvestri notarium ab anno Dom. 1361. *c. de p.* — 32. Liber magnæ formæ signatus per C. Vitalis Lamberti et Joannis Raboti 1374 et 1415. *c. de p.* — 33. Papirus declarationum feudorum Nicoleti 1376 et 1386. *m. K, c. de p.* — 34. Registrum homagiorum et investiturarum inceptum de mense februarii anno Nativit. Dom. 1389, *m. B, c. de p. sur cart.* — 35. De homagiis receptis per Joannem Henrici 1389 et 1390, *m. A, c. de p.* — 36. Hommage de noble Bertrand de Remusac pour Benivais et Beauvesin 1390 ; autre pour noble François de Grimaud dit Beaygues pour hommes, cens, servis et autres choses qu'il avoit à Voyron, Tolvon, Saint-Laurent-du-Pont, Miribel et Reaumont 1390, Baronies, Graisivaudan. *m.* &, *s. c.* — 37. Homagia Joannis Henrici 1390, *m. X, c. de p.* — 38. Quartus liber homagiorum Boyssonis 1395, *c. de p.* — 39. Hommages, reconnoissances du Vivareiz de 1490, *s. c.* — 40. Notæ Joannis Raboti notarii Upiæ, Valentinois et Diois. 1317. *s. c.* — 41. Jacobus Boyssonis 1376 jusques en 1386, *c. de p. sur bois.*

N° X.

Registres des dénombrements.

1. Dénombrement donné par M⁰ Jean Bérenger, seigneur de Morges, de l'année 1388, *c. de peau.* — 2. Papirus denominationum, specificationum et recognitionum factarum super homagiis, receptarum per me Joannem Henrici, secretarium dalphinalem, *et pl. bas* Denominationes Graisivaudani, Baroniarum, Valentinensis et Dyensis, Viennensis et Valentinensis, et Viennensis et terræ Turris 1388, *m.* K, *c. de p.* — 3. Denominationes Vapincesii et Triviarum 1396, *m.* L, *c. de p.* — 4. Denominationes sive recognitiones feudorum nobilium Brianconesii 1399, *c. de p. sur cart.* — 5. Denominationes Viennesii, Valentinesii ac Graisivaudani 1400, *m.* G, *c. de p.* — 6. Denominationes Viennesii et terræ Turris 1411, *m.* D, *c. de p. sur cart.* — 7. Premier livre des dénombremens particuliers du temps de Louis dauphin de Viennois 1414, *m.* A, *c. de p. sur cart.* — 8. Particulares denominationes feudorum baillivatuum Brianconesii, Ebredunesii, Vapincesii et Baroniarum, etiam Valentinesii et Dyesii 1436, *m.* F, *c. de p. sur cart.* — 9. Liber denominationum feudorum baillivatuum Graisivaudani, Ebredunesii et aliorum locorum 1437, *m.* B, *c. de p* — 10. Denominatio particularis domini Rupis Chinardi 1446, *c. de p.* — 11. Particulares denominationes feudorum baillivatuum Viennesii et Valentinesii ac terræ Turris 1447, *m.* C, *c. de p.* — 12. Denominationes baroniæ Chalanconis 1491, *c. de p. sur cart.* — 13. Denominationes nobilium habentium feuda et censos in mandamento Posini et Sancti Petri de Barry in regno 1508 et 1509, *c. de p. sur cart.* — 14. Dénombrement de la grande maison de Chartreuse, de l'acquisition qu'elle a fait de la jurisdiction d'Arces du s' de Bellegarde, seigneur de Caderousse, et des s'ˢ de Saint-André et autres, tant en Chartreuse, en Entremont-le-Vieux, aux Entre-deux-Guiers, Saint-Laurens-du-Pont et autres lieux, du 13 aoust 1620, *c. de p.*

Suite des dénombrements. c. de p. sur cart.

15. Liber denominationum Valentinensis et Dyensis, et Viennesii et Valentinesii de anno 1539. — 16. Denominationes baillivatus Graisivaudani 1540. — 17. Dénombremens du baillage de Graisivaudan faits par-devant le vibailly en l'an 1540. — 18. Denomina-

tiones Viennesii et Valentinesii par-devant M' le vibailly de Saint-Marcellin ez années 1510. 1511. 1512 et 1513. — 19. Dénombremens faits par les nobles des Baronies en 1510 ; *il y a dans ce r. du Gapensois, qui est de* Jarjayes et Montorsier, *m.*ˢ ╳ᵉ.— 20. Denominationes nobilium Viennesii et terræ Turris 1513, *m.* ✱. — 21. Denominationes nobilium Viennesii et terræ Turris 1543. — 22. Denominationes nobilium Viennesii et terræ Turris 1543, *m.* ⌂ △. — 23. Dénombremens 1543 *et pl. bas* Valentinensis et Dyensis. — 24. Denominationes traditæ in camera computorum dalphinalium per nobiles totius Dalphinatus de anno 1513 ad causam homagiorum per ipsos receptorum, de camerula et ystagio denominationum. — 25. Dénombremens des baillages de Graisivaudan, Gap, Embrun, Briançon et le Buis, com. en 1610 jusques en 1692, *et pl. bas* Nˢ que dans les hommages desd. baillages il y a plusieurs déombremens. — 26. Registre des dénombremens fournis à la chambre des comptes de Grenoble pour les baillages de Saint-Marcellin et Vienne de 1643 à 1691. — 27. Reg. des dénombremens fournis à la chambre des comptes de Grenoble pour les baillages de Montelimard, Valence et Crest, de 1643 à 1692.

Nᵒ XI.

Registres d'anciens dénombrements, c. d'un simple p.· fort usé.

'. Denominatio Joannis de Fucigniaco et Margaritæ de Cezerino de suis censibus sitis in mandamento Montis Bonodi 1308, *m.* ·X· . — 2. Dénombrement d'une portion de Bardonnenche 1314, *m.* X, *s. c.* — 3. Denominationes particulares nobilis et potentis viri domini Balmæ Cornillanæ, feudorum, censuum et locorum infra descriptorum 1337. — 4. Denominationes nobilium Vapincensis comitatus 1337, *m.* ⚜ J. — 5. Denominatio certorum censuum sitorum in mandamento Montis Bonodi, datorum per dominum nostrum dalphinum etc. 1339, *et au-dessus de la col.* Inutile pour être en meilleure forme au fᵒ 62 du reg. [xxxv. 11]. — 6. Denominatio Joannis de Lemps 1341, *m.* X, *s. c.* — 7. Denominatio Joannis de Gonselino et certæ informationes sumptæ de censibus et bonis ipsius alienatis sine consensu domini, etiam nota homagii per ipsum præstiti 1348. — 8. Recognitiones viri nobilis et potentis domᵢ Francisci de Bello

Monte militis etc., *et au bas* Denominationes domini de Adestris 1370 jusques en 1378 et 1380. — 9. Recognitiones dalphinales censuum qui percipiuntur in mandamento Montis Bonodi et qui erant seu debentur ad causam castri Montis Fluriti, *et pl. bas* Recognitiones dalphinales ubi est denominatio dominarum Montis Fluriti de iis quæ habent in mandamentis Montis Bonodi et Montis Fluriti 1383. — 10. Denominatio nobilis Gileti de Monte Orserio, de terra et seignoria et redditibus Pellafolli 1384, *et pl. bas* Est una denominatio Pellafolli in libro nobilium Corvi. — 11. Recognitio, declaratio et specificatio nobilis viri Aynardi de Monte Albano, domini Montis Mauri, terræ Nolodii quam tenet in feudum a domino nostro dalphino ad causam castri Sancti Mauricii in Triviis duntaxat 1386. Graisivaudan. — 12. Denominatio, specificatio et recognitio facta et tradita per dom. Jacobum de Sancto Germano, juris utriusque peritum, juxta tenorem homagii per ipsum præstiti 1387, *m*. X. — 13. Denominatio particularis nobilis Cligneti de Fayno, domini Peyraudi, de iis quæ tenet de feudo dalphinali 1392 et 1460. — 14. Denominationes Viennesii et Valentinesii et terræ Turris 1392. *et pl. bas* Vide infra denominationem castri Joncheriæ, *m*. II. — 15. Dénombrement des revenus et châteaux ayans appartenus aux comtes de Valantinois et Diois, décembre 1393 et janvier 1394. — 16. Denominationes judicaturæ Vapincensis traditæ die Nativit. Dom¹ 1401, *et pl. bas* Dénombrement de la terre du Pouet. — 17. Denominatio nobilis Petri de Bellacomba et dom¹ Antonii de Bellacomba, domini de Toveto, 1401, *s. c.* — 18. Dénombrement de noble Etienne de Buenc, de ce qu'il avoit au mandement de Chaste, du 5 février 1404, *et pl. bas* Chaste, *m*. X. — 19. Denominatio nobilis Petri de Bellacomba et dom¹ Antonii de Bellacomba, domini de Toveto, et aliorum infra nominatorum, *m*. X. — 20. Dénombrement de Florimond d'Auteville des censes qu'il avoit a Beaurepaire 1407, *m*. X. — 21. Denominatio et declaratio tradita in camera computorum per nobilem Gaspardum Don, condominum de Navachia, 1411, *m*. X. — 22. Denominatio dom¹ Barrachini Lusonis alias de Thesio, domini Thoranæ, et dom¹ Petri Lusonis alias de Thesio, domini de Sillanis, de anno Dom¹ 1414, *m*. X. — 23. Denominatio Ludovici de Petra facta die 13ᵃ januarii 1418 jusques en 1419, *m*. X. — 24. Dénombrement fourny par Antoine de La Villete des pareries des Crottes, le Puy, Sabine, 1421, *m*. D, *s. c.* — 25. Hæc est copia recognitionum nobilium Joanneti et Ludovici de Navachia ab anno 1413, et denominatio Joanneti et Ludovici de Navachia facta 21ᵃ mensis aprilis 1422. — 26. Dénombrement de dame Catherine de Chastel de ce qu'elle avoit au Buis et du Pouet dam Persipe, du 7 décem. 1423, m. X. — 27. Copia recognitionis nobilis Joannis de Bardonnechia, de censibus Triviarum 1425, m. X. — 28. Denominatio particularis domini Montis Bruni tradita in camera dalphinalium computorum die 15ᵉ januarii anno Dom' 1429, m. X.

Registres d'anciens dénombrements, couv. de parch.

29. Denominatio nobilis Antonii de Hosteduno 1431, m. X. — 30. Dénombrement de Murinays, de la maison forte de Montolieu 1433, m. X B. — 31. Particularis denominatio nobilis Joannis de Buenco apud Chastam 1434, m. X. — 32. Denominatio tradita per nobilem Antonium de Martello, dominum Sancti Laurentii de Ponte, die 15ᵉ junii 1445, m. X. — 33. Denominatio nobilis Alberti Bajuli et nobilis Michaelis Bajuli de turre Villariorum, mandamenti Brianconesii, 1448, m. X. — 34. Denominatio particularis nobilis Guigonis Bonifacii de iis quæ percipit in mandamentis Sancti Stephani et Costæ Sancti Andreæ, tam ad causam domorum de Fortaressia et Gaudimeria quam aliis, 1450, m. X. — 35. Denominatio particularis nobilis Antonii de Lorasio, domini domus fortis de Montplaisan prope Cremiacum, tradita ut in ult. fol. hujus quaterni continetur de an. 1451, m. X. — 36. Denominatio particularis nobilis Antonii de Bellacomba, domini castri de Toveto, tradita die 26ᵉ januarii au. Nativit. Dom' 1455 etc., m. X. — 37. Denominatio domini Serrariarum de iis quæ tenet ibidem 1465, m. X. — 38. Denominationes traditæ per nobiles patriæ Dalphinatus ab anno Dom. 1472, *et en haut de la page* Veheria Brignini, m. X. E. — 39. C'est la dénomination des censes, rentes et services que prend le noble homme Charles d'Ostun, seigneur de La Baume d'Hostun etc., remis à la chambre en l'année 1483. — 40. Denominatio cum processu castri, jurisdictionis, mandamenti Montis Placentis et Sancti Hilarii de Vrens facta per nobilem et potentem virum Ludovicum de Lorasio, dominum dicti loci, tradita die 19 januarii 1492. — 41. Denominatio nobilis Joannis de Layno de Buxo, de castro de Sorberiis, 1511, m. X. — 42. Denominatio nobilis Guillelmi de Corsatio, de bonis suis sitis apud Marsanam Valentinesii et Dyesii 1522, m. X. — 43. Denominationum baillivatus Ebredunesii 1510, Ambrunois, m. X. — 44. Denominatio nobilis Stephani de Alto Villarii et Sibillæ de Liberano, de eorum bonis sitis Cabeoli, m. X. — 45. Denominatio nobilis Petri de Baraterio 1417, s. c.

N° XIV.

Différents registres fort anciens.

1. Copia antiquarum informationum 1267, *c. de p.* — 2. Factum pro nobili Guiffredo, qui est un inventaire de plusieurs actes, *c. de p.* — 3. Extracta ex informationibus Artaudi Armueti super certis redditibus qui fuerunt nobilis Amedei de Palaniso, *et au-dessus* Cremieu, *m.* X, *s. c.* — 4. Visitatio protocollorum et papirorum Petri Donnonis, notarii quondam de Lanceaco, facta pro domino nostro dalphino per me Petrum Chanaudi, secretarium dalphinalem etc., Graisivaudan, *c. de p.* — 5. Restæ computorum et alia debita quæ debentur domino nostro regi dalphino etc., *m.* +·Y ⌗.— 6. Copia litterarum illorum de Borsieu 1300, *c. de p.* — 7. Primus quamplures informationes etc. de camerula a parte consilii, 1300 jusques et compris plusieurs années du siècle 1400, *m.* ☰, *c. de p.* —8. Primo sequitur de clamoribus dom' dalphini prædicti et prædecessorum suorum 1310, *s. c.* — 9. Liber nobilium descriptorum de tempore R. D. Henrici de Villariis, Vivariensis episcopi et vicarii generalis Dalphinatus, ac plebeorum 1329, *c. de p.* — 10. Registrum mandatorum domini nostri dalphini Humberti inceptum anno 1333, *m. d'un dauphin et* ⌗, *c. de p.* — 11. Informations prises contre plusieurs officiers de la province par les maîtres rationaux 1334, *c. de p.* — 12. Inventorisatus est post decessum S. Chalvetouis 1335, *r. étroit et long c. de p.* — 13. Dans ce registre est le testament de noble Pierre de Pellafol 1337. Dauphiné, *s. c.*—14. De magna aula et ystagio 37, 1340, *m.* 000. ⌗. +°. *c. de p.*—15. Plura sunt hic instrumenta tangentia terram Uriatici 1315, *et sur le 1ᵉʳ f.* Dauphiné *et pl. bas* Il y a dans ce registre un seul acte nécessaire qui sont les libertés dalphinalles accordées par Humbert dauphin avec la confirmation de Charles dauphin. *s. c.*— 16. Juramenta nobilium de pactionibus Dalphinatus observandis in personam dom' ducis Normandiæ 1345 et 1346, *m.* A°, *c. de p.* — 17. Copia registri litterarum et instrumentorum comitatus Ebredunesii et ducatus Campissauri 1346, *et pl. bas* Invantaire de tous les instrumens, lettres et autres documens trouvés dans un coffre étant dans la sacristie Saint-André de Grenoble, touchant le fait du Dauphiné, du comté d'Ambrunois et duché de Champsaur, fait par les commissaires dalphinaux députés par l'archevêque de Lyon tenant la place en souveraineté d'Humbert dauphin, *c. de p.* — 18. Registrum instru-

mentorum et lit'erarum' Graisivaudani, Invantaire des titres, lettres et autres actes concernant le Dauphiné, de arca Gratianopolis 1346, m. ⁚⁚, c. de p. — 19. Liber plurium literarum super translacione Dalphinatus et aliarum postea concessarum, 1349 et suivans, m. ⌗, c. de p. [B]. — 20. Cartularium clamorum dalphinalium inceptum apud Gratianopolim per dominos executores die 11ᵉ mens. martii 1350, et pl. [bas] Dauphiné, dans ce registre sont plusieurs comparans faits par divers particuliers par-devant des commissaires députés par le dauphin Humbert, pour leurs être reparé griefs et payé des sommes que le dauphin leurs devoit, ce qu'il y a de remarquable c'est la requisition des Frères Mineurs de Valence du 13 mars aud. an au sujet d'un chauffage à eux accordé par Guichard de Cleirieu sur les îles et bois de La Roche de Gluy, par acte du 29 octobre 1335 qui y est inséré, converti en une pension sur le peage dud. lieu par Humbert dauphin et se plaignent de n'en pas jouir, m. M, c. de pap. — 21. Cartulaire concernant les troubles du Dauphiné pour les appaiser et autres plaintes et informations sur le fait d'autres matières. c. de p. — 22. Cot. en h. de la page Gratianopoli inceptum et pl. bas Dauphiné, ce registre contient toutes les demandes des créanciers d'Humbert dauphin et de ses prédécesseurs depuis 1316 jusques à sa mort faittes à ses exécuteurs testamentaires 1351. — 23. Infra continentur copiæ nonnullorum testamentorum 1374, et pl. bas Copies de testamens inutiles au roy et à la province concernant Avalon. c. de p. — 24. Fiscalis et Aymonis de Ameysino militis 1385, m. ⌗. +·. o⚊o. — 25. Processus fiscalis contra dom. Jossc audum Gotafredum militem, tutorem Petri Gibellini etc. 1387, m. ⌗ ⁖, c. de p. — 26. Processus continens articulos comitis et dalphini, et attestationes comitis tantum in universo 1387, c. de p.— 27. Liber vadiorum ab anno 1389, m. ⌗ ⁖, c. de p.

Registres concernant différentes matières, tous couv. de parch. fort usés.

28. Invantaire des meubles trouvés dans les châteaux du dauphin 1400. — 29. Vide infra divisiones mensurarum 1350 et suivans, m. ⚹ ⌗. — 30. Liber in quo registrantur plures informationes super diversitate mensurarum dalphinalium 1413 et 1536. — 31. Copiæ cujusdam processus inquisitionalis facti apud Miribellum in Breycia occasione brocellorum, insularum et creyssutarum nata-

rum in flumine Rodani etc., in quo reponuntur omnes differentiæ limitum patriarum Dalphinatus et Sabaudiæ de quibus hæc est præcipua etc. 1414. — 32. Visus 1414. *m.* ‡. — 33. Registre de diverses lettres et contracts qui concernent le Dauphin recens Attuerii 1417, *m.* A.—34. Lettres et ordonnances du s^r de Sassenage, gouverneur du Dauphiné, 1418. — 35. Cartularium litterarum et appunctuamentorum dominum tangentium ab an. 1422, *m.* ‡.— 36. Expleta a tempore comitis Comenarum, gubernatoris Dalphinatus, ab an. 1426, *m.* ☞. — 37. Processus remissionis factæ per sacrum Basiliense concilium ven^{li} consilio dalphinali de quadam causa appellationis per dominum Turnonis, suo et ejus liberorum nominibus interpositæ a quadam sentencia contra eos pro dom^o Humberto de Groleya milite per dictum consilium dalphinale lata 1433, *et pl. bas* N^a qu'il y a une bulle du concile de Basle qui renvoye la cause au conseil dalphinal. — 38. Bulles et procédures au sujet de la levation des interdits 1437, *s. c.* — 39. Procès fait contre Me Guillaume Mariette tant par les officiers du roy que par ceux de Mgr le dauphin 1447. — 40. Acta spectabilis Georgii de Varax, domini Chaseti, contra nobilem Guillelmum Bochardi etc., Dauphiné 1457. — 41. Liber appunctuamentorum ab anno 1459, *m.* ‡°,". — 42. Liber in quo inseruntur plura tangentia factum discordiarum Franciæ, Angliæ et sanctæ matris Ecclesiæ, extractus a cronicis Franciæ, cum accordio facto inter etc. 1475, *m.* X°.— 43. Liber informationum sumptarum per servientes dalphinales ab an. Domini 1485, *m.* +. — 44. Inventarium bonorum domⁱ auditoris Pradelli factum an. 1495, *m.* +°. — 45. Ordinationes noviter factæ per dominum nostrum regem dalphinum pro transitu armigerorum ut super modo vivendi 1498 et 1530, *m.* X°.—46. Papirus magistri Petri Mingaudi, audienciarii sigilli ven^{lis} curiæ parlamenti Dalphinatus, incepta in crastinum b. Joannis Baptistæ quæ fuit 25 mens. junii 1501 etc. — 47. Procès-verbal pour faire reparer les chemins du Dauphiné et pourvoir de vivres aux habitans depuis Grenoble jusques à Suze 1509. — 48. Registrum litterarum missivarum directarum egregiis dominis computorum quæ registratione indigent, cum responsionibus per ipsos dominos super dictis litteris factis, inceptum die 20^a mens. novembris an. Domini 1514. — 49. Copie de concordat et conventions entre le pape et le roy de France 1517, *s. c.* — 50. Madrici et Cambray tractatus 1525, *et pl. bas* Aussy y est le traitté de paix fait à Castel-Cambresis en l'an 1559. — 51. Liber muudinarum noviter factus de an. Domini 1526, *m.*

X⁺ +⁎. — 52. Litteræ regiæ pro rasellis conducendis super Isaram. cum informationibus et actis super hoc insertis 1527 et 1583. — 53. Acta super suspensione officii thesaurarii Dalphinatus nobilis Francisci de Columberia de an. 1531. — 54. Légation du cardinal Julien de Sabine sous le titre de Saint-Pierre Majeur, Dauphiné 1575 et 1584. — 55. Informationes super vacantibus a tempore magnæ mortalitatis 1352, $m. \frac{+}{+}$. — 56. Procè verbal fait pour la chère saison de l'an 1504 et finissant en 1505. — 57. L'ordre donné l'année de la chère saison 1505 sur la multitude des pauvres étans à Grenoble par Mrs de la Cour des comptes et de la ville de Grenoble.

N°s XV et XVII.

Registres des arrêts de la chambre des comptes, tous couv. de parch. sur cart.

1. Registre des causes et arrêts de la chambre commancé en 1547, fins en 1560. — 2. Arrestorum ab anno 1560 usque ad 1574. — 3. Arrêts de la chambre de 1573 à 1585, *c. de b.* — 4. Arrêts donnés au mois de janv. 1575 à 1582. — 5. Arrêts de la chambre, de 1583 au 19 mars 1592. — 6. Arrêts de la chambre de 1588 à 1605, *c. de b.* — 7. Registre des causes et arrêts de janv. 1593 à 1601. — 8. Registre des originaux des arrêts de la chambre, du 16 juin 1599 à 1600. — 9. Registre des causes et arrêts de 1605 à 1625, *et plus bas* Dans ce registre il y a plusieurs matricules. — 10. Arrêts de la chambre de 1606 à 1618, *c. de b.* — 11. Originaux des arrêts rendus par la chambre de 1610 à 1620, et quelques autres arrêts des années précéd. — 12. Originaux des arrêts de 1622 à 1630. — 13. Registre des originaux des arrêts de 1631 à 1631. — 14. Arrêts de la chambre des comptes et cour des finances de Dauphiné, de 1634 à 1636. — 15. Arrêts des années 1637 et 1638, et quelques autres obmis de mettre au livre des arrêts des années 1635 et 1636, mis au commancement de ce livre, l'arrêt de l'alliénation du domaine est au f. 231. — 16. Originaux des arrêts de la chambre, de 1639 à décemb. 1611. — 17. Original des arrêts du 8 juil. 1621 à 1644. — 18. Registre des arrêts de 1619 à 1653. — 19. Arrêts de la chambre de 1632 à 1648, *c. de b.*

Suite desdits arrêts couv. de parch. sur cart.

20. Original des arrêts de 1651 à 1659. — 21. Arrêts de 1660 à

1667. — 22. Arrêts d'août 1667 à décemb. 1674. — 23. Arrêts de 1675 à 1679. — 24. Arrêts des années 1680, 1681 et 1682. —25. Arrêts du 5 mars 1682 au 19 décem. 1685 inclus.—26. Arrêts 1686 et 1690. — 27. Arrêts 1691 et 1696. — 28. Arrêts de 1695 à 1701. — 29. XXIXe registre des arrêts 1701 et 1705. — 30. XXXe des arrêts 1705 et 1708. — 31. Registre des causes et arrêts com. en mars 1627, m. ✗. ,c. de simple p.—32. Reg. des arrêts, de février 1637 au 21 juil. 1642, m. ✠.—33. Reg. des arrêts com. le 22 décem. 1652.

N° XVI.

Anciens registres d'arrêts, tous couv. de simple parch.

1. Papirus causarum appellationum extraordinariarum Dalphinatus 1327, dans ce registre est la fondation de l'église de Saint-André de Grenoble au f° 81. — 2. Manuale Joannis Andrici de anno 1436. —3. Secundum manuale mei Joannis Andrici 1448, m. ✗. — 4. Manuel de moy Étienne Lenoir, clerc des comptes dalphinaux, commanceant le 23e jour de novem. 1461, m. ✠°. — 5. Manuale in camera computorum dalphinalium mei Antonii de Molena, secretarii dalphinalis et substituti etc. 1465.—6. Primum manuale mei Antonii Monachi, clerici computorum dalphinalium, ab anno 1472. — 7. Liber causarum fiscalium diffinitarum, vertentium et dormientium in curia majori appellationum dalphinalium traditarum per firmarios dictæ curiæ 1470 et 1489. — 8. Primum manuale Claudii Bovis, clerici dalphinalis computorum, ab an. Domⁱ 1457, m. ✠°.—9. Secundum manuale mei Claudii Bovis, clerici dalphinalium computorum, inceptum in festo Nativitatis Domini 1477 , m. ✠° ✠. — 10. Manuale causarum patrimonialium totius patriæ Dalphinatus 1495, m. ✠°. — 11. Manuale causarum, ordinationum et arrestorum curiæ dalphinalis et cameræ computorum dalphinalium de anno 1523.— 12. Manuale causarum et ordinationum stapparum, inceptum de mense junii 1525. — 13. Manuale cameræ computorum mei Petri de Snellis, secretarii dalphinalis, substituti magistri Caroli Astarcii, baillivi Vivariensis, clerici dictæ cameræ computorum, 1561.

N° XVIII.

Autres registres d'arrêts, couv. de parch.

1. Primus liber memoralium, m. ✠. — 2. Secundus liber me-

moralium, m. ⌗. — 3. Liber tertius memoralium inceptus mense februarii 1389. m. ⌗. — 4. Quartus liber memoralium, m. ⌗. — 5. Quintus liber memoralium cameræ dalphinalium computorum inceptus 19ª die aprilis 1410, m. ⌗. — 6. Sextus liber memoralium, m. ⌗. — 7. Septimus liber memoralium, m. ⌗. — 8. Octavus liber memoralium, et pl. haut Le dernier cayer de ce livre sont les libertés et franchises du Dauphiné accordées par Humbert dauphin et la mise en possession du roy dud. pays de Dauphiné, c. de p. sur cart. — 9. Liber nonus memoralium computorum cameræ Dalphinatus inceptus mense decembris 1382, m. ⌗. — 10. Copia magni libri memoralium incepti de mense decembris 1382. — 11. Le Gapian 1344 et suivans, c. d'1 peau rouge.— 12. Liber memoralium magistri Joannis Nicoleti notarii 1368. m. 5. — 13. Liber assignationum antiquarum 1380, m. ⌗ +°.— 14. Compositiones, condemnationes, cautiones et arresta 1376, m. ⌗ C. — 15. Compositiones, condemnationes, cautiones et arresta 1380, m. ⌗ E, c. de p. sur cart. — 16. Liber super condemnationibus et compositionibus 1381, m. +°. — 17. Compositiones, condemnationes, cautiones, præcepta et arresta factæ et facta in superiori curia Dalphinatus ab anno 1388 et mense junii, m. F. — 18. Plumitif des arrêts du conseil dalphinal, 1399 et 1400. — 19. Memoralia Joannis Guiffredi, clerici dalphinalium computorum, a die 1ª aprilis 1400. — 20. Memoralia Joannis Guiffredi, clerici computorum, a 1ª die februarii 1424, m. ⌗ +°. — 21. Memoralia Francisci Nicoleti incepta mense junii anno 1406 usque ad an. 1417, m. B. — 22. Minutes des ordonnances et arrêts du gouverneur et du conseil dalphinal 1418, 1419, 1420 et 1421, m. B.

Encore des registres d'arrêts.

23. Registrum memoralium et arrestorum quæ fiunt in superiori consistorio Dalphinatus, dominum nostrum tangentium, inceptum die 8ª novembris 1421 quo tunc dom. M.atheus) Tho.massi ni erat procurator fiscalis Dalphinatus, m. ⌗. — 24. Memoralia scripturarum et aliarum rerum domini ex camera computorum dalphinalium 1436. — 25. Plures ordinationes, declarationes, descripta et appunctuamenta 1410, c. de bois. — 26. Arrêts de confiscation du temps du roy Louis XI, 1463, en 2 cah. composés de 92 ff. liés d'1 corde, s. c. — 27. Arrêts de confiscation du temps du roy Louis XI, 1463, en 1 cah. composé de 56 ff., m. +°, s. c. — 28. Liber memo-

ralium, appunctuamentorum et arrestorum quæ non sunt ad perpetuitatem ab an. 1470, *et pl. bas* Et terminorum qui dantur castellanis ad computandum, *m.* 4°. — 29. Memorale regendorum cameræ computorum dalphinalium quæ tangunt commodum domini nostri regis dalphini, inceptum an. Dom. 1484 et die 29ª januarii, *m.* 4°. — 30. Liber memorialium magistri Guyon secretarii ab an. 1497. — 31. Primus liber arrestorum et appunctuamentorum factorum per nobiles et egregios dominos computorum dalphinalium auditores, inceptus die 7ª aprilis 1486, *m.* ⌶ 4°. — 32. Secundus liber arrestorum cameræ computorum dalphinalium ab an. 1496 usque ad an. 1506, *m.* 4°. — 33. Tertius liber arrestorum inceptus die 12ª augusti 1505, *m.* 4°. — 34. Registre des causes des lods, vends et autres droits seigneuriaux deus au roy dauphin notre sire en son pays de Dauphiné, meues par-devant M^{rs} des comptes et les commissaires conseillers dud. seigneur, com. le 11 de mars 1542. — 35. Registre des causes et procès pour raison des lods deus au roy, commancé en la chambre des comptes de Dauphiné en l'an. 1551 au mois de may. — 36. Liber arrestorum, memorialium et ordinationum præsentis cameræ computorum de an. Dom. 1511, *c. de p. sur cart.* — 37. Attestamur inceptum an. 1551, *c. de p. sur cart.* — 38. Quatrième livre Attestamur com. en l'an. 1613. — 39. Arrêts donnés en la chambre des comptes de Dauphiné, depuis le 19 octob. 1590 que la cour de parlement et lad. chambre furent translatées à Romans. — 40. Registre des arrêts de novem. 1630 à novem. 1631 et 1632. — 41. Second livre des arrêts de la chambre des comptes et cour des finances du Dauphiné, com. le 20 décem. 1632. — 42. Registre des causes com. le 11 févr. 1640, *m.* 4⁸. — 43. Registre des arrêts du 18 juil. 1642 à 1652 inclus. — 44. Délibérations et conclusions prises aux États généraux de Dauphiné, tenus à Valence par les gens des trois états de lad. province en l'an. 1604, *c. d'1. peau rouge sur cart.* — 45. Registrum litterarum a cancellaria Dalphinatus emanatarum a festo Nativitatis b^{ti} Joannis Baptistæ an. currente 1372, *m.* ♡ ☞ S.

N° XIX.

Procédures de régales des bénéfices qui sont de la nomination du roi, toutes c. de p. à l'exception de 2.

1. Procédure de régale de l'archevêché de Vienne 1691. — 2.

Procéd. de rég. de l'archev. de Vienne 1713, c. de b. — 3. Procédure de régale de l'archevêché d'Ambrun 1600. — 4. Procéd. de rég. de l'arch. d'Ambrun 1612. — 5. Procéd. de rég. de l'arch. d'Ambrun 1648. — 6. Procéd. de rég de l'archev. d'Ambrun 1714, c. de b. rouge. — 7. Procédure pour la régale du temporel de l'évêché de Grenoble 1668. — 8. Procéd de rég. de l'évêché de Grenoble 1707. — 9. Procédure de mainmise sur le temporel de l'évêché de Gap, dans laquelle sont les lettres de mainlevée dud. temporel en faveur du s' d'Esclafanatis 1491. — 10. Procédure faitte par M' Adriam de Bazemont, conseiller du roy etc., pour raison de l'économat de l'évêché de Gap faitte au mois de may 1637. — 11. Procédure de régale de l'évêché de Gap 1675. — 12. Procéd. de rég. de l'évêché de Gap 1679. — 13. Procéd. de rég. de l'évêché de Gap 1706. — 14. Procédure de la régale pour le temporel de l'évêché de St-Paul-trois-Châteaux faitte par le s' président de La Porte 1674. — 15. Procéd. de rég. de l'évêché de St-Paul-trois-Châteaux 1713. — 16. Procédure de Valence pour la réduction du temporel de l'évêché etc. 1632, *en 1 cah. non rel. où sont attachées d'autres pièces.* — 17. Procéd. de régale de l'évêché de Valence et Dye 1654. — 18. Procéd. de rég. de l'évêché de Valence 1705. — 19. Procéd. de visite de l'évêché de Dye 1695. — 20. Procéd. de régale de l'évêché de Dye 1701. — 21. Procédure de régale de l'abbaye de St-Ruf 1670. — 22. Procéd. de rég. de l'abb. de St-Ruf de Valence 1681. — 23. Procéd. de rég. de l'abb. de St-Ruf de Val. 1702. — 24. Procéd. de rég. de l'abb. de St-Ruf 1711. — 25. Procédure de régale de l'abbaye de St-André-le-Bas de Vienne 1631 et 1650. — 26. Procéd. de rég. de l'abb. de St-André-le-B. de V. 1709. — 27. Procéd. de rég de l'abb. de St-André-le-B. de V. 1713. — 28. Procédure de la régale de l'abbaye de St-Pierre hors les portes de Vienne etc. 1680. — 29. Procéd. de rég. de l'abb. St-Pierre h. les p. de V. 1713. — 30. Procédure de régale de l'abbaye d'Oulx 1681. — 31. Procéd. de rég. de la prévosté d'Oulx 1692. — 32. Procéd. de rég. de la prév. d'Oulx 1711. — 33. Procédure de régale de l'abbaye de Boscodon 1680. — 34. Procéd. de rég. de l'abb. de Boscodon 1712. — 35. Procédure de régalle de l'abbaye de Valcroissant 1640. — 36. Procédure faitte par noble Pierre de Guiffrey, conseiller du roy etc., pour mettre sous la main du roy l'abbaye de Valcroissant et Bonlieu en Diois 1673. — 37. Procédure de régale de l'abbaye de Valcroissant 1699. — 38. Procédure de régale de l'abbaye de Lioncel 1651. — 39. Procéd. de rég. de l'abb. de Lioncel 1681. — 40. Procédure de régale de l'abbaye d'Aiguebelle 1700. — 41. Procéd. de rég. de l'abb. d'Aiguebelle 1708. — 42. Procédure de régale de l'abbaye de Saint-Thiers de Saou 1691. — 43. Procédure de régale de l'abbaye de Bonnevaux 1691, *et pl. bas* Dans ce registre est la procéd. de rég. de lad. abb. faitte en 1711 avec le compte de l'économat non attachés

Registres tous couv. de parch.

44. Taxe sur les nobles et ecclésiastiques pour le joyeux advenement du dauphin 1443. — 45. Denominationes dom' prioris Beatæ Mariæ de Ayguino loci Montilii 1452 — 46. Le Pollet *et pl. bas* Liber in quo registrantur acta facta per spectabilem et egregium dom. Antonium Palmerii consiliarium dalphinalem, ad causam levationis decimæ papalis in regno Franciæ etc. 1516. — 47. Dénombremens faits par les gens d'Église par-devant M⁰ le sénéchal de Valantinois et Diois au Montélimard ez années 1539 et 1540. — 48 Registre tenu de la recette faitte du domaine de l'Église du Dauphiné vendu en l'an 1563, *et pl. bas* Dans ce reg. est un état des ventes faittes des immeubles des ecclésiastiques des dioceses de Grenoble, Vienne, Valence et Gap en vertu d'un édit de 1563. — 49. Livre des hommages à cause des aliénations faittes par le roy des biens et domaines des gens d'Église en 1563. — 50. Dénombremens des ecclésiastiques faits de 1675 à 1689. — 51. Aliénations du domaine ou temporel de l'Église de Dauphiné 1590 et 1593 — 52. Compte de l'aliénation du temporel de l'Église de Dauphiné 1596. — 53. Vingtains du couvent du Buis. *r. fort petit, c. de cart.*

N° XX.
Registres, procès et autres papiers détachés.

1. Compte des décimes du diocèse de Grenoble rendu à la chambre le 10 juin 1531. — 2. Rolle des décimes du diocèse de Grenoble. *dont il manque des ff.* — 3. Livre des décimes fait en l'an. 1513. — 4. État et département d'une décime et demie extraordinaire imposée dans le diocèse de Gap en vertu de lettres pattantes du 30 juin 1628. — 5. Procès pour le père Garcin, moine de Lagrand, demandeur en cas d'excès contre deux particuliers de Serres qui l'avoient cherché pour le tuer avec des épées et autres armes. — 6. Procès, transactions, arrentemens et autres actes concernant

l'abbaye de Valcroissant et Bonlieu, *liasse de pap attachés.* — 7. Liasse composée de 2 sacs et d'1 cah. concernant la régale de l'archevêché d'Ambrun, où est le compte de l'économe étably à la régie dud. archevêché en 1606. — 8. Liasse de procès inutiles et des comptes rendus à la chambre des économats des bénéfices de la nomination du roy. — 9. Liasse de différents papiers qui sont des requestes, ordonnances, arrêts et mémoires concernant l'Eglise, auxquels est joint une bulle du pape Pie et lettres du roy de France qui permettent l'aliénation du temporel des ecclésiastiques, requête et autres pièces des pères Jésuites de Vienne au sujet de leur bâtiment, un dénombrement du sr abbé et des religieux de Saint-André-le-Bas de Vienne, lequel est dans un sac avec un arrêt et autres pièces y jointes. — 10. Compte de la bâtisse des églises parroissialles de Saint-Louis et Saint-Joseph du 17 décem. 1703. auquel est joint le littéré dud. compte qui est dans un sac.

N° XXI.
Registres qui concernent le Viennois.

1. **Extracta** plurium notarum venditionum factarum rerum quæ tenentur a domino nostro dalphino in judicatura Viennesii et terræ Turris, *s. c.* — 2. Extracta facta per nos Antonium Attuherii et Joannem Allioudi, notarios et commissarios deputatos per excellentiam delphinalem de venditionibus, permutationibus et aliis alienationibus factis in parrochia de Lenco etc. 1317. *s. c.* — 3. Testamentum illustris domini Joannis dalphini 1318, *c. de cart.* — 4. Terræ Turris patrimonialia 1328, *m.* S. ⌘, *c. de p.* — 5. Patrimonialia Viennesii et Valentinesii, *m.* ⌘ ·X·, *c. de p.* — 6. In hoc libro est infeudatio facta domino Clarimontis de vicecomitatu Clarimontis etc. 1310, *m.* ☉, *c. de p.* — 7. Inventarium seu repertorium omnium cartulariorum seu librorum in quibus omnes computi tam ordinarii quam extraordinarii judicaturæ Viennensis et Valentinensis, ac Viennensis et terræ Turris scribuntur, videl. ab anno 1310 citra, *s. c.* — 8. Registrum literarum, privilegiorum, instrumentorum comitatus et bailliviatus Viennæ et Viennesii receptorum 1316, *m. d'1 dauphin et d'1 fleur de lis. c. de p.* [B].— 9. Inventarium judicaturæ Viennensis et Vallentinensis, instrumentorum et literarum ac processuum et aliorum negotiorum plurium aliarum judicaturarum delphinalium 1316. *m.* ⌘, *c. de p. sur cart.* [B] — 10. Commissiones vaccantium terræ Turris 1350, *m.* ⌘ +°, *c. d'1 p. fort usé.*

Registres.

11. Procès au sujet des limites de Saint-Simphorien et du terroir de Bechevelain, *et pl. bas* De sacco Guerii ad causam differentiæ jurisdictionis de Bechevelain 1387. *m.* B 7|. , *c. de p.* — 12. Processus super jurisdictione Sancti Saturnini 1400, *c. de p.* — 13. Informations faittes au sujet des contestations et mauvais traittemens faits par les officiers de l'archevêque de Vienne au bailly et autres officiers du dauphin au comté de Vienne dans l'exercice de la justice en l'année 1404, *m....., c. de p.* — 14. Copia libertatum et franchiarum Dalphinatus pro habitantibus Albonis 1407, *c. de p.* — 15. Appunctuamenta super limitibus Burgundiæ. Sancti Triverii 1411, *c. de p.* — 16. Copia ordinationis latæ ad causam limitum appositorum inter mandamentum Turris Pini et alia mandamenta circumvicina contigua eidem mandamento, et etiam copia plurium instrumentorum per Joannem de Vourey, notarium et secretarium dalphinalem subsignatum, receptorum tam in executiones dictæ ordinationis quam etc. 1450, *m.* 5, *c. de p.* — 17. Processus verbalis super limitatione mandamenti et castellaniæ dalphinalis Sancti Simphoriani Auzonis cum territoriis et mandamentis eidem contiguis, latius in ipso processu declaratis, factus per spectabiles et egregios dominos Antonium Muleti et Joannem de Chaponay, præsidentes, computorum dalphinalium consiliarios, includendo in ipsa limitatione territoria de Ternay et de Brain 1497, *c. de p.* — 18. Copia processus super jurisdictione prioratus de Ternay, deffiniti per curiam parlamenti dalphinalis in favore partis fiscalis dalphinalis die 15ᵉ mens. aprilis 1508 in etc., *m.* L, *c. de p.* —19. Procès agité par-devant la cour de parlement de Dauphiné entre Jean et Pierre de Montfrey de Chaponay et le procureur général, d'une part, et Louis Servon châtelain et Jean Labbe vichâtelain dud. lieu, d'autre 1513, *s. c.*

N° XXII.

Registres qui concernent les différends que l'archevêque de Vienne avait avec le dauphin et autres, tous couv. de parch.

1. Procès de l'archevêque de Vienne, *m.* ✠ C∞, *r. rompu et rongé en plusieurs endroits.* — 2. Processus causæ Viennæ pro parte dalphini 1340, *m.* ✠.—3. Procès de l'archevêque de Vienne

contre le dauphin 1372, dans lequel sont insérées les lettres de Frédéric roy des Romains qui accordent aud. archevêque la garde de toute la ville et château des Chenaux de l'année 1113. *m.* ♎︎ T. — 4. Droits du dauphin sur la ville de Vienne 1378, *m. d'un dauphin et* ♎︎, *368 ff. pap.* 30". — 5. Primus liber documentorum Viennæ existentium de arca Viennæ. Dans ce registre sont contenues plusieurs formalités du procès d'entre l'archevêque de Vienne et le gouverneur du Dauphiné, au sujet de la jurisdiction que l'archevêque prétendoit avoir dans son diocèse, il y a aussy plusieurs recognoissances en fief en faveur d'Humbert dauphin et un Mémoire sur l'ancienneté de la ville de Vienne 1395. [B]. — 6. Secundus liber copiarum documentorum Viennæ 1388, dans lequel sont les formalités du procès d'entre l'archevêque de Vienne et les officiers de Dauphiné, avec les informations faittes au sujet de quelques actes d'hostilité qu'avoient fait les gens d'armes dudit archevêque, avec deux hommages aud. archevêque pour la comté d'Albon. — 7. Tertius liber copiarum documentorum Viennæ 1379, où sont les pièces du procès au sujet de la jurisdiction que prétendoit avoir l'archevêque dud. Vienne dans la comté et sur les châteaux de Pipet et des Chenaux, avec l'arrêt rendu sur ce que led. archevêque imposoit des tailles sur les habitans de lad. ville. — 8. Quartus liber documentorum Viennæ 1403. — 9. Quartus liber copiarum documentorum Viennæ 1424. — 10. Quintus liber documentorum Viennæ 1404, où sont les formalités du procès contre l'archevêque de Vienne. — 11. Droits de Vienne ou procès contre l'archevêque de Vienne 1401. *m.* B. — 12. Procès contre l'archevêque de Vienne 1401, *m.* B ♎︎ *et d'1 fleur de lis.* — 13. Processus factus Viennæ 1425 coram commissariis pro facto comitatus Viennæ, *et pl. h.* Procès contre l'archevêque de Vienne, *m.* Fr. — 14. Super facto Viennæ et reductione episcopalitatis dom' archiepiscopi facti anno 1418, *et pl. bas* Playdés et instructions respectives du procès contre l'archevêque de Vienne, *m.* C ♎︎.

N° XXIII.

Registres des albergements, tous c. de p. sur cart.

1. Primus liber albergamentorum et gardarum perpetuarum factarum ab anno 1471. — 2. Secundus liber albergam. et gardarum perpet. ab an. 1480. — 3. Tertius liber albergam. et gard. perpet.

factarum ab an. Dom¹ 1490 et 1510. — 4. Quartus liber albergam. et gard. perpet. ab an. 1510 et 1517. — 5. Quintus liber albergam. et gard. inceptus ab an. Dom¹ 1517 et 1521. — 6. Sextus liber albergam. inceptus de an. 1521 ad 1527. — 7. Septimus liber albergam. et gardarum 1527 et 1531. — 8. Octavus liber albergam. et gard. 1531 et 1541. — 9. Nonus liber albergam. et gardarum inceptus an. 1541 et 1543. — 10. Decimus liber albergam. et gardarum de an. 1543 et 1547.—11. Onzième livre des albergements 1547 et 1556.

Suite desdits albergements.

12. Duodecimus liber albergamentorum 1555 et 1570. — 13. XIII᷄ livre des albergements 1570 et 1583. — 14. XIV᷄ liv. des alberg. 1584 et 1591. — 15. XV᷄ liv. des alberg. 1597 et 1610. — 16. XVI᷄ liv. des alberg. de novem. 1610 à 1622. — 17. XVII᷄ liv. des alberg. du 15 avril 1622 à 1626. — 18. XVIII᷄ liv. des alberg. 1626 à août 1656. — 19. Albergemens qui ont été icy insérés au dern. reg. jusques au 30 juin 1687 qu'il a été relié, de 1655 et 1682.

N° XXIV.

Registres d'anciens albergements et autres couv. de parch.

1. Cayers contenant quelques albergemens, concessions et autres actes, 1381, *m. de l. D.*— 2. Copiæ instrumentorum albergamentorum proprietatum quæ domino nostro pertinebant ad causam comitatuum Valentinensis et Dyensis 1328, *m. d'l dauphin*. — 3. Enqueste et procédures faittes par la chambre des comptes de Grenoble pour parvenir à l'albergement qui devoit être passé de 14 sesterées d'ysle et gleyre relaissées du Drac à Pierre de l'Église de Sessinet 1496, *s. c.* —4. Albergemens des fossés de Grenoble passés par la chambre des comptes en 1545. — 5. Albergement pour Étienne Marchand, chevaucheur ordinaire de l'écurie du roy, du bois et montagne de Sauléat et au terroir de Montaubau aux Baronnies 1615, 1617, 1618 et suiv. — 6. Status computorum super valore castellaniarum Dalphinatus 1428 et autres. — 7. Les restes de tout le domaine de Dauphiné laissées à recouvrer par Mᵉ Mᵉ Jean Briconnet, naguières trésorier dud. pays, jusques au jour que Mᵉ Mᵉ Aymard de La Colombière, à présent trésorier, a pris possession dud. office, etc. 1483.—8. Liber castrorum et domorum dalphinalium visitandarum, anno quolibet per magistrum operum

Dalphinatus, de quibus debet relationem facere in camera computorum dalphinalium, 1493. — 9. Liber nonus inventariorum factorum de bonis existentibus in castris et domibus dalphinalibus, inceptus de præsenti anno 1498 quo rex Ludovicus, dalphinus Viennensis dominus noster, duodecimus incepit regnare, 1498.

Registres anciens qui sont des visites faites des châteaux des dauphins, presque tous couv. de parch.

10. Inventarium pro domino nostro dalphino post decessum magistri Antonii Attuherii, m. PPP. — 11. Visitationes castrorum dalphinalium 1366, s. c. — 12. Papirus visitationum castrorum dalphinalium et etiam aliquarum villarum factarum per dominos gubernatores ab anno 1417 et 1418. m. ✟ ▭. — 13. Visitatio castrorum et aliorum ædifficiorum dalphinalium 1469, m. +°. — 14. Primus liber visitationis reparationum castrorum dalphinalium a die penult. mensis augusti 1483 citra et quarto et quinto. — 15. Secundus liber visitationis reparat. castrorum dalphin. pro anno incepto in festo b' Joannis 1484, 1485, 1486 et 1487, m. |°. — 16. Tertius liber visitat. reparat. castrorum dalphin. inceptus in festo b' Joannis 1487. — 17. Quartus liber visitat. et receptionum reparat. castrorum et domorum dalphin. inceptus die 8ᵃ februarii an. Nativit. Dom¹ 1490, qua die fuit admissus Claudius Burgi latomus, vicemagister operum dalphinalium. — 18. Quintus liber visitat. et recept. reparat. castror. et domor. dalphin. inceptus de mense decembris 1494. — 19. Sextus liber visitat. et recept. reparat. castror. et domor. dalphin. inceptus de mense septembris, de tempore quo incepit regnare serᵐᵘˢ dominus rex Ludovicus XII Francorum et dalphinus Viennensis, 1498, m. +°. — 20. Septimus liber visitat. et recept. reparat. castror. et domor. dalphin. inceptus in festo b' Joannis Baptistæ 1505, m. +°. — 21. Octavus liber visitat. inceptus de anno 1516. — 22. Decimus liber visitationum et reparationum domorum dalphinalium 1533.

N° XXV.

Registres des aliénations, excepté le 1ᵉʳ, tous c. de p. sur cart.

1. Designatio castrorum dalphinalium et in Graisivaudano per minutum, cum valore et revenuta ipsorum, jacta de anno Dom¹

1339. — 2. Primus liber alienationum ab an. 1119. m. A X. — 3. Secundus liber reemptionum factarum nomine dalphinali virtute litterarum dom' ducis Aquitaniæ, dalphini Viennensis, de certis censibus et redditibus infrascriptis, 1415. — 4. Secundus liber alienationum ab an. 1444, m. X. — 5. Tertius liber reemptionum inceptus de an. Dom' 1524. — 6. Tertius liber alienationum ab an. 1467, m. X. — 7. Quartus liber alienationum de tempore Francisci Francorum regis de an. 1521. m. X. — 8. Quatrième livre des alliénations 1558. — 9. Cinquième livre de la réunion du domaine aliéné 1532, m. H.

Suite des registres desd. aliénations, comme ci-dessus.

10. Sextus liber alienationum de an. 1536. M. X. — 11. Septième registre des alliénations du domaine dalphinal com. en l'an. 1543. — 12. Octavus liber alienationum de tempore Henrici II' 1548, m. X. — 13. Nonus liber alienationum de tempore Henrici II', m. X. — 14. Dixième livre des alliénations du domaine du roy en ce pays de Dauphiné, com. en l'an. 1573. *c. de simple p.* — 15. Douzième registre des alliénations 1577, m. O. — 16. Alliénation du domaine dalphinal faitte en l'an. 1593, m. Q +. — 17. Procès-verbal de l'alliénation du domaine du roy 1596. — 18. Registre des contracts d'alliénation du domaine du roy ensuitte de l'édit de 1637 et jugemens donnés par les commissaires députés par sa majesté pour lad. alliénation. 1637. — 19. Alliénations 1638, *c. d'1 peau verte sur cart.*

N° XXVI.

Registres qui concernent le domaine, tous couv. de parch. sauf mention contraire.

1. Infra designantur agenda circa castra et patrimonium dalphinale usurpatum, et reparationes necessarias per singulas castellanias. — 2. Cartularium inquisitionum factarum per Thomam Jauffredi, procuratorem domini nostri dalphini, de iis quæ ad manus suas pervenerunt et sibi denunciata fuerunt, sub anno Dom' 1321, *c. de b. fort usée.* — 3. Etat de la recette géneralle de Dauphiné pour le domaine 1365, *s. c.* — 4. Etat de la valeur des terres domanialles du Dauphiné en l'an. 1376. m. ⌗ ●—●. — 5. Reduc-

tion sous la main du roy de Châteauneuf de Mazen, Valantinois 1391, *c. de p. sur cart.* — 6. État des revenus de plusieurs chatelenies de la province, *s. c.* — 7. Compte des revenus des terres du domaine depuis 1401 jusques en 1406. — 8. État de la valeur des terres domaniales du Dauphiné 1403. — 9. Processus verbalis super facto totius patriæ Dalphinatus et dom' Gauffredi 1404, *m.* ✠ ※ ⌘. — 10. Processus adjudicationis castrorum Sancti Laurentii de Ponte et Meysiaci domanio dalphinali 1408. — 11. Registrum inventariorum bonorum mobilium Dalphinatus in dalphinalibus castris existentium, redditorum per castellanos ab an. Dom' 1410. — 12. Primus liber in quo sumuntur omnes informationes patrimonium dalphinale tangentes, inceptus in an. 1414. *m.* ⌘ H. — 13. Processus verbalis habitus coram ven" consilio dalphinali de et super contentis in quibusdam pattentibus litteris dalphinalibus, scriptis in pergameno et sigillo dom' nostri dalphini sigillatis, etc.; *et en marge du 1" f.* État des châteaux, revenus et autres choses engagées étant du domaine dalphinal, pour les racheter en payant les sommes pour lesquelles ils ont été engagés, outre autres revenus aussy engagés qui ne sont compris aud. état, led. rachat ordonné par Louis, aisné fils du roy de France. dauphin de Viennois 1415, *s.c.* — 14. Primus liber alienationum factarum virtute litterarum regiarum, *m.* B. — 15. Alliénations de l'année 1421. — 16. Status domanii patriæ Dalphinatus 1430, *m.* Y. — 17. Designatio notarum sumptarum per notarios dalphinales, tangentium domanium dalphinale directum de rebus vaccantibus, 1476. — 18. Primus liber reductionis ad manus regis dalphini, domini nostri moderni, de hujusmodi patria Dalphinatus ob mortem regis Ludovici. domini nostri quondam, 1483. — 19. Informationes sumptæ pro parte fiscali dalphinali super censibus et redditibus quos percipit dominus noster dalphinus in civitate Vapinci et territorio et castellania Montis Alquerii, vigore quarum fuerunt factæ certæ admodiationes et nova albergamenta 1487, Gapensois, *m.* ✠. — 20. Octavus liber in quo reponuntur informationes et alia documenta tangentia usurpationes olim factas per nonnullos de vero domanio dalphinali, inceptus de an. 1489, *m.* K. — 21. Primus liber citatorum et remissorum coram laud" parlamento dalphinali, qui se opposuerunt et relutaverunt recognoscere in manibus commissariorum ad hoc deputatorum ad renovandum recognitiones dalphinales ea quæ tenent de feudo dalphinali, inceptus 1489, *m.* ✠. — 22. Liber taxationum recognitionum dalphinalium et solutionum ad causam reparationum Dalphinatus 1490, *m.* +°. — 23. La valeur du domaine de Dauphiné d'une année 1493, envoyée au roy dauphin notre sire, comme appert par ses lettres dedans contenues et insérées, *m.* ♦, *s. c.* — 24. Primus liber mandatorum regiorum et dalphinalium impetratorum per multos, tangentium alienationes et deteriorationes domanii dalphinalis occasione viagiorum per eosdem factorum et alios in associando ser^{mum} regem dalphinum, dominum nostrum, imperium in acquirendo et recuperando regnum suum Neapolis, cum responsione et recusatione eisdem factis per dominos, 1496. — 25. Extrait du revenu du Dauphiné tant ordinaire qu'extraord^{re} pour cinq années finies 1499, 1500, 1501, 1502 et 1503, envoyé à M^e le général dud. pays Jaques de Beaune avec les restes de feu Me Jean Garon, et pour l'année 1504, 1505 et 1506 jusques en 1519. — 26. État du revenu des terres du domaine 1506 et suivans. *c. de b.* — 27. Liber reductionum ad domanium terrarum et jurisdictionum pridem per deffunctos reges dalphinos et maxime per dom. Carolum septimum a domanio alienatarum, reductarum de tempore dom^i Francisci regis Francorum, Viennensis dalphini et ducis Mediolani, inceptus in an. Dom^i 1517, *m.* +. — 28. État de l'an 1519, fin. en l'an 1520, *s. c.* — 29. Déchiffrement et advaluations faittes du domaine du pays aliéné en l'année 1521, *n.* AA. — 30. Déchiffrement du domaine aliéné du temps de Mgr le rever^me cardinal de Tournon, commissaire à ce député, 1537. — 31. Déchiffrement des valeurs des terres et jurisdictions alliénées du domaine et patrimoine dalphinal des années 1543 et 1544. — 32. Déchiffrement des terres alliénées du domaine de Dauphiné en l'an. 1548 et suivantes, *m.* CC. — 33. Déchiffrement des terres alliénées en l'an. 1558. *m.* DD. — 34. Liber in quo continetur valor castrorum, parrochiarum, castellaniarum et aliorum bonorum domanii domini nostri regis dalphini alienatorum de an. Dom^i 1521 per dd. commissarios, *m.* DD +°. — 35. Rotuli talliarum locorum Cheylasii, Sancti Laurentii de Croso, Biviaci, hominum dalphinalium, Morgiarum et plurium aliorum, facti de an. 1521, quæ loca fuerunt dicto anno alienata. — 36. La valeur de tout le domaine de Dauphiné non aliéné et aliéné par commune estimation et suivant le prix des grains de l'année fin. à la feste St Jean-Baptiste 1526, qui a été la plus égale et modérée en revenu que nulle des autres précédentes ny subséquentes pendant vingt années, 1521, *m.* &. — 37. Liber in quo registrantur omnes reductiones bonorum ad manus dalphinales per supremam curiam parlamenti Dalphinatus et alios judices inferiores. 1530.

Registres concernant le domaine du roi.

38. Liber informationum super alienationibus domanii Dalphinatus, quæ informationes fuerunt sumptæ per dominos computorum commissarios de an. 1531 et mandata regiæ majestati in ejus consilio privato, *m*. A. H. — 39. Levatio manus dalphinalis terrarum de domanio dalphinali alienatarum etc. de anno 1532. — 40. Extrait et état du revenu de Dauphiné commancé en l'an 1534. — 41. Alter liber alienationum factarum tam de bonis de pignore captis pro debito domini nostri regis dalphini ad persecutionem partis fiscalis etc. 1546, *m*. ✠. — 42. Levatio manus appositæ in terris dalphinalibus in favorem nominatorum in eisdem de tempore regis Henrici 1549. — 43. Réduction et mainlevée des terres d'Oysans, La Mure et autres appartenans au sr de Nemours et aussy du seigneur et dame de Vaudemont 1549. — 44. Registre des alliénations faittes en Dauphiné par Mgrs les commissaires députés par le roy en l'an 1558, *m*. V. — 45. Réunion de l'année 1559 au baillage de Vienne et terre de La Tour. — 46. Projet de requête contenant plusieurs articles à présenter au roy pour les gens des comptes de Dauphiné concernant le domaine de sa majesté aud pays 1565 et 1566. — 47. Livre des réductions de certaines terres et places dalphinalles en l'an. 1566 et suivantes. — 48. Alliénation de la plus-value du domaine du roy en l'an. 1573, *m*. P. — 49. Alliénations et plus-values faittes en décemb. 1573 et 1574, *m*. N. — 50. Procès-verbal de l'alliénation du domaine en aoust 1577, *m*. T. — 51. Procès-verbal sur la réunion du domaine dalphinal faitte au mois de février 1579, *m*. X. — 52. Proc. verb. s. la réun. du dom. dalph. 1579, Viennois, *s. c*. — 53. Proc. verb. fait s. la réun. du dom. dalph. au baillage de Saint-Marcellin et sénéchaussée de Valence 1579, *m*. B. — 54. Procédures des commissaires députés pour l'alliénation du domaine du roy de l'an. 1580, *m*. E. E. — 55. Advaluations servans à l'alliénation du domaine du roy 1593. — 56. Premier registre des Ordonnances réndues sur la réunion et rachapt du domaine dalphinal par Mrs les commissaires ordoanés par sa majesté à lad. réunion, com. en l'an. 1602 et fin. en 1603. — 57. II° reg. des Ordon. des Srs com. députés à la réun. et r. chapt du dom. dalph. de fin 1603 à 1605. — 58. III° reg. des Ordon. à la réun. du dom. dalph., com. le 15

janv. 1606 et fin. en 1606. — 59. IV° reg. des Ordon. du dom. dalph. rendues par M" les commis. députés. à la réun. et rach. dud. dom., de 1607 au 18 d'aoust 1610. — 60. V° reg. des requestes et ordon. rend. par M" les commis. députés. à la réun. et rach. du dom. dalph., de 1610 à 1631. — 61. Registre des causes tenues par-devant M" les commissaires députés à l'instruction et formation des procés du domaine dalphinal 1603. — 62. Premier registre des contracts de revente des pensions et rentes constituées sur les greffes des baillages et sénéchaussées et péages dépendans du domaine dalphinal etc. 1603. — 63. II° reg. des contracts de reventes passés au proffit de S. M. par les acquéreurs du dom. dalph., du 7 févr. 1604 au 7 décem. 1605. — 64. III° reg. ou protocol des cedés et contracts de revente pas. au prof. de S. M. par les acquér. du dom. dalph., du 17 janv. 1606 au 13 décem. 1608. — 65. IV° reg. des ced. et contr. des reventes des parts et portions du dom. dalph. pas. au prof. du roy par les acquér., du 29 janvier 1609 au 29 janvier 1613. — 66. Premier registre des parcelles et loyauts couts des acquéreurs du domaine dalphinal pour les années 1603, 1604 et 1605. — 67. II° reg. des loyauts couts, taxes et remboursements faits aux acquéreurs du dom. dalph. ez an. 1605 fin, 1606, 1607 et 1608. — 68. III° reg. des ordonnances et taxes du prix principal et loyauts couts des acquér. du dom. dalph. faits par M" les commissaires députés par le roy à lad. réunion ez an. 1608 à 1614. — 69. Etat des revenus de plusieurs châtelenies de la province 1607 et 1609, *s. c.* — 70. Compte ou rachapt du domaine pour les années 1608 et 1609. — 71. Registre concernant la vente du domaine dalphinal de Dauphiné 1637. — 72. Reg. des affaires de l'alliénation du domaine de ce qui s'est fait au bureau de Vienne, 16 sept. 1638. — 73. Reg. des cedés et contracts des alliénations du domaine de S. M. en Dauphiné faits pendant la 2ᵈᵉ commission d'iceluy par M' de Lanzon etc. 1639 et 1640. — 74. Baux du domaine 1611. — 75. Offres faits au greffe de l'alliénation du domaine de Dauphiné et des comparants faits en iceluy par les communautés dud. domaine cy-devant alliénées et rachetées à leurs frais et autres affaires dud. domaine etc. *c. de p. sur cart.* — 76. Cartularium terræ dalphinalis assignatæ per dominum nostrum Francorum regem domino nostro dalphino infra senescalliam Bellicadri et Nemausi, de annis 1644 et 1645, *m.* ☞ — 77. Procédure faitte pour le droit d'aubeyne des biens et facultés délaissés par Pierre Chevallier dit Lapierre, décédé au Montélimard le 2 juin 1643.

Nº XXVII.

Registres des copies concernant plusieurs bailliages de la province, couv. de parch. sur cart.

1. Secundus liber copiarum de novo factarum, m. ♯ H. 673 ff. 265. — 2. Tituli *et pl. bas* Liber iste est de pluribus contractibus consernantibus patrimonium domini nostri dalphini in pluribus baillivatibus ultra contenta in aliis libris, m. ♯ J, 981 ff. [314]. — 3. Plures copiæ et alter liber informationum de pluribus contractibus concernentibus dominum nostrum in pluribus baillivatibus, m. ♯ K, 587 ff. [313]. — 4. In isto libro continentur informationes concernentes dominum nostrum dalphinum in pluribus et diversis baillivatibus patriæ Dalphinatus ultra contenta in aliis libris, m. ♯ L, 684 ff. [312]. — 5. Secundus ex pluribus baillivatibus, 505 ff. [310]. — 6. Tertius liber copiarum concernencium patrimonium domini nostri dalphini in pluribus ballivatibus patriæ Dalphinatus, m. ♯ M, 755 ff. [311]. — 7. Copiæ plurium literarum mistraliarum dalphinalium et aliarum rerum francharum pro domino, m. ♯ N, 727 ff. [267]. — 8. Liber intitulatus ex pluribus baillivatibus, m. O, 567 ff. [309].

Registres couv. de parch. sur cart.

9. Notæ Guigonis Frumenti, m. ♯ P. — 10. Plures notæ Guigonis Frumenti, m. Q 554 ff. [2]. — 11. Notæ receptæ per Gauffredum de Equivalari clericum computorum, m. ♯. — 12. Liber recognitionum antiquarum vocatus Probus. 583 ff. p. [1]. — 13. Copia extracta a libro vocato Probus.

Nº XXVIII.

Différents registres tous couv. de parch.

1. Inventarium et repertorium documentorum et jurium domini nostri regis dalphini quæ habet in civitate Vapinci, in comitatu Vapinci et in baroniis Medullionis et Montisalbani, Gapensois. — 2. Extracta facta ab archivis et thesauro cameræ computorum dalphinalium de litteris, instrumentis et munimentis jurium et prerogativarum quæ dominus noster dalphinus habet et sibi competunt in civitate Vapinci. — 3. Etat des revenus que Guigues dauphin avait dans le bail-

lage de Gap 1268. —4. Enquestes et procès au sujet de plusieurs terres en Gapensois que le comte de Provence disoit être mouvantes de son fief et le dauphin au contraire etc. 1278. —5. Registrum litterarum comitatus Vapinci 1346, *m*. ✠✠✠. —6. Documenta et scripturæ tangentia jura quæ dominus noster rex dalphinus habet in temporalitate Vapincensis episcopatus 1373. — 7. Registre concernant les formalités du procès fait à l'évêque de Gap en 1417 sur les attentats par luy commis contre les officiers du dauphin, *m*. ✠.— 8. Processus hominum mandamenti Montisorserii contra homines de Orseria 1451. — 9. Procès de la communauté de Gap contre l'évêque de Gap 1463, *s. c.* — 10. Registrum instrumentorum, litterarum et privilegiorum baroniarum Montis Albani et Medullionis 1346, *et plus bas* Le Buis. — 11. Registrum instrumentorum, privilegiorum baroniarum Montis Albani et Medulionis, et aliarum informationum auctoritate dalphinali factarum 1316, *m*. ⊢, *173 ff*. [B]. —12. Procès entre dame Louise d'Agoult, femme de noble Claude de Laire seigneur de Savournon, demanderesse d'une part et noble Jean de Morges, seigneur de Lépine, deffandeur d'autre, 1457. — 13. Fisci consulum Buxi et patriæ Baroniarum etc. 1501. — 14. Repertorium contentorum in sacco Guerii extractum anno 1534, *et plus bas* Registrum instrumentorum, literarum et privilegiorum baroniarum terræ Turris et Vallisbonæ, *et encore plus bas* Privilegia multa concessa dominis dalphinis per imperatores. [B]. — 15. Supplicationes mag⁰ domini Saltus contra fiscum dalphinalem ad causam ressortus appellationum, *et plus bas* Procès concernant la juridiction et appellation des terres de Montbrun, Ferrassières et autres des Baronies au baillage du Buis 1535. —16. Vaudois 1385, *s. c.*—17. Procès contre les Vaudois de Briançon, Valcluzon et Mantole 1487, *et plus bas* Copia processuum sacræ inquisitionis contra suspectos de hæresi Pauperum de Lugduno sive Valdentium castellaniæ Vallis Cluzonis castellaniæque Mantolarum necnon judicaturæ Brianconesii, signata per A. — 18. Sextus carnetus confessionum Valdentium signatus per H., *et plus bas* Informations et interrogatoires faits en l'an. 1487 pour l'extirpation de l'hérésie des Vaudois contre Paupes de Lyon et autres de Valloise.

Registres tous couv. de parch.

19. Pro domino de Brianzone ad causam riveragii Izaræ, *les 1ᵉʳˢ ff. presque pourris*. — 20. Cartularium Brianzonis 1320, *et au-dessus*

Inutile. — 21. Liber primus certarum acquisitionum factarum de rebus nobilibus et franchis ballivatus Brianzonis 1381. — 22 Expleta per dom. gubernatorem Dalphinatus facta a die 7° septemb. 1399 apud Brianzonum, m. ⌭ X°. — 23. Processus originalis super limites Castri Dalphini 1420.—24. Procès sur les limites de Château-Dauphin et de Saint-Pierre de Saluces 1420. — 25. Informationes sumptæ apud Bardoneschiam pro parte dalphinali super pluribus homagiis et juribus dalphinalibus 1420. — 26. Parcella servitiorum dalphinalium castellaniæ Bardoneschiæ 1482. — 27. Informationes sumptæ per Jordanum Cordis, procuratorem apud Brianconesium, et Antonium Fric notarium super usurpationibus et detentionibus per incapaces rerum nobilium et francarum, et quæ de feudo et directo dominio regis dalphini domini nostri moventur 1497. — 28. Transcripta seu vidimus quarumdam litterarum et instrumentorum comitatum Ebredunensem concernentium ab anno 1210. — 29. Registrum instrumentorum et litterarum tangentium comitatum Ebredunensem ab anno 1262.—30. Sabine, Saint-Appolinard 1350. *m. d'l dauphin, c. de b.* —31. Collecta gravaminum illatorum per dom. archiepiscopum Ebredunensem modernum et ejus officiales atque gentes regiæ majestati et excellentiæ dalphinali et ejus officialibus etc. 1366, *s. c.* — 32. Procès au sujet du fort de Savine 1371, *m.* ☞. — 33. Procès entre les communautés de Sabine et de Réalon touchant les réparations du pont de Sabine 1377. — 34. Procès entre noble Pierre de Baratier d'une part et Jean Baille et Jean Francon d'autre, en l'année 1396, *m.* ⌭.

N° XXIX.

Registres des copies du Briançonnais, Embrunois, Gapençais et Baronnies, tous couv. de parch. sur cart.

1. Liber copiarum Briansonesii, Ebredunensii, Vapincensii et Baroniarum, *m.* AA, *922 ff.* [297]. — 2. Alius liber copiarum Briançonesii, Ebredunesii, Vapincesii et Baroniarum. *m.* AAA, *1203 ff.* [298]. — 3. Secundus quamplures informationes et scripturæ Brianczonesii, Ebredunesii, Vapincesii et Baroniarum, *m.* 2 B. *327 ff.* [305]. — 4. Alius liber copiarum Brianczonensii, Ebredunensii, Vapincesii et Baroniarum. *m.* BBB, *1153 ff.* [299]. — 5. Alter liber copiarum Ebredunesii, Briansonesii, Vapincesii et Baroniarum, *m.* CCC, *707 ff.* [300]. — 6. Briançonesii, Ebredunesii, Vappincesii et Baroniarum, *m.* DDD, [301]. — 7. Copiæ plurium

instrumentorum domanium dalphinale in judicaturis Baroniarum tangentium, ac etiam judicaturæ Briançonesii, Ebredunesii et Vapincesii ac Triscatrinensis. *m.* E ⌶, *781 ff.* [315].

Suite des susdits registres, couv. de parch. sur cart.

8. Briançonesii, Ebredunesii, Vapincesii et Baroniarum, *m.* FFF, *684 ff.* [302]. — 9. Ebredunesii, Briançonesii, Vapincesii et Baroniarum, *m.* GGG, *446 ff.* [303]. —10. Copiæ plurium literarum ac instrumentorum dalphinale patrimonium judica'turæ) Ebred (unesii) tangentium et Baroniarum, *m.* G ⌶, *642 ff.* [306]. — 11. Briançonesii, Ebredunensis et Baroniarum, *m.* ⳨, *355 ff.* [304]. — 12. Copiæ plurium instrumentorum domanium dalphinale judicaturæ Vapincesii tangentium, *m.* ⌶ O. — 13. Livre des titres de la ville de Gap. — 14. Titres concernant la ville de Gap.

N° XXX.

Registres de l'ancienne récision des feux de la province.

1. Foca patriæ Dalphinatus, *s. d. et c.* — 2. Etat de la quotité et réduction des feux de la province. *1er f. manque, s. c.*—3. Numerus focorum domanii subsidii duorum florenorum concessi anno 1383, *m* +, *c. de p., 253 ff.* [36]. — 4. Numerus focorum tam domanii dalphinalis nobilium quam prelatorum totius Dalphinatus etc. anno 1410, *m.*+*, *c. de p.,160 ff.* [52].—5. Liber continens numerum focorum Dalphinatus factus an. 1429, *c. de p., 84 ff.* [42]. — 6. Liber continens numerum focorum tam domanii dalphinalis quam hominum gentium ecclesiasticarum ac nobilium de feudo et retrofeudo dalphinali moventium factus de an. 1430, *84 ff.* [43]. — 7. Sequuntur arreragia focorum allodialium traditorum dominis auditoribus computi xxvi grossorum pro foco de an. 1433, *c. de p., 86 ff.* [47]. — 8. Declarationes focorum factæ super belluis traditis pro generali revisione eorumdem 1460, *c. de p.. 348 ff.* [50].—9. Numerus belluarum totius patriæ Dalphinatus, extractus ab informationibus pro revisione generali focorum an. Dom' 1476, *c. d'1 maur.p., 168 ff.* [49].—10. Liber continens numerum focorum tam domanii dalphinalis quam hominum gentium ecclesiasticarum et nobilium de feudo et retrofeudo moventium, factus de an. Dom 1400, *s. c., 87 ff.* [40]. — 11. Secundus liber continens numerum focorum t. dom. q. gent. ecclesiast. et nobil. patriæ Dalphinatus etc., factus in an. 1428, *m.* +, *c. de p., 111 ff.* [41]. — 12. Tertius liber numeri focorum

solubilium patriæ Dalphinatus, factus in an. Dom' 1442, *m.* K. *c. de p.*, *151 ff.* [53]. — 13. Quartus liber numeri focorum solubil. patriæ Dalphinatus factus in an. Dom' 1448, *m.* C, *c. de p.*, *349 ff.* [54]. — 14. Quintus liber numeri focorum patriæ Dalphinatus inceptus an. Dom' 1454 a Nativit. sumpto, *m.* +°, *310 ff.* [55]. — 15. Sextus liber focorum hujus patriæ Dalphinatus factus de an. Dom' 1461 post revisionem generalem, *m.* +, *c. de p.*, *215 ff.* [56]. — 16. Septimus liber focorum factus anno 1477, où il y a une imposition pour la réparation de la ville de Grenoble contre le Drac en l'an. 1477 sur les baillages de la province et sur les ecclésiastiques et nobles, *c. de p.*, *184 ff.* [57].

Suite de ladite révision.

17-8. Revisio focorum Baroniarum, Valentinensis et Dyensis, il y a aussy un cayer du Graisivaudan. *s. c* —19. Numerus focorum judicaturæ Viennesii et terræ Turris de anno 1372, *m.* K, *c. de p.*, *66 ff.* [35]. — 20. Visio focorum terræ Turris et Viennesii et Valentinesii incepta in an. 1392, *m.* A, *c. de p.*, *214 ff.* [38]. — 21. Révision des feux de la province de l'an 1410 *et plus bas* Dauphiné, Valentinois et Diois, *s. c.*, *82 ff.* [45]. — 22. Secundus liber belluarum judicaturæ Viennesii et Valentinesii 1474, *c. de p..* *575 ff.* [18]. — 23. Inventarium recognitionum noviter receptarum in judicatura Viennesii et Valentinesii de juribus dalphinalibus, quod fuit inchoatum a die 1ᵉ februarii an. Nativit. Dom' 1389 etc., *c. de p.* — 24. Foca allodialia nobilium Graisivaudani, *s. c.* —25. Numerus focorum domanii Graisivaudani de subsidio duorum florenorum pro foco concesso an. 1367, *c. de p.* — 26. Numerus focorum tam domanii baronum et nobilium tailliabilium in judicatura Graisivaudani quam ecclesiarum etc. de an. 1393, *c. de p.*, *228 ff.* [39]. —27. Numerus focorum domanii Graisivaudani de anno 1393, *m.* +°, *c. de p.*, *104 ff.* [51]. — 28. Inferius describitur numerus focorum hominum domini nostri dalphini mandamenti Pisanciani tam tallabilium quam miserabilium, exceptis hominibus dom' Caroli de Pictavia ejusdem mandamenti etc., *s. c.*, *51 ff.* [11]. —29. Numerus focorum dalphinalium loci et mandamenti Chastæ pro parte dalphinali 1408, *c. de p.* — 30. Divisio francorum archeriorum totius patriæ Dalphinatus facta de an. Dom' currente 1478, *c. de p.*

N° XXXI.

*Registres des copies concernant le Viennois et Valentinois,
tous couv. de parch. sur cart.*

1. Copia plurium literarum et instrumentorum in judicatura Viennesii et Vallentinesii dalphinale patrimonium tangentium, m. DD, *924 ff.* [280]. — 2. Secundus liber scripturarum Viennesii et Vallentinesii, m. F ♯, *713 ff.* [281]. — 3. Plures informationes et scripturæ Viennesii et Valentinesii, tertius, m. ♯ X, *935 ff.* [296]. — 4. Tertius liber scripturarum Viennesii et Valentinesii, m. ♯ Y, *280 ff.* [282]. — 5. Quartus liber copiarum Viennesii et Vallentinesii, m. ♯ Z, *774 ff.* [283]. — 6. Quintus liber copiarum Viennesii et Valentinesii, m. FF. *1070 ff.* [284].

Suite des susdits registres.

7. Sextus liber copiarum Viennesii et Vallentinsii. m. GG, *996 ff.* [285]. — 8. Septimus Viennesii et Valentinesii, m. †, *660 ff.* [286]. — 9. Octavus Viennesii et Valentinesii, m. ‡, *558 ff.* [287]. — 10. Pro facto comitatus Valantinois, Credo in Deum patrem omnipotentem. — 11. Primus coppiarum plurium instrumentorum in judicatura terræ Turris domanium dalphinale tangencium, m. E, *712 ff.* [279]. — 12. Secundus liber copiarum Viennensii et terræ Turris, m. ♯ R. *829 ff.* [271]. — 13. Tertius liber copiarum Viennesii et terræ Turris. m. ♯ ℞, *1019 ff.* [272].

N° XXXII.

*Registres de la révision des feux de la province de
Dauphiné, tous couv. de parch. sur cart.*

1. Primus liber revisionum focorum baillivatus Vapincesii 1438, m. A, *550 ff.* [64]. — 2. Premier livre de la révision des feux du baillage des Baronies 1445, m. B, *481 ff.* [70]. — 3. Dénombrement des bellues du Gapensois et Baronies 1458, m. C, *101 ff.* [82]. — 4. Primus liber revisionum focorum baillivatus Brianconesii et Ebredunesii 1431, m. A, *664 ff.* [67]. — 5. Secundus liber revisionum focorum Brianconesii et Ebredunesii 1448, m. B, *128 ff.* [77]. — 6. Tertius liber denominationis belluarum revisionis Brianconesii et Ebredunesii 1458, m. C, *474 ff.* [87]. — 7. Revisio focorum Baroniarum et Vapincesii, Ebredunesii et Brianconesii de an. 1474,

m. D, *588* ff. [90]. — 8. Liber belluarum ex pluribus baillivatibus 1472, m. F, *693* ff. [85].

Autres révisions de feux, aussi c. de p. sur cart.

9. Primus liber revisionum focorum in judicatura et baillivatu Graisivaudani 1447, m. A, *695* ff. [72]. — 10. Secundus liber revisionum focorum baillivatus Graisivaudani 1447, m. B, *786* ff. [73]. — 11. Tertius liber revisionis focorum Graisivaudani de ystagio magnæ aulæ 1458, m. C, *924* ff. [80]. — 12. Quartus liber revisionum focorum baillivatus Graisivaudani 1448. m. D, *591* ff. [76]. — 13. Quintus liber revisionum focorum baillivatus Graisivaudani 1427, m. E. *774* ff. [62]. — 14. Sextus liber revisionis focorum Graisivaudani 1460, *443* ff. [84]. — 15. Septimus liber Graisivaudani revisionum focorum 1474. *252* ff. [87]. — 16. Octavus revisionis focorum Graisivaudani 1427, 1429 et aliis. *585* ff. [63].

N° XXXIII.

Autres registres du Viennois et terre de La Tour, tous couv. de parch. sur cart.

1. Quartus liber copiarum Viennesii et terræ Turris, m. HH, *920* ff. [273]. — 2. Quintus liber copiarum Viennesii et terræ Turris, m. JJ, *831* ff. [274]. — 3. Quintus plures informationes et scripturæ terræ Turris, hic de facto Airiaci et Chandiaci. m. E, c. de b., *586* ff. [269]. — 4. Sextus Viennesii et terræ Turris, *845* ff. [275]. — 5. Septimus liber copiarum Viennesii et terræ Turris, *877* ff. [276]. — 6. Octavus copiarum Viennesii et terræ Turris, *650* ff. [277]. — 7. Neufviesme copiarum Viennois et terre de La Tour. *637* ff. [278]. — 8. Copiarum Viennesii et terræ Turris 1378. *548* ff. [270].

Registres des copies du Valentinois et Diois.

9. Primus liber copiarum comitatus Valentinensis et Diensis, m. DD, *1025* ff. [288]. — 10. Secundus liber copiarum Valentinensis et Dyensis, m. CC. *910* ff. [289]. — 11. Tercius liber copiarum Valentinensis et Dyensis, m. GG, *1475* ff. [290]. — 12. Quartus liber copiarum Valentinensis et Diensis, sign. per HH, *880* ff. [291]. — 13. Quintus liber copiarum Valentinensis et Dyensis, sign. per JJ, *1025* ff. [292]. — 14. Copiarum Vallentinensis et Diensis, Ave Maria, *605* ff. [293]. — 15. Alter liber copiarum Vallentinensis et Diensis, Gratia plena, *571* ff. [294]. — 16. Alter liber copiarum Vallentinensis et Diensis, Dominus tecum, *566* ff. [295].

N° XXXIV.

*Encore des registres de la révision des feux, tous c. de p.
sur cart.*

1. Primus liber revisionum focorum comitatus Valentinensis et Dyensis 1443, m. A, *360 ff*. [68]. — 2. Secundus liber revisionum focorum comit. Valentinen. et Dyensis 1447, m. B, *296 ff*. [74]. — 3. Troisième révision des feux du comté de Valantinois et Diois 1474, m. C, *789 ff*. [89]. — 4. Premier registre de la révision des feux du Viennois et terre de La Tour 1426, m. A, *594 ff*. [60]. — 5. Secundus liber revisionum focorum baillivatus Viennesii et terræ Turris 1426, m. B, *521 ff*. [61]. — 6. Tertius liber revisionum baillivatus Viennesii et terræ Turris 1429, m. C, *200 ff*. [65]. — 7. Quatrième livre des révisions des feux du Viennois et terre de La Tour de l'an. 1446, m. D, *615 ff*. [71]. — 8. Quintus liber denominationis belluarum revisionis Viennesii et terræ Turris 1457 et 1458, m. E, *752 ff*. [79]. — 9. Sixième registre de la révision des feux 1474, m. F +*, *517 ff*. [86]. — 10. Septième registre de la révision des feux du Viennois et terre de La Tour de l'an. 1475, m. G, *530 ff*. [91]. — 11. Continuatio revisionis seu denominationis belluarum baillivatus Viennesii et terræ Turris incepta 1474, m. H. *502 ff*. [88].

Autres registres des révisions des feux, c. de p. sur cart.

12. Primus liber visitationum focorum et locorum patriæ Dalphinatus quæ dicebantur allodialia 1449, m. A, *519 ff*. [78]. — 13. Secundus liber revisionum focorum baillivatus Viennesii et Vallentinesii 1423, m. B. *550 ff*. [59]. — 14. Tertius liber revisionum focorum bailliv. Viennesii et Valentin. 1431, m. C, *509 ff*. [66]. — 15. Quartus liber revisionum focorum bailliv. Viennesii et Valentin. 1445, m. D, *554 ff*. [69]. — 16. Quintus liber revisionum focorum bailliv. Viennesii et Valentin. 1447, m. E, *510 ff*. [75]. — 17. Sixième registre *et pl. bas* Denominatio belluarum revisionis Viennesii et Valentinesii 1458, m. F, *557 ff*. [83]. — 18. Huictième registre *et pl. bas* Révision des feux du Viennois et Valantinois en 1475, m. G. *741 ff*. [92]. — 19. Neuvième registre *et pl. bas* Informationes receptæ super numero focorum Viennesii et Valentinesii 1405, m. A

559 ff. [58]. — 20. Révision des feux en 1660, laquelle n'a pas été achevée, *793 ff.* [93]. — 21. Révision des feux en l'an. 1660, *770 ff.* [94]. — 22. Etat des feux de Dauphiné, *c. de simple p., 110 ff.* [95].

N°ˢ XXXV et XXXVII.

Registres des copies qui concernent le Graisivaudan, tous couv. de parch. sur cart.

1. Primus liber *et pl. bas* Copiæ plurium instrumentorum judicaturæ Graisivaudani dalphiuale patrimonium tangentium, m. A ⌶. *796 ff.* [251]. — 2. Secundus liber copiarum Graisivodani, m. B. *865 ff.* [252]. — 3. Tertius liber copiarum Graisivodani, m. V ⌶, *734 ff.* [253]. — 4. Quartus liber copiarum Graisivodani, m. ⌶ EE, *697 ff.* [254]. — 5. Quintus liber copiarum Graisivodani, m. ⌶ B B, *775 ff.* [255]. — 6. Sextus liber copiarum Graisivodani, m. FF, *865 ff.* [256]. — 7. Septimus liber copiarum Graisivodani, m. FFF, *671 ff.* [257]. — 8. Octavus liber copiarum Graisivodani, m. GGG. *865 ff.* [258]. — 9. Nonus liber copiarum Graisivaudani. — 10. Decimus liber copiarum Graisivodani, m. A. *621 ff.* [259]. — 11. Decimus liber copiarum Graisivodani, m. B, *815 ff.* [260]. — 12. Decimus copiarum Graisivodani, sign. per JJJ, *871 ff.* [260*].

Suite des registres des copies du Graisivaudan.

13. Undecimus copiarum Graisivodani, *757 ff.* [261]. — 14. Duodecimus copiarum Graisivodani (A), *678 ff.* [262]. — 15. Duodecimus copiarum Graisivaudani (B). — 16. Decimus quartus liber copiarum Graisivodani. m. D, *565 ff.* [264]. — 17. Decimus quartus copiarum Graysivodani, m. C. *691 ff.* [263]. — 18. Cartularium Graysivodani in quo sunt multæ bonæ res, multæ ordinationes jura domini tangentes, *415 ff.* [266]. — 19. Liber copiarum factum civitatis Grationopolis tangencium. *726 ff.* [307]. — 20. Secundus liber copiarum Grationopolis, *845 ff.* [308]. — 21. De facto Sancti Andreæ Gratianopolis, *c. de simple p.*

N° XXXVI.

Registres concernent l'élection de Graisivaudan. couv. de parch. sauf mention contraire.

1. Plusieurs titres concernant le château de Bouqueron et sa ju-

risdiction en divers temps 1242, *s. c.* — 2. La Buissière 1262. — 3. In isto libro sunt multæ bonæ res facientes pro castellaniis Goncelini, Corvi, et libertates Gratianopolis et limitationes Pellafolli 1312, *m. •X•.* — 4. Liber vetus in se continens plura seu asserta documenta ad opus domini nostri regis dalphini facientia in mandamentis Oysencii et Triviarum 1317. — 5. Quartus quam plures informationes et scripturæ Graisivodani, *m. S, attaché avec une ligature de soie, 481 ff.* [268]. — 6. Dans ce registre sont 13 actes, dont il n'y en a que 5 d'utiles et concernent les Chartreux de Durdon, quelques seigneurs directs de La Buissière et Morestel, le prieur de Vif, et il y est fait mention des maladeries de La Buissière et de Morestel 1330, *s. c.* — 7. Nihil pro facto Sechilinæ, fondatio Saletarum cum pluribus aliis titulis ejusdem domus 1331, *m.* ⌗. — 8. Dans ce registre il y a deux actes concernant les gabelles de Dauphiné et un autre pour le chapitre de Saint-André de Grenoble 1336, *s. c.* — 9. Procès entre M' le procureur général du roy et Guigues Allemand, seigneur de Champ, au sujet de l'investiture de la terre de Valbonnais prétendue par droit de mainmorte de la part du procureur général 1338. — 10. Feudales comitatus Graisivaudani in quibus designantur valores et proprietates castrorum etc. 1339, *m.* ✚*•.* — 11. Registrum litterarum de tempore dom' Humberti dalphini quondam, et plura tangentia provinciam dalphinalem et maxime mandamenta et territoria Viziliæ, Sechilinæ et Oysencii 1345, *m. B.* — 12. Registrum instromentorum et literarum Graysivaudani 1346, *m.* ⁝⌗⁝ ⌗, *c. de p. sur cart.* [B]. — 13. Procès concernant le prieuré de Vif commencé en l'année 1347, *s. c.* — 14. Registre contenant 2ᵉ partie du procès de dame Blanche de Genevois de l'an 1347 et 1408 pour raison de la terre de Theys, La Pierre et Domaine, *et plus haut* Ce qui est contenu dans ce reg. est dans un autre cotté Copia processus domᵉ Blanchiæ de Gebennis contra etc. 1404, *m. B, 142 ff.* [N. B. 11].

Autres registres concernant le Graisivaudan.

15. Procès au sujet de la mistralie de Cornillon en Trièves inféodée 1350, *s. c.* — 16. De facto jurisdictionis Allevardi 1359. — 17. Processus Vallis Bonesii 1364. — 18. Copiæ litterarum et mandamentorum dom' thesaurarii Dalphinatus super solutionibus per eum factis 1365, *m.* ⌗✚*•.* — 19. Inventarium litterarum et instrumentorum dalphinalium castellaniæ Montis Bonodi et ejus ressortus.

inchoatum anno 1389, *c. de p.* — 20. Inventarium recognitionum noviter receptarum in judicatura Graisivaudani de juribus domini nostri dalphini, quod fuit inchoatum an. Dom' 1389, et debent poni dictæ recognitiones in turri dalphinali conservandæ, *c. de p.* — 21. Inventarium instrumentorum et litterarum castellaniæ Muræ et ejus ressorti 1389, *c. de p.* — 22. Inventarium litterarum et instrumentorum castellaniæ Triviarum ejusque ressortus, inchoatum an. 1389, *c. de p.*—23. Inventarium instrumentorum et litterarum castellaniæ Corvi et ejus ressorti 1389, *c. de p.* — 24. Inventarium instrumentorum et litterarum castellaniæ de Vivo et ejus ressorti, *m.* 5, *c. de p.* — 25. Inventarium litterarum et instrumentorum castellaniæ Cornillionis in Graisivaudano ejusque ressortus 1389, *c. de p.* — 26. Inventarium instrumentorum et litterarum castellaniæ Vorapii et ejus ressortus, inchoatum an. 1389, *c. de p.* — 27. Super bonis dom' Petri et Joannis de Arciis in mandamento Raterii albergatis ut infra, *et plus bas* Informationes sumptæ per Jaquemonum Girardi et Bertonum Turrelli, notarios et commissarios ad recipiendum recognitiones dalphinales in mandamento Raterii etc. 1390, *s. c.* — 28. Processus dom' prioris Chaleysii suo et suorum familia contra dominum Sancti Laurentii de Ponte 1393, *s. c.* — 29. Processus inchoatus super manu mortua quam prætendit habere dominus noster dalphinus in terra Theysii, Petræ et Domenæ 1393, *m.* ±.B. — 30. Clamæ curiæ communis Gratianopolis 1399.

N° XXXVIII.

Registres pour le Graisivaudan.

1. Nihil de facto Sancti Martini *et pl. bas* Visus pro recognitionibus Avalonis, Alavardi et Morestelli, et nihil reperii 1402, *s. c.* — 2. Processus fiscalis causæ motæ Gratianopoli in insigni curia parlamenti dalphinali inter nobilem virum Oliverium Amon, capitaneum loci et mandamenti Buxeriæ, secum juncto dom° procuratore fiscali, et nobilem virum Joannem Pilati de Barralibus reum, 1401, *c. de p.* — 3. Papirus mei Antonii Attuherii super facto terræ Thesii 1419, *m.* BB, *c. de p.* — 4. Extractus quorumdam instrumentorum apud Avalonem repertorum, dominum nostrum dalphinum tangentium, factus per me Audrici an. 1427, *c. de p.* — 5. Episcopi Gratianopolis in loco Sancti Hilarii contra dominum Intermontium 1428. *c. de p.* — 6. Cassenatici et Parisius sive Pariseti inventarium titulo-

rum et documentorum 1430, *c. de p.* — 7. État des revenus de Theys, La Pierre, Domaine et Falavier 1440, *s. c.* — 8. Extrait de plusieurs ventes de fonds et héritages, rentes et autres choses dans les mandemens de Theys, Allevard, Avalon, Goncelin et autres lieux dont les lods et ventes étoient deus au roy 1444, *m. A, c. de p.* — 9. Procès d'entr. noble Pierre et Jaques du Terrail d'une part et noble Antoine Guers, au sujet d'un passage pour aller à certaines vignes situées dans le mandement de Grignan 1480, *c. d. p.*

Registres.

10. Super statuto ad causam territorii Sechilinæ 1499, *c. de p.* — 11. Extracta papirorum et protocollorum mei Claudii Botini facta de præcepto magni domi cancellarii, commissarii deputati illmi principis Viennensis domini nostri, *s. c.* — 12. Conclusiones consilii Gratianopolis 1535, 1536 et 1537, *c. de p.* — 13. Ad causam montis vocati de Prevostal in manchis dalphinalibus, *et pl. bas* Réduction de lad. montagne sous la main du roy et contrainte contre la grande maison de Chartreuse pour le payement de deux fromages et un serrasson 1569, *c. de p. sur cart.* — 14. Statuta et ordinationes patriæ Campissauri. *m.* ✕°, *c. de p.* — 15. Memoriæ notarum per me Guillelmum Javandani, notarium de Ancella, tangentium ad opus illustris etc. 1374, *m.* ♯ ✕°, *c. de p.* — 16. Iste liber fuit factus ex pluribus documentis et scripturis hinc inde dispersis per me Petrum Boverii, secretarium dalphinalem subsignatum, repertis faciendo recognitiones dalphinales patriæ Campissauri etc. 1483, Graisivaudan Champsaur, *c. de p.*

— LI —

L'Inventaire qui précède ne renferme pas moins de 784 registres ou liasses; il sera précieux à raison des pertes considérables, en titres féodaux et généalogiques, que subirent les archives de la Chambre des comptes de Dauphiné à l'époque de la Révolution, par suite surtout du « brûlement » opéré à Grenoble les 8 et 9 novem. 1793 [5].

Les registres qui font partie de la série B aux archives de l'Isère étant indiqués dans l'inventaire des Ordonnances à l'aide de leur cotature actuelle, nous allons en donner une table de concordance avec le catalogue qui précède [6], *où on trouvera le titre exact de chacun d'eux; les autres seront décrits ici même, s'il y a lieu:*

1 : XXVII, 12; — 2 : 10. — 3 : VI, 14; — 4 : 19; — 5 : 15; — 6 : 16; — 7 : 17; — 8 : 1; — 9 : 5; — 10 : 6; — 11 : 7; — 12 : 8; — 13 : 9. — 14 : 10; — 15 : 11; — 16 : 12; — 17 : 13; — 18 : 21; — 19 : 22; 20 : 23; — 21 : 24; — 22 : 26; — 23 : 27; — 24 : 28; — 25 : 29; — — 26 : 30; — 27 : 31. — 28 : VIII, 2; — 29 : 1. — 30 : XXII, 4. — 31. Registrum litterarum castellanorum dalphinalium, inc. an. Dom. 1405, 276 ff. — 32. Reg. litter. castellan. factum 1415. — 33. Reg. litter. castellan. ab an. 1440, quo adepta fuit possessio Dalphinatus pro domino nostro dalphino Ludovico, 575 ff. — 34. Reg. litterarum regis dalphini ab an. 1416 inc., 256 ff. — 35 : XXX, 19; — 36 : 3. — 37. Cartularium subsidii dimidii floreni pro foco 1392, 50 ff. — 38 : XXX, 20; — 39 : 26; — 40 : 10; — 41 : 11; — 42 : 5; — 43 : 6; — 44 : 28; — 45 : 21. — 46. Liber focorum subsidii XXII floren. 1424, 94 ff. — 47 : XXX, 7; — 48 : 22; — 49 : 9; — 50 : 8; — 51 : 27; — 52 : 4; — 53 : 12; — 54 : 13; — 55 : 14; — 56 : 15; — 57 : 16. — 58 : XXXIV, 19; — 59 : 13; — 60 : 4; — 61 : 5. — 62 : XXXII, 13; — 63 : 16; — 64 : 1. — 65 : XXXIV, 6; — 66 : 14. — 67 : XXXII, 4. — 68 : XXXIV, 1; — 69 : 15. — 70 : XXXII, 2. — 71 : XXXIV, 7. — 72 : XXXII, 9; — 73 : 10. — 74 : XXXIV, 2; — 75 : 16. — 76 : XXXII, 12; — 77 : 5. — 78 : XXXIV, 12; — 79 : 8. — 80 : XXXII, 11; — 81 : 64; — 82 : 3. — 83 : XXXIV, 17. — 84 :

(5) J.-J.-A. PILOT, Inventaire-Sommaire des archives départ. de l'Isère, t. I, préf. p. 25-6.
(6) *Le chiffre romain renvoie à l'étagère et l'arabe au n° dans celle-ci; le premier n'est pas répété quand plusieurs registres appartiennent à la même étagère.*

XXXII, 14 : — 85 : 8. — 86 : XXXIV, 9. — 87 : XXXII, 15.—88 : XXXIV, 11 ;—89 : 3.—90 : XXXII, 7.—91 : XXXIV, 10 : —92 : 18 : — 93 : 20 : — 94 : 21 : — 95 : 22. — 96-123 : Délibérations, Arrêts, Procédures, Comptes, 1550-1791.—124-158 : Monnaies, Gabelles, Péages, 1327-1578. — 159-173 : Fermes des domaines, 1419-1645. — 174. Informationes sumptæ super abusibus factis in pedagiis et gabellis, etiam super vero modo exigendi 1415. *m.* B. *813 ff.* — 175. Processus informationum pedagiorum quæ levantur supra Rodanum, Isaram et aliorum super terram existencium, tam in parte Dalphinatus quam comitatus Valentinen. et Diensis. sign. per A, *672 ff.* — 176. Péages par eau et par terre en Dauphiné, 1606-95, *185 ff.* — 177. Premier reg. des Enregistrements et Procédures, *Generalia*, de 1432 à 1497, *514 ff.* — 178. IIe Generalia, 1481-85, *599 ff.* — 179. IIIe Gener. 1489-1512, *831 ff.* — 180. IVe Gener. 1514-28, *909 ff.* — 181. Ve Gener. 1521-40, *877 ff.* — 182. VIe Gener. 1526-35, *566 ff.* — 183. VIIe Gener. 1532-41, *758 ff.* — 184. VIIIe Gener. 1542, *725 ff.* — 185. IXe Gener. 1545-48, *903 ff.* — 186. Xe Gener. 1551-74, *768 ff.* — 187. XIe Gener. 1574-94, *1054 ff.* — 188. XIIe Gener. 1592-99, *693 ff.* — 189. XIIIe Gener. 1598-1606, *1000 ff.* — 190. XIVe Gener. 1600-9, *1033 ff.* — 191. XVe Gener. 1608-14, *1507 ff.* — 192. XVIe Gener. 1603-18, *1521 ff.* — 193. XVIIe Gener. 1618-21, *727 ff.* — 194. XVIIIe Gener. 1618-27, *1142 ff.* — 195. XIXe Gener. 1627-34, *1135 ff.* — 196. XXe Gener. 1635-41, *642 ff.* — 197. xxi^e Gener. 1640-7, *1275 ff.* — 198. xxii^e Gener. 1647-52, *1025 ff.* — 199. xxiii^e Gener. 1652-5, *1358 ff.* — 200. xxiv^e Gener. 1644-60, *1278 ff.* — 201. xxv^e Gener. 1660-5, *1094 ff.* — 202. xxvi^e Gener. 1666-73, *1585 ff.* — 203. xxvii^e Gener. 1671-87, *954 ff.* — 204. xxviii^e Gener. 1688-91, *755 ff.* — 205. xxix^e Gener. 1692-1700, *960 ff.* — 206. xxx^e Gener. 1700-8, *928 ff.* — 207. xxxi^e Gener. 1708-15, *1015 ff.* — 208. xxxii^e Gener. 1715-28, *977 ff.* — 209. xxxiii^e Gener. 1728-40, *818 ff.* — 210. xxxiv^e Gener. 1741-51, *642 ff.* — 211. xxxv^e Gener. 1735-62, *849 ff.*—212. xxxvi^e Gener. 1752-64, *686 ff.* — 213. xxxvii^e Gener. 1764-70, Credo in Deum, *862 ff.* — 214. xxxviii^e Gener. 1769-71, Patrem omnipotentem, *550 ff.* — 215. xxxix^e Gener. 1771-6, Creatorem, *664 ff.* — 216. XLe Gener. 1776-90, Cœli et terræ, *897 ff.* — 217. XLIe Gener. 1780, Et in Jesum Christum, *557 ff.* — 218-250 : Cartons de parchemins et papiers. — 251 : XXXV, 1 : — 252 : 2 ; — 253 : 3 : —

254 : 1 ; — 255 : 5 ; — 256 : 6 ; — 257 : 7 ; 258 : 8 ; — 259 : 10 ; 260 : 11 ; — 260ᵃ : 12 ; — 261 : 13 ; — 262 : 14 ; — 263 : 17 ; — 264 : 16. — 265 : XXVII, 1. — 266 : XXXV, 18. — 267 : XXVII, 7. — 268 : XXXVI, 5. — 269 : XXXIII, 3 ; — 270 : 8 ; — 271 : XXXI, 12 ; — 272 : 13. — 273 : XXXIII, 1 ; — 274 : 2 ; — 275 : 4 ; — 276 : 5 ; — 277 : 6 ; — 278 : 7. — 279 : XXXI, 11 ; — 280 : 1 ; — 281 : 2 ; — 282 : 4 ; 283 : 5 ; — 284 : 6 ; — 285 : 7 ; — 286 : 8 ; — 287 : 9. — 288 : XXXIII, 9 ; — 289 : 10 ; — 290 : 11 ; — 291 : 12 ; — 292 : 13 ; — 293 : 14 ; — 294 : 15 ; — 295 : 16. — 296 : XXXI, 3. — 297 : XXIX, 1 ; — 298 : 2 ; — 299 : 4 ; — 300 : 5 ; — 301 : 6 ; — 302 : 8 ; — 303 : 9 ; — 304 : 11 ; — 305 : 3 ; — 306 : 10. — 307 : XXXV, 19 ; — 308 : 20. — 309 : XXVII, 8 ; — 310 : 5 ; — 311 : 6 ; — 312 : 4 ; — 313 : 3 ; — 314 : 2. — 315 : XXIX, 7.

Nous avons rangé dans la troisième classification ou série Z les registres qui ne figurent dans aucun des deux catalogues précédents ou qui n'ont pas pu y être certainement identifiés :

1. Registrum litterarum Officiariorum ab an. 1365. — 1 bis. Reg. litter. Officiar. ab an. 1410. — 2. Reg. litter. Officiar. ab an. 1416. — 3. Reg. litter. Officiar. ab an. 1417. — 4. Reg. litter. Officiar. ab an. 1426. — 5. Litteræ Officiariorum ab an. 1458. — 6. Litteræ Officiar. ab an. 1461. — 7. Litteræ Officiar. ab an. 1472. — 8. Litteræ Officiar. ab an. 1485. — 9. Litteræ Officiar. ab an. 1498. — 10. Litteræ Officiar. ab an. 1514. — 11. Litteræ Officiar. ab an. 1526. — 12. Litteræ Officiar. ab an. 1541. — 13. Liber reemptionum ac certarum acquisitionum jure prælationis factarum ab an. 1415 [= XXV, 3 ?]. — 14. Reg. litter. Officiar. ab an. 1547. — 14 bis. Liber tertius retentionum incept. de an. 1410. — 15. Officiers XXXI. — 17. Reg. litter. Officiar. IV ab an. 1560. — 18. Edits, déclarations et arrêts du conseil depuis 1349. — 19 Edits et lettres de 1574 et 1575. — 20 = II, 14 ou 16. — 21. Reg. Officiers V ab an. 1574. — 22. Reg. Officiers VI an. 1590. — 23. Reg. Officiers VII an. 1603. — 24. Reg. Officiers VIII. — 25. Officiers X an. 1628. — 25 bis. XIVᵉ reg. Retentionum ab an. 1567. — 26. Officiers XXVI. — 27. XIIᵉ reg. Retentionum ab an. 1562. — 28. IIIᵉ reg. des Edits originaux. — 29 = XIX, 51. — 30. Procès-verbal de la réunion du domaine 1593 [= XXVI, 55 ?]. — 31. Officiers XI an.

1631. — 32. Officiers xii an 1632. — 33. Officiers xiii. — 34. Officiers xiv. — 35. Officiers xv. — 36. Officiers xvi. — 37. Officiers xvii. — 38. Officiers xviii. — 39. Reg. de quelques édits etc. — 40. Officiers xx. — 41. Officiers xxi. — 42. Officiers xxvi. — 44. Officiers xxiv. — 45. Officiers xxv. — 46 = B. 176. — 47. Officiers xxvii. — 48. Officiers xxviii. — 50. Edits, déclarations et arrêts du conseil 1651.

Mentionnons encore trois registres qui ne pouvaient rentrer dans aucun des trois catalogues précédents:

B. N. Plura registra literarum de tempore dom' Humberti dalphini receptarum per Guigonem Frumenti 1338, m. N, 238 ff. — N. B. 11. II° pars copiæ instrumentorum productorum pro parte delphinali contra dom. Blanchiam de Gebennis = XXXVI, 14'. — XVIII, 25 a. Plures ordinationes, compositiones, etc.

et nous en aurons fini avec la nomenclature des registres qui renferment les Ordonnances des rois de France et autres princes souverains relatives au Dauphiné. — Nous n'ajouterons rien sur l'importance de la longue série d'analyses que nous publions: il suffira de faire observer qu'elles font connaître avec exactitude des pièces qui n'ont, pour le plus grand nombre, jamais été signalées; en mentionnant la localité d'où chaque patente a été expédiée, elles offrent des éléments pour compléter l'itinéraire de nos rois et d'autres princes; enfin il sera, grâce à l'indication des sources, loisible aux érudits de consulter facilement et de mettre au jour le texte intégral de la plupart des pièces.

Romans, 28 mars 1871.

Ordonnances
DES ROIS DE FRANCE
ET AUTRES PRINCES SOUVERAINS
relatives au Dauphiné.

Documents pour servir à son histoire.

PRINCES ET SEIGNEURS ÉTRANGERS.

1. Bulle de l'empereur Frédéric 1ᵉʳ portant concession d'une mine d'argent à Rame, diocèse d'Embrun, en faveur de Guigues Dauphin, comte de Grenoble, avec pouvoir de faire battre monnaie à Césane, au pied du mont Genèvre. — C. D. Donné à Reverolle [Rivoli près Turin], les ides (13) de janvier 1155.

2. Autre bulle du même portant confirmation de la précédente, avec permission audit Guigues dauphin de faire battre monnaie dans ses comtés. — C. D. A Tusculum, maintenant Frascati, les nones (7) de juillet 1155.

3. Bulle du même Frédéric 1ᵉʳ portant concession de plusieurs priviléges en faveur du comte de Provence. — B. 306, 23. A Turin, le 6ᵉ [15] des calendes de septembre (18 août) 1172 [1162].

4. Autre bulle du même portant investiture du comté de Forcalquier en faveur de Guillaume, etc. — B. 306, 26 v°. Au camp devant Reveredo [Roboreto (Alexandrie)], le 12ᵉ des calendes de janvier (21 décembre) 1174.

5. Bulle du même empereur Frédéric portant concession en faveur de l'évêque de Die et de ses successeurs des châteaux et forts de son diocèse y énoncés et de tous les droits royaux, etc. — B. 251, 60 v°. Dans le palais d'Arles, le 3ᵉ des calendes d'août (30 juil.) 1178.

6. Bulle du même portant don d'un péage sur la route de Valence à Montélimar en faveur de Guillaume de Poi-

tiers, pour le tenir en fief du comte Dauphin, avec le tarif des droits, etc. — B. 288, 35.
Au palais d'Arles, le 3ᵉ des calend. d'août (30 juil.) 1178.

7. Bulle de l'empereur Frédéric 1ᵉʳ qui permet à Raymond de Mévouillon de tenir en souveraineté ses états et tout ce qu'il pourrait posséder à l'avenir, avec promesse de n'accorder aucune juridiction à son préjudice, etc.—C.D.
A Valence, le 6ᵉ des ides (8) d'août 1178.

8. Bulle du pape Urbain III° portant confirmation d'un accord fait sur divers droits dans le territoire de Grenoble entre Jean, évêque dudit Grenoble, et Hugues, duc de Dijon, qui jouissait alors du comté d'Albon, ayant épousé Béatrix, la veuve du comte de Saint-Gilles, fille et héritière du comte dauphin. — B. 307, 151.
A Vérone, le 2ᵉ des calend. de mars (28 févr.) 1185 (1186).

9. Bulle du pape Innocent III portant que Guigues dauphin et ses sujets ne seraient point sujets aux excommunications que pourraient fulminer ses légats, etc. — C. D.
Les calend. (1ᵉʳ) de juin, (an) 11ᵐᵉ de son pontificat, 1208.

10. Bulle de l'empereur Frédéric II portant concession d'un péage sur le Rhône au chapitre de St-Maurice de Vienne, avec diverses confirmations des empereurs et des dauphins, etc. — B. 201, 267.
A Bâle, le 8ᵉ des cal. de décemb. (24 novemb.) 1214.

11. Bulle du même Frédéric II portant confirmation des dons et privilèges accordés à l'église de Die par Frédéric 1ᵉʳ, etc. — B. 251, 144.
A Bâle, le 9ᵉ des cal. de déc. (23 nov.) 1214.

12. Bulle du même portant confirmation des privilèges accordés par plusieurs papes aux chevaliers de Rhodes, etc. — C. D.
En janvier 1221.

13. Bulle de l'empereur Frédéric II portant confirmation du droit par lui ci-devant accordé à Guillaume de Montferrat d'exiger 12 deniers viennois de péage pour chaque sommée ou charge dans tout le Viennois, en faveur de Béatrix, fille du dit Guillaume et de Guigues dauphin, fils de ladite Béatrix, etc. — B. 282, 333.
A Albe (Alba, au S. E. de Turin), le 11ᵉ (?) mars 1238.

14. Bulle du même empereur portant concession d'un péage dans le Viennois en faveur de Béatrix, veuve d'André dauphin, et de Guigues, son fils, etc. — C. D.
A Albe (Alba), en mars 1238.

15. Bulle du même portant confirmation de deux autres bulles de Frédéric 1er ci-dessus rapportées, par lesquelles il donne à Guigues dauphin une mine d'argent, avec pouvoir de faire battre monnaie, etc. — C. D.
A Turin, en avril 1238.

16. Bulle du même portant confirmation des priviléges accordés par Frédéric 1er à l'évêque et à l'église de Die, etc. — B. 295, 129. Au camp devant Brescia, en sept. 1238.

17. Bulle de Frédéric II, empereur, portant confirmation en faveur de Guigues dauphin et de ses successeurs des comtés de Gap et d'Embrun, qu'il dit être tenus par ledit Dauphin à juste titre d'acquisition, ensemble des alleux des dits comtés et de ceux de Graisivaudan, de Vienne, d'Albon, etc. — B. 297, 176.
A Verrue [Lérici en Piémont], en juin 1247.

18. Bulle du pape Innocent IV portant ratification d'un traité fait entre l'archevêque d'Embrun, André dauphin et Odon duc de Bourgogne, sur leurs différends au sujet de ladite ville d'Embrun, de Chorges, etc., ensemble d'un deuxième traité entre Guigues dauphin et l'archevêque successeur du précédent, sur le même sujet, etc. — C. D. Los cal, de décemb. (al. 29 nov.), an 5e de son pontificat, 1247.

19. Bulle de l'empereur Frédéric portant assignation d'une pension de 300 onces d'or en fief, en faveur de Guigues dauphin, à prendre sur la chambre impériale, etc. — C. D. A Verceil, en novemb. 1248.

20. Jugement rendu par Philippe-le-Bel, roi de France, entre Robert duc de Bourgogne et Humbert sire de La Tour, faisant pour lui et Anne dauphine son épouse, sur leurs différends au sujet de la succession du Dauphiné, etc. — C. D. A Paris, en février 1285 (1286).

21. Bulle de l'empereur Rodolphe portant qu'il prend Humbert dauphin sous sa sauvegarde et protection contre le duc de Bourgogne et le comte de Savoie, etc. — C. D.
A Bade, le 16 des cal. d'avril (17 mars) 1285.

22. Lettres patentes d'Amédée, comte de Savoie, par lesquelles il accorde plusieurs priviléges aux habitants du Pont-de-Beauvoisin. — B. 282, 338 v°. Au Pont-de-Beauvoisin, le mardi avant la Saint-Martin d'hiver (9 nov.) 1288.

23. Bulle de Mathieu, cardinal du titre de Saint-Damase, portant commission à l'archevêque de Vienne d'absoudre

Humbert dauphin de l'excommunication encourue pour avoir imposé une nouvelle gabelle ou péage en Dauphiné, etc. — C. D.   A Rome, le 8 des ides (8) de mars, an 2° du pontificat de Nicolas IV, 1290 (1289).

24. Lettres patentes d'Amédée, comte de Savoie, contenant plusieurs priviléges en faveur des habitants de Saint-Jean-de-Bournay. — B. 274, 24.   En novemb. 1292.

25. Lettres de Philippe-le-Bel, roi de France, par lesquelles il appert que le dauphin Humbert et Jean son fils lui devaient hommage pour les terres qu'ils possédaient en son royaume, sans préjudice des hommages dus à l'empereur, au roi de Sicile comme comte de Provence, à l'archevêque de Vienne et aux évêques de Grenoble et du Puy, et qu'ils le devaient servir à la guerre, etc. — C. D.
                               A Paris, en décemb. 1291.

26. Lettres d'Amédée, comte de Savoie, portant concession de plusieurs priviléges à la ville de Saint-Symphorien-d'Ozon, etc. — B. 279, 261.   En novemb. 1295.

27. Bulle de l'empereur Albert portant confirmation de l'union de la baronie de La Tour au Dauphiné, en faveur de Jean dauphin, fils d'Humbert de La Tour, et en contemplation de son mariage avec Béatrix, fille du roi de Hongrie. — C. D.
           A Schaffhouse, le 1 [2] des cal. de juin (31 mai 1303.

28. Bulle de l'empereur Henri VII portant confirmation en faveur de Jean dauphin de tous les priviléges, droits et dons faits par les empereurs aux dauphins ses prédécesseurs. — C. D.   Le 3° des cal. de juin (30 mai) 1309.

29. Lettres patentes de Philippe-le-Long, roi de France, portant commission pour assigner à Jean dauphin 300 livres tourn. de revenu en Auvergne. — C. D.
                               A Paris, le 10 juil. 1317.

30. Testament de Clémence, reine de France, par lequel elle institue Humbert, fils de Jean dauphin, son héritier, etc. — C. D.
                A Paris, dans le Temple, le 5 octob. 1328.

31. Bulle du pape Benoît XII qui accorde un délai à Humbert II dauphin jusqu'à la Pentecôte pour lui prêter hommage de quelques terres de sa mouvance, etc. — C. D.
          A Avignon, le 16 des cal. d'avril (17 mars), an 2° de son pontif. 1334 [1336].

32. Bulle du pape Benoît XII portant ordre aux prélats de France et pays circonvoisins et surtout de Dauphiné, Savoie et Provence, de visiter en personne leurs diocèses, et règle les procurations ou droits de visite, etc. — XVIII, 11, 53. A Avignon, le 15 des cal. de janv. (18 déc., an.) 2ᵉ de son pontificat, 1335 (1336).

33. Bulle du pape Clément VI portant défense à tous les officiaux de connaître des dettes pécuniaires et de soumettre les sujets du dauphin à l'interdit pour les dites dettes, avec une autre bulle pour l'exécution adressée au prieur de Saint-Laurent-de-Grenoble, etc. : lesdites bulles insérées dans une autre bulle du pape Innocent VI, donnée à Villeneuve-lès-Avignon le 11ᵉ des cal. de juil. 1359, portant confirmation des précédentes en faveur de Charles dauphin de France, successeur d'Humbert. — B. 312, 23. A Avignon, le 4 des non. (2) d'avril, (an.) 1ᵉ de son pontif., 1343.

34. Lettres patentes de Louis de Bavière, roi des Romains, portant procuration à Humbert dauphin et autres y nommés pour faire ses soumissions au pape et lui prêter obédience en son nom, etc. — B. 265, 90 et 118. Donné au château de Landshut, en Bavière, le 18 septemb. 1343.

35. Bulle du pape Clément VI contenant l'échange fait entre sa sainteté et Humbert dauphin, des droits que sa dite sainteté avait sur la ville de Romans contre la ville de Visan que ledit Humbert lui cède avec tous ses droits, et en conséquence un accord et règlement fait entre ledit Humbert, l'archevêque de Vienne et le chapitre de Romans touchant la juridiction commune de la dite ville de Romans, etc. — B. 280, 697. A Villeneuve-lès-Avignon, le 3 des ides (11 de sept., an.) 3ᵉ de son pontif., 1345 (1344).

36. Bulle du pape Clément VI portant commission à Henri de Villars, archevêque de Lyon, de veiller au bon ordre et à la sûreté du Dauphiné durant l'absence d'Humbert Dauphin, qui commandait l'armée chrétienne contre les Turcs, etc. — C. D. A Avignon, le 4 des ides [cal.] de mars (26 février, an.) 4ᵉ de son pontif., 1346.

37. Lettres d'Étienne de Fay, seigneur de Saint-Jean-de-Bournay, portant confirmation des privilèges accordés aux habitants dudit lieu par Amédée, comte de Savoie, etc. — B. 274, 24. A Saint-Jean-de-Bournay, le 3 déc. 1350.

38. Bulle de l'empereur Charles IV portant confirmation

en faveur de Charles, dauphin de France, de toutes les concessions faites aux dauphins ses prédécesseurs par les précédents empereurs, etc. — C. D.

A Metz, les cal. 1er de janv. 1357.

39. Ordonnance du patriarche de Jérusalem, commissaire délégué, qui déclare les ecclésiastiques de Dauphiné contribuables aux frais des fortifications pour la défense du pays, et rapporte une bulle du pape Urbain sur le même sujet, etc. — C. D.   A Avignon, le 17 février 1364.

40. Bulle du pape Urbain V portant excommunication contre les rebelles et vagabonds qui faisaient plusieurs maux et violences dans le royaume, etc. — B. 308, 49.

A Marseille le 7 des ides (9) de mai, an. 5e de son pontif., 1367.

41. Bulle du cardinal d'Ostie touchant les fonctions et l'entretènement d'un inquisiteur de la foi en Dauphiné, etc. — C. D. Du 5e (an) du pontif. de Grégoire XI, 1373.

42. Bulle de l'empereur Charles IV portant dispense d'âge en faveur de Charles dauphin, son neveu, fils de Charles V roi de France, qu'il déclare capable de commander, de faire la fonction de vicaire de l'empire, etc. — XVIII. 11, 26.   A Paris, les nones (5) de janv. 1378.

43. Autre bulle du même par laquelle il établit le même Charles dauphin vicaire de l'empire et son lieutenant général en Dauphiné et dans le royaume d'Arles, etc. — Ibid., 18.   A Paris, le 7 des ides (7) janv. 1378.

44. Autre bulle du même portant révocation de la commission qui pourrait avoir été donnée au chapitre de Saint-Maurice de Vienne pour la garde du château de Pipet et de la maison des Chanoux, et en déclare gouverneur le dauphin son neveu, etc. — Ibid., 25.

A Paris, en janvier 1378.

45. Suivent les lettres patentes du dauphin portant commission au gouverneur de Dauphiné pour l'exécution de la dite bulle et de prendre possession desdits château et maison, etc. — Ibid., 25.   A Paris, le 23 janv. 1378.

46. Bulle du cardinal d'Albe portant commission à l'abbé de Saint-André de Vienne et autres y nommés, pour procéder à la péréquation de ce à quoi les ecclésiastiques de Dauphiné devaient contribuer pour les fortifications des châteaux dudit pays, etc. — C. D.

A Avignon, le 15 octob. 1379.

47. Ordonnance de deux cardinaux, commissaires députés de l'antipape Clément VII, qui défend aux conservateurs des priviléges d'Avignon de rien attenter sur la juridiction des juges de Dauphiné, etc. — C. D.
A Avignon, le 15 octob. 1379.

48. Jugement d'un commissaire député par l'antipape Clément VII, portant confiscation des biens de quelques Vaudois y nommés, etc., les deux tiers au profit du roi. etc., et le vidimus du 7 mai 1393 fait par la chambre des comptes de la bulle, etc. — B. 297, 272. Du 1er juil. 1380.

49. Lettres d'Amédée, comte de Savoie, portant ordre à ses officiers de remettre à ceux de Dauphiné les malfaiteurs coupables des crimes commis dans ledit Dauphiné, etc.— B. 253. 207. A Chambéry, le 20 août 1400.

50. Bulle de l'empereur Sigismond, roi des Romains, portant confirmation des priviléges accordés par ses prédécesseurs aux comtes de Valentinois et de Saint-Vallier, etc. — B. 286, 53. A Valence, le 6 août 1415.

51. Suit une autre bulle portant de nouveau cassation d'une bulle du 8 des calend. de février 1366, par laquelle Charles IV son père accordait aux habitants de Romans exemption de tous péages et gabelles, etc., laquelle bulle avait déjà été révoquée par ledit Charles par autre bulle du 6 des ides de juin 1374 y rapportée, déclarant ne vouloir déroger aux droits des comtes de Poitiers et autres seigneurs particuliers, à eux accordés par ses prédécesseurs. — B. 286, 54. A Valence, le 6 août 1415.

52. Lettres patentes de Sigismond, roi des Romains, qui établit maître de la monnaie Pierre Colongier, de Lyon, habitant à Romans, avec faculté d'en fabriquer de toute espèce, en or, argent, etc. — B. 252, 669.
A Lyon, le 1 févr. 1416.

53. Suivent autres lettres du même portant ordre au prevôt général des monnaies de faire jouir ledit Colongier, et ensuite quelques procédures touchant les priviléges des fabricateurs. — B. 252. A St-Denis, le 13 avril 1416.

54. Lettres patentes de Sigismond, roi des Romains, portant ordre à l'archevêque de Vienne de faire publier dans l'étendue de son archevêché que tous ceux qui devaient hommage à l'empire, de quelque condition qu'ils soient, eussent à l'aller prêter à sa majesté impériale dans les fêtes de la Pentecôte prochaine, sous peine, etc. — B. 308, 47. A Constance, le 8 février 1417.

55. Suit une ordonnance de Jean, archevêque et comte de Vienne, à l'évêque de Grenoble son suffragant, de faire publier et exécuter les dites lettres, avec la protestation faite en conséquence par ledit évêque de Grenoble le 15 mars 1417. — B. 308, 47.

56. Bulle du pape Martin V donnant notice au gouverneur de Dauphiné que le concile de Constance avait terminé le schisme et qu'il avait été élu pape, etc. — C. D.

A Constance, en décemb., (an. 1e de son pontif., 1417.

57. Bulle du même portant confirmation de celle d'Alexandre V, par laquelle il établit le père Ponce Forgeron, cordelier, inquisiteur de la foi dans les diocèses de Vienne, de Grenoble et autres de la légation d'Avignon, etc. — Z. 2, 213. A Constance, le 3 des nones (3, de févr.,(an.) 1e de son pontif., 1418.

58. Bulle du pape Martin V déclarant que par les précédentes constitutions il n'a pas prétendu déroger au droit que les officiers du roi ont, de temps immémorial, de connaître et juger du possessoire en fait de bénéfices, etc. — XVIII. 25, 58 v°. A Rome, les cal. 1er de mai, an.) 12e de son pontif., 1418 [1429].

59. Décret du concile de Bâle portant renvoi au conseil delphinal d'une cause d'appel interjetée au concile, d'un jugement dudit conseil, attendu qu'il ne s'agissait que d'une affaire purement temporelle, etc. — B. 177, 28.

A Bâle, le 15 des cal. de juil. (17 juin) 1433.

60. Statut du concile de Bâle sur le droit des lettres bénéficiaires et la manière de faire l'office divin, etc. — C. D. A Bâle, le 9 juin 1435.

61. Bulle du pape Eugène IV portant défense d'user d'interdit ecclésiastique pour dettes pécuniaires. — C. D.

A Florence, le 3 des ides (13) de juil. 1435.

62. Bulle du même portant permission en faveur de Louis dauphin, de faire comprendre les ecclésiastiques aux contributions publiques. — C. D.

A Florence, les ides (15) de juil. 1435.

63. Lettres de Louis, duc de Savoie, par lesquelles il lève la défense ci-devant faite de laisser entrer en Savoie le sel de France et de Dauphiné à cause d'un impôt, etc. — B. 177, 54. A Genève, le 25 mai 1443.

64. Lettres patentes du même Louis, duc de Savoie, portant cession à Louis dauphin de tous ses droits sur le Va-

lentinois et Diois que le dauphin avait acquis en 1404, 1419 et 1424. — B. 289, 5. A Genève, le 1er mai 1446.

65. Bulle du pape Innocent VIII portant union du monastère de Saint-Pierre de Montmajour-lès-Arles à l'abbaye de Saint-Antoine de Viennois, avec un règlement et modération de pension que faisait ladite abbaye, et déclaration que les reliques du saint ne sont point à Arles, mais dans l'abbaye du Viennois. — B. 283, 268.

A Rome, le 6 des ides 8 de février 1491 (1492).

66. Bulle du pape Jules II qui fait son légat *a latere* en France le cardinal Georges d'Amboise, en continuation de la même légation que ledit cardinal avait du pape Alexandre VI. — XVIII. 25, 310. A Rome, avant les nones (4 de décemb. 1503 ; enregistré le 17 juin 1504.

67. Autre bulle du même qui confirme et établit de nouveau ledit cardinal légat d'Avignon, et ?. — Ibid., 313.

Du même jour et an que dessus.

68. Bulle du cardinal d'Amboise qui établit vice-légat d'Avignon Louis de Rochechouard, évêque de Saintes. — Ibid., 318.

A Lyon, le 20 janvier 1504 ; enreg. le 17 déc. 1504.

69. Autre bulle du même qui fait vice-légat d'Avignon François de Lestang, évêque de Rhodez. — Ibid., 331.

A Blois, le 17 août 1505 ; enreg. le 14 janv. 1506.

70. Autre bulle du même pour la vice-légation d'Avignon en faveur de Jean d'Arzelliers. — Ibid.

A Mornas, le 13 juin 1508 ; enreg. le 27 nov. 1508.

71. Bulle du pape Clément VII contenant plusieurs privilèges accordés aux chevaliers de Saint-Jean de Jérusalem, etc. — C. D. A Rome, le 4 des nones (2 de janv. 1523.

72. Bulle du pape Pie V portant permission à Charles IX, roi de France, de faire vendre des biens et revenus de l'Église pour la guerre contre les hérétiques, etc. — B. 186, 73. A Rome, le 8 des cal. de déc. 21 nov.) 1568.

73. Bulle du pape Grégoire XIII portant permission d'aliéner du temporel de l'église et du clergé de France, etc. — B. 187. 97. A Rome, le 15 des cal. d'août (18 juil.) 1576.

74. Bulle du pape Clément VIII portant provision de la légation d'Avignon en faveur du cardinal Aldobrandin.—B. 186, 80. A Rome, le 12 juil. 1604 ; enreg. le 9 févr. 1605.

75. Bulle portant provision de la vice-légation d'Avignon

en faveur de l'archevêque Philippe Philonard par le cardinal légat Scipion Borghèse, confirmé par le pape Paul V par un bref du 31 juin 1610. — B. 191, 654.
A Tusculum [Frascati], le 2 juin 1610; enreg. le 27 juil. 1610.

76. Suivent autres provisions et bref en faveur d'Étienne Dulci, archevêque d'Avignon, avec lettres patentes du roi, etc. Enreg. le 27 juillet 1610.

77. Bulle du pape Grégoire XV portant provision de la légation d'Avignon en faveur du cardinal Ludovisio. — B. 193, 439. A Rome, le 5 des cal. de mars (25 févr.) 1620; enreg. le 5 juin 1621.

78. Bulle du pape Urbain VIII portant provision de la légation d'Avignon en faveur du cardinal Barberin, etc. — B. 194, 937. A Rome, les cal. (1er) d'octob. 1626; enreg. à la charge d'apporter dans trois mois lettres confirmatives de sa majesté. le 20 févr. 1627.

DAUPHINS DE VIENNOIS AVANT LE TRANSPORT.

79. Lettres patentes de Pierre, évêque de Grenoble, et de Guigues dauphin, contenant les libertés et privilèges qu'ils accordent conjointement à la ville de Grenoble. — B. 307, 442. Donné à Grenoble, les calend. d'août 1244.

80. Statut et convention contenant les privilèges de la ville d'Embrun, fait entre Henri, archevêque, Guigues dauphin et les habitants de ladite ville dans une assemblée publique, etc. — B. 306, 195.
A Embrun, le 13 des cal. de sept. 1258.

81. Acte de main-levée passé par le juge du dauphin en faveur de l'évêque de Grenoble nouvellement élu, des biens dépendants de son évêché qui avaient été mis sous la main dudit dauphin pendant la vacance, en vertu du droit de garde ou de régale qui lui appartenait, etc. — C. D. A Grenoble, le 8 des cal. d'août 1266.

82. Lettres d'Humbert de La Tour et d'Anne dauphine son épouse, portant confirmation des privilèges de la ville et mandement de Mens-en-Trièves accordés par les dauphins André et Jean leurs prédécesseurs. — B. 256, 26.
A Grenoble, du samedi avant la fête de Sainte-Catherine (21 nov.) 1282.

83. Suivent autres priviléges pour les mêmes et par les mêmes Humbert et Anne.
A Grenoble, le 4 des ides d'avril 1291.
84. De suite autres priviléges pour la même ville de Mens et son mandement par les mêmes, confirmés et augmentés par leurs successeurs Jean, Guigues et Humbert dauphins.
85. Lettres patentes d'Humbert de La Tour et d'Anne dauphine, contenant une transaction faite avec Guillaume évêque de Grenoble sur divers articles, dont le principal est que la juridiction de Grenoble sera commune entre eux, avec la ratification de Jean dauphin, leur fils présent. — B. 307, 163. A Grenoble, au mois de sept. 1293.
86. Lettres d'Humbert de La Tour dauphin, portant concession de plusieurs priviléges au bourg de Bourgoin. — B. 270, 79. Du 6 des ides d'août 1293.
87. Accord et réglement fait par arbitrage entre Geoffroy, évêque de Gap, et Jean fils aîné de Humbert dauphin, seigneur de La Tour, sur diverses difficultés concernant la juridiction et autres droits sur ladite ville et territoire de Gap. — B. 307, 414. Fait dans une bastide, près de la Durance, dépendance de Sisteron, le 5 sept. 1300.
88. Lettres d'Humbert dauphin qui permet à des particuliers Juifs d'habiter et négocier pour un temps en Dauphiné, même à Grenoble, sous une redevance annuelle.— C. D. A Serves, le jeudi après la St-Michel (6 oct.) 1306.
89. Priviléges du bourg de Moirans accordés par Jean dauphin. — B. 265, 318. A Grenoble, le 18 avril 1308.
90. Priviléges de Beaurepaire par le même Jean dauphin. — B. 265, 420. A Villeneuve de Roybon, le mardi avant la St-Jacques et St-Philippe (29 avril) 1309.
91. Acte passé entre Guillaume, évêque de Grenoble, et Jean dauphin, portant confirmation, ampliation et explication de l'accord fait entre leurs prédécesseurs sur leurs droits et juridiction, etc. — B. 307, 115.
A Grenoble, le pénult. novemb. 1313.
92. Priviléges de La Tour-du-Pin accordés par Jean dauphin. — B. 265, 271. A la Balme, le 12 février 1315.
93. Priviléges de la ville de Crémieu accordés par Jean dauphin. — B. 279, 95. A Vienne, le 20 juil. 1315.
94. Lettres patentes de Jean dauphin portant ordre aux

châtelains de Grenoble et de Vizille de faire exécuter le traité de novemb. 1313 fait entre lui et l'évêque de Grenoble, et en conséquence de faire jouir de toute la juridiction haute et basse le juge de la cour commune de Grenoble dans l'étendue du territoire, etc. — B. 307, 123 v°.

A Moirans, le 24 mars 1316.

95. Ordonnances de Jean dauphin, d'Henri élu évêque de Metz, régent le Dauphiné, et de Guigues dauphin, fils de Jean, au sujet de quelques arrêtés de comptes par-devant les auditeurs des comptes alors établis pour la reddition desdits comptes. — C. D.

Des années 1317, 1323, 1324, etc.

96. Lettres de Jean dauphin portant concession de plusieurs priviléges à la noblesse de La Tour-du-Pin et du mandement. — B. 270, 35. A Grenoble, le 9 octob. 1317.

97. Lettres patentes d'Henri, régent le Dauphiné pour Guigues dauphin son neveu, portant concession de plusieurs priviléges et exemptions en faveur des Lombards. — C. D.   A Saint-Marcellin, le 1er février 1321.

98. Donation du Faucigny faite par Hugues à Guigues dauphin et Humbert, ses neveux, et de tous ses autres biens. — C. D.   A Bonneville, le 4 avril 1321.

99. État en forme de règlement fait par Guigues dauphin pour la convocation du ban et de l'arrière-ban. — XXXV. 9, 11.   De l'an 1325.

100. Lettres patentes de Guigues dauphin portant commission aux y nommés de procéder contre les officiers qui avaient prévariqué dans l'exercice de leurs charges dans le bailliage de Viennois, avec des jugements de condamnation. — C. D.   Des années 1330 et 1332.

101. Edit de Guigues dauphin portant injonction à tous ses sujets possédant châteaux, fiefs, cens, services, héritages, etc., relevants de lui ou de ses prédécesseurs, de les déclarer par-devant son conseil à Grenoble. — B. 314, 44.   A Grenoble, le 23 août 1330.

102. Transaction entre Guigues dauphin, le comte de Poitiers et l'évêque de Valence, touchant leurs droits et juridictions, etc. — C. D.   A Pisançon, le 19 sept. 1332.

103. Lettres patentes de Guigues dauphin contenant les franchises et priviléges pour les habitants de la ville neuve de Saint-Maurice, que Henri baron de Montauban, oncle

dudit Guigues, avait commencé de bâtir entre Visan et Nyons. -- B. 298, 87.   A Pierrelatte, le 26 févr. 1333.

104. Lettres patentes d'Humbert II dauphin portant défense aux juges et autres officiers de faire ni d'admettre aucune composition en fait de crimes, avec ordre de lui en renvoyer la connaissance, etc. — XIV, 10, 8 v°.
A Beauvoir, le 18 sept. 1333.

105. Lettres du même portant défense de transporter hors de ses états ni blé, ni vin, ni autres denrées, etc. — XIV. 10, I, 2, etc.   A Beauvoir, le 14 déc. 1333.

106. Lettres du même portant ordre aux bailli, juge et châtelain de Graisivaudan de faire la levée des plaids à lui dus à cause de la mort de son frère Guigues, et aux mistraux, notaires et autres officiers de représenter leurs lettres de provision. — XIV. 10, 10.
A Grenoble, le 15 janv. 1334.

107. Lettres patentes du même Humbert II dauphin, portant ordre et commission à tous les châtelains et juges de Dauphiné de réduire sous sa main tous les péages et gabelles, etc. — XIV. 10, 13. A Grenoble, le 24 janv. 1334.

108. Ordonnance des maîtres rationaux qui enjoint à toute sorte de banquiers Italiens et Florentins de se pourvoir dans un temps préfix au dauphin pour avoir la faculté de rester dans ses états, faute de quoi passé ledit terme ils seront contraints d'en sortir avec leurs familles, etc. — C.D.   A Grenoble, le 14 avril 1334.

109. Lettres du même (Humbert II) portant ordre aux bailli, juge et procureur général de Graisivaudan, de faire publier dans l'étendue de leur juridiction que tous ceux qui possédaient des terres, fonds, héritages, cens et services du patrimoine delphinal depuis le décès de Jean dauphin, eussent à donner leurs déclarations par-devant lui et en représenter les titres, etc. — XIV. 10, 28.
A Visan, le 7 août 1334.

110. Autres lettres du même portant commission au juge de Graisivaudan pour recevoir les susdites déclarations, avec l'ordonnance dudit juge du 23 sept. 1334 pour la publication des dites lettres. — XIV. 10, 215.
A Avignon, le 15 sept. 1334.

111. Edit du même portant réglement sur la juridiction séculière et ecclésiastique; il y a dans le même endroit

une réparation des griefs faits à l'évêque de Grenoble par le gouverneur de la province, le 25 janvier 1396, au sujet de la dite juridiction, etc. — B. 307, 460; C. D.
A Grenoble, le pénult. sept. 1334.

112. Lettres patentes d'Humbert II dauphin portant commission aux bailli et juge de Graisivaudan pour faire publier dans toutes les châtellenies, que ceux qui possédaient des fiefs et arrière-fiefs ou héritages sujets à des cens et autres droits, eussent à les reconnaître par-devant les commissaires députés à cet effet, etc. — XIV. 10, 60.
A Grenoble, le 26 sept. 1335.

113. Édit du même portant création de douze conseillers et d'un procureur fiscal dans chaque bailliage de la province, etc. — B. N. 136.   A Crémieu, le 3 mars 1336.

114. Autre édit portant nomination de sept conseillers pour administrer la justice à Saint-Marcellin, où il est traité de leurs fonctions, etc. — XIV. 10, 75.
A Saint-Marcellin, le 22 février 1337.

115. Lettres d'Humbert dauphin portant défense à ses châtelains et autres officiers d'imposer aucunes sommes ni destiner ses deniers sans son ordre et délibération de son conseil établi à Saint-Marcellin. — C. D.
A Avignon, le 13 mai 1337.

116. Lettres patentes du même portant concession de plusieurs priviléges à la ville de Nyons, etc. — B. 301, 49.   Au Buis, le 6 juin 1337.

117. Lettres du même portant défense des joutes et tournois, etc. — XIV. 10, 201.   A Barraux, le 25 sept. 1337.

118. Lettres d'Humbert dauphin portant confirmation des priviléges accordés aux Juifs par ses prédécesseurs sous la redevance de 20 florins d'or. — C. D.
A Grenoble, le 4 octobre 1337.

119. Lettres patentes d'Humbert dauphin portant ordre à tous ses juges, baillis et châtelains d'entendre et faire leur rapport des dettes contractées par lui et ses prédécesseurs et des plaintes que ses vassaux auraient à faire contre les usures des Lombards, etc. — C. D.
A Grenoble, le 4 décem. 1337.

120. Lettres du même portant ordre au bailli de Graisivaudan d'accorder la main-levée à Jean élu évêque de Grenoble des maisons et temporel de l'évêché vacant par

la mort de Guillaume, son prédécesseur. — XIV. 10, 29 et 217. A Beauvoir, le 4 févr. 1338.

121. Lettres du même portant défense à toute sorte de personnes d'aller dans le royaume de France, à cause des insultes auxquelles ils étaient exposés en vertu des lettres de marque du sceau de Montpellier, à la réserve de ceux qui avaient des terres dans ledit royaume. — XIV. 10, 92.
A Crémieu, le 2 mars 1338.

122. Lettres d'Humbert dauphin portant commission d'examiner et corriger plusieurs abus dans tout le Dauphiné concernant le domaine, etc. — B. N, 8.
A Avignon, le 7 novem. 1338.

123. Lettres d'Humbert dauphin portant confirmation des priviléges accordés par ses prédécesseurs à la maison de Chalais, dépendante de la Grande-Chartreuse. — C. D.
Au Pont-de-Sorgues, le 1ᵉʳ mars 1339.

124. Lettres d'Humbert qui accorde plusieurs priviléges aux habitants de Seyssieu, etc. — B. 277, 19.
Donné au Pont-de-Sorgues, le 13 avril 1339.

125. Lettres du même portant commission aux baillis de faire produire les titres de ceux qui possédaient des fours, moulins, etc. du domaine, et d'en dresser des verbaux pour être rapportés par-devant les gens des comptes, etc. — C. D. A Avignon, le 17 avril 1339.

126. Lettres du même portant ordre d'ôter tous les martinets et toutes les charbonnières de puis Bellecombe jusqu'à Voreppe, avec défense d'en construire à l'avenir et de couper les bois, etc. — XIV. 10, 322 v°.
A la Sône, le 10 mars 1340.

127. Ordonnance d'Humbert dauphin qui transfère à Grenoble le conseil delphinal de Saint-Marcellin, établit son chancelier chef dudit conseil, y ajoute quatre de ses rationaux ou maîtres des comptes déjà établis et trois trésoriers, avec un réglement sur les fonctions des officiers dudit conseil, etc. — C. D.   A Grenoble, le 6 avril 1340.

128. Edit du même par lequel il transfère à Grenoble le conseil ci-devant établi à Saint-Marcellin, le compose de sept conseillers auxquels il joint les rationaux, trésoriers, procureurs et avocats fiscaux, pour composer tous ensemble à l'avenir le conseil delphinal, et il est traité de leurs droits et fonctions, etc. — B. 266, 145.
A Grenoble, le 1ᵉʳ août 1340.

129. **Lettres patentes d'Humbert dauphin** portant commission pour donner à bail emphytéotique tout ce qui dépendait de son domaine dans le Viennois, etc. — C. D.

A Beauvoir, le 3 janv. 1341.

130. **Lettres patentes du même** portant confirmation d'un huissier créé par le conseil delphinal, avec ordre audit conseil de lui assigner des gages, etc. — XVI. 10, 85 v°.

A Grenoble, le 10 mars 1341.

131. Acte par lequel Humbert dauphin décharge tous ses sujets des droits de guet, garde, fouage et autres droits extraordinaires, etc. — B. 179, 92.

A Beauvoir-en-Royanais, le 1er sept. 1341.

132. Lettres patentes du même portant ordre à tous les châtelains et autres officiers de payer les dépenses que feraient les commissaires qu'il avait nommés pour procéder à la liquidation de ses dettes et de celles de ses prédécesseurs dans toute l'étendue de ses états, etc. — C. D.

A Beauvoir, le 8 novem. 1341.

133. Lettres du même adressées aux maîtres des monnaies de Visan et de Crémieu, portant règlement sur quelques monnaies y mentionnées. — C. D.

A Beauvoir, le 11 janv. 1342.

134. Lettres du même portant ordre aux châtelains de La Mure, Corps et Beaumont de faire publier qu'on eût à n'imposer aucun droit dans les mandements desdits lieux sans son consentement, à moins d'une nécessité pressante, auquel cas on lui en donnerait avis. — C. D.

A Grenoble, le 18 août 1342.

135. **Priviléges du lieu de Pinet** par Humbert dauphin, etc. — B. 265, 530. A Villeneuve-St-André, le 6 févr. 1343.

136. **Acte du premier transport** fait par Humbert II dauphin de ses états à Philippe fils de Philippe de Valois, roi de France, et en cas de mort dudit Philippe à l'un des fils de Jean, duc de Normandie, au cas que ledit Humbert vint à mourir sans enfants mâles. — B. 265, 537.

A Vincennes, le 23 avril 1343.

137. Lettres patentes de Philippe, roi de France, portant confirmation des priviléges de Dauphiné, ensuite dudit transport, etc. — B. 11, 19 du 3°.

A Vincennes, le 23 avril 1343.

138. Lettres du même portant que, nonobstant ledit

transport, Humbert dauphin conserverait la jouissance de sa province, sans pourtant en pouvoir rien aliéner. — C. D.

A Vincennes, le 23 avril 1343.

139. Autres lettres du même portant commission aux y nommés de régler dans les sénéchaussées de Beaucaire et de Carcassonne les revenus promis à Humbert dauphin lors du transport, avec la procédure faite en conséquence. — C. D.

A Vincennes, le 23 avril 1343.

140. Lettres patentes d'Humbert portant confirmation des anciens priviléges du Briançonnais et concession de nouveaux. — B. 303, 100.

A Beauvoir-en-Royanais, le 21 juin 1343.

141. Vidimus des priviléges de la ville de Saint-Marcellin accordés par Humbert dauphin. — B. 296, 21.

Le 4 juil. 1343.

142. Lettres patentes de Philippe de Valois qui commet des députés pour nommer au dauphin Humbert des gentilshommes, hommes-liges delphinaux, qui devaient être ensuite établis châtelains et officiers des châteaux par ledit dauphin. — C. D.; B. 2, 65°; B. 9, 2°.

A Villers ou Loges, le 7 juil. 1343.

143. Lettres patentes de Philippe de Valois, roi de France, par lesquelles il remet au dauphin Humbert la peine encourue par défaut d'hommage qu'il lui devait des fiefs qu'il tenait dans le royaume. — C. D.

A Sainte-Colombe, au mois de juil. 1343.

144. Lettres du même concernant la monnaie de Dauphiné et le petit sceau de Montpellier, etc., savoir que la monnaie de Dauphiné aurait cours et que le petit sceau de Montpellier n'y serait point en usage. — C. D.

A Ste-Colombe, le mois de juil. 1343.

145. Lettres patentes de Philippe, roi de France, portant permission en faveur d'Humbert dauphin de faire passer dans le royaume tout le blé et le vin qu'il voudrait sans payer aucun droit. — C. D.

A Ste-Colombe, le 27 juil. 1343.

146. Lettres du même par lesquelles il assigne à Humbert dauphin 80,000 florins à compte de ce qui lui avait été promis lors du transport, sur les décimes que le pape lui avait accordées dans les diocèses de Lyon, de Narbonne, de Vienne, etc. — C. D.

A Sainte-Colombe, près de Vienne, le 27 juillet 1343.

147. Lettres patentes du roi Philippe de Valois portant ordre au châtelain ou viguier de Sainte-Colombe de recevoir le serment des nouveaux châtelains qui seraient commis par Humbert dauphin en place de ceux qui étaient déjà établis au nom du roi, suivant la faculté que le dauphin s'était réservée de les pouvoir changer sa vie durant. —C. D.; B. 9, 2°. A Ste-Colombe, le 22 août 1343.

148. Suit l'acte par lequel Humbert donne en suite de cette présentation les châtellenies, avec le serment que prêtent les officiers d'être fidèles au Dauphin et à ses enfants au cas qu'il en eût, et à défaut d'iceux à Philippe second fils du roi ou à celui des enfants de Jean duc de Normandie qui serait élu. — Ibid.

149. Acte de cession faite par Béatrix de Viennois, dame d'Arlay, à Humbert dauphin de toutes les prétentions et droits qu'elle pouvait avoir sur le Dauphiné en qualité de de fille d'Humbert I". — C. D.

A Chazelles, diocèse de Lyon, le 3 mars 1344.

150. Acte passé par-devant le pape Clément VI entre Jean, duc de Normandie, au nom de Philippe son père et faisant pour son fils Charles, et Humbert dauphin, assisté d'Eudes duc de Bourgogne, par lequel acte ledit Humbert ratifie le transport en présence de plusieurs seigneurs y nommés. — C. D. A Avignon, le 7 juin 1344.

151. Lettres patentes d'Humbert dauphin portant défense à son procureur fiscal de s'employer dans les fonctions de sa charge pour d'autres que pour lui et pour les pauvres. — XIV. 10. A Grenoble, le 18 sept. 1344.

152. Lettres du même portant que ceux qui possédaient quelque portion de son domaine eussent à justifier de leurs titres par-devant les auditeurs des comptes, faute de quoi les châtelains seraient tenus de les comprendre dans leurs comptes. — C. D. A Grenoble, le 22 octobre 1344.

153. Règlement fait par Humbert dauphin en son conseil, qui taxe les droits du sceau et écritures des greffes de toutes les judicatures de la province, etc. — C. D.

A Grenoble, le 16 novem. 1344.

154. Statut delphinal et ordonnances d'Humbert dauphin pour l'administration de la justice, police et finances en plusieurs articles. — B. 178, 139; B. 251, 317.

Fait et publié à Grenoble, le 16 novembre 1344.

155. Ordonnance de Jacques de Die, chevalier, maître rational, portant assignation de la somme due à un particulier de 2,600 florins sur les revenus de Césane. — C. D.
A Grenoble, le 24 octob. 1345.

156. Ordonnance d'Henri de Villars, archevêque de Lyon, lieutenant d'Humbert en son absence, qui défend de transporter les grains hors de la province, etc. — C. D.
A Lagnieu, le 29 août 1346.

157. Lettres patentes d'Humbert dauphin, portant commission aux y nommés de se transporter dans tous les lieux du bailliage de Viennois et conférer avec les barons et nobles au sujet de l'exercice de la justice et libertés desdits lieux, pour en réformer les abus, etc. — B. 313, 326. A Beauvoir-en-Royanais, le 11 mars 1348.

158. Lettres du même portant commission aux y nommés de vendre tous les blés qu'il pouvait avoir dans ses terres de Graisivaudan, à quelque titre qu'ils puissent lui appartenir, avec ordre aux châtelains de les délivrer, etc.—B. 267, 618. A Beauvoir-en-Royanais, le 19 mars 1349.

159. Transport pur et simple du Dauphiné, avec tous ses droits et dépendances, fait par Humbert dernier dauphin de Viennois en faveur de Charles, fils aîné de Jean duc de Normandie, petit-fils de Philippe de Valois, roi de France pour être toujours possédé par l'aîné de France séparément de la couronne, etc. — C. D.
A Romans, le 30 mars 1349.

160. Lettres patentes du roi Phillipe portant que Charles, son petit-fils, ne pourra prendre possession du Dauphiné que toutes les conditions du transport ne soient exécutées. —C. D. A Romans, le 30 mars 1349.

161. Lettres patentes d'Humbert dauphin portant décharge de l'hommage que lui devaient ses sujets, et ordre de le rendre à l'avenir à Charles dauphin de France, etc. — C. D. A Romans, le 30 mars 1349.

162. Autres lettres lettres du même portant ordre aux nobles et autres de la province de rendre hommage à Charles, etc. — C. D. A Lyon, le 16 juil. 1349.

ROIS ET DAUPHINS DE FRANCE DEPUIS LE TRANSPORT.

PHILIPPE DE VALOIS, JEAN ET CHARLES V

DEPUIS 1349 JUSQU'A 1380.

163. Extrait d'un article des priviléges de Dauphiné par lequel Humbert ancien dauphin se départ du droit de mainmorte dans toutes les terres de Dauphiné, à la charge que pareillement les seigneurs n'useraient plus de ce droit sur leurs vassaux, confirmé par Charles dauphin de France. — N. B. 11, 145.   A Lyon, le 16 juil. 1349.

164. Trois différentes copies des priviléges de Dauphiné accordés par Humbert, ancien dauphin, à Romans le 14 mars 1349, et confirmés par Charles dauphin de France, autorisé par Jean duc de Normandie, son père présent, etc. — B. 12, 6°.   A Lyon, le 16 juil. 1349.

165. Lettres patentes de Jean roi de France et de Charles dauphin, son fils, portant ratification d'une transaction passée, le 3 juin 1343 à Beauvoir-en-Royanais, entre Guillaume évêque de Grenoble et Humbert dauphin touchant leur juridiction et autres droits, etc.; la dite transaction rapportée au long avec la bulle de confirmation du pape Clément VI, donnée à Avignon les ides de févr. l'an 2 de son pontif. (1344). — B. 307, 169 et 415.
     A Paris, le mois de sept. 1351.

166. Lettres de provision de trésorier receveur général de la province, adressées au conseil delphinal et chambre des comptes, pour tous les revenus et autres droits quelconques qui peuvent appartenir au dauphin dans la dite province et payer les officiers d'icelle, où sont pareillement exprimées toutes les fonctions de la dite charge, etc. — C. D.   A Paris, le 19 septem. 1355.

167. Déclaration de Charles dauphin portant que les habitants de la châtellenie de La Mure ne sont point obligés au droit de plaid par la mort du seigneur, mais seulement au changement de possesseur. — B. 252, 91.
     A Grenoble, le 26 octob. 1356.

168. Lettres du gouverneur de la province au nom du dauphin, réglant le poids et la loi des monnaies qu'on devait fabriquer à Romans. — C. D.

A Romans, le 19 octob. 1357.

169. Lettres patentes de Charles dauphin portant confirmation des priviléges et coutumes du chapitre de Saint-Barnard de Romans, exprimés par lettres patentes d'Humbert dauphin, du mois d'octob. 1348. — B. 280, 91.

A Paris, au mois d'octob. 1358.

170. Lettres de Charles dauphin, régent le royaume, qui ordonne au sieur de Vergy, gouverneur de Dauphiné, qu'en l'assistance de deux maîtres des comptes il eût à examiner et clôre les comptes du trésorier général quoique absent et rendus par procureur, etc. — C. D.

A Melun, le 7 novem. 1359.

171. Lettres du même portant révocation de tous les dons et assignations faites sur les revenus du domaine, etc. — C. D.   A Melun-sur-Seine, le 23 novem. 1360.

172. Autres lettres portant révocation de tous les baillis et châtelains de la province, etc. — C. D. Du même jour.

173. Lettres patentes du même Charles dauphin par lesquelles il établit gouverneur de Dauphiné Raoul de Lupé et exprime le pouvoir du dit gouverneur, etc. — Z. 1, 13.

A Paris, le 7 octob. 1361.

174. Lettres patentes du roi Charles V portant révocation de tous dons faits sur le domaine de Dauphiné, à la réserve de ceux faits en faveur des églises et œuvres pies, etc. — Ibid., 3.   A Paris, le 5 octob. 1364.

175. Lettres de Raoul de Lupé, gouverneur de Dauphiné, portant commission à l'évêque de Genève pour gouverner la province en son absence, etc. — Ibid., 7.

A Crémieu, le 26 avril 1366.

176. Suivent autres lettres pour le fait de la guerre en faveur de Guigues Copier, etc.

177. Lettres patentes du roi portant établissement d'un droit sur le sel qui devait passer en Dauphiné pour entrer dans le royaume, la province étant exempte de ce droit pour celui qui devait s'y consumer. — Ibid., 18.

A Paris, le 15 mars 1367.

178. Lettres du roi Charles V qui ordonne qu'à l'avenir dans l'assemblée des Etats, les gouverneurs ou autres ses

lieutenants, pour lui ou pour ses successeurs dauphins, à leur avénement p*teront serment entre les mains de l'évêque de Grenoble ou de l'abbé de Saint-Antoine de conserver les libertés delphinales et autres conditions du transport, etc. A Paris, le 22 août 1367.

179. Lettres patentes du même roi Charles V portant confirmation des priviléges de Dauphiné. — B. 179, 44.
A Paris, au mois d'août 1367.

180. Lettres patentes du même portant ordre au gouverneur de donner à la monnaie courante de Dauphiné un prix équipollent à la valeur du florin, etc., avec commission au même gouverneur de nommer conjointement avec les auditeurs des comptes des mistraux, s'il le trouve à propos, quoique les offices de mistralie eussent été supprimés quelque temps auparavant. — C. D.
A Paris, le 14 octobre 1367.

181. Délibération des trois Etats pour l'imposition de la somme de 30,000 florins accordés au roi dauphin ensuite de la confirmation des priviléges de la province. — B. 190,10. Du 27 oct. 1367.

182. Lettres du gouverneur qui établit les officiers du conseil delphinal pour exercer la justice et faire les autres fonctions de gouverneur en son absence, et leur attribue un florin de gage par jour. — C. D.
A Grenoble, le 19 août 1369.

183. Lettres patentes du roi portant confirmation des priviléges de la ville de Romans et du traité fait par le gouverneur de la province, pour une redevance annuelle que ladite ville s'engage de faire au dauphin pour la conservation desdits priviléges, etc. — B. 280, 453.
A Paris, au mois de sept. 1369.

184. Arrêt du conseil delphinal portant défense aux châtelains de prendre connaissance d'aucune cause excédant 60 sols. — XVIII. 15,71. Du 15 janv. 1369.

185. Lettres du roi portant défense d'exécuter aucuns sujets de Dauphiné en vertu des lettres du petit sceau de Montpellier, à moins qu'eux-mêmes ne s'y fussent soumis personnellement, par acte obligatoire, et en cas de contestation ordonne qu'on se pourvoie au gouverneur de Dauphiné pour obtenir l'exécution desdites lettres. — XVIII, 25,45. A Paris, le 13 avril 1371

186. Lettres patentes du roi portant commission au gouverneur et au receveur de Dauphiné de mettre des gardes sur l'Isère, pour faire payer le droit de gabelle sur le sel qu'on transportait en Savoie et du côté du royaume. — C. D.   A Paris, le 20 juin 1371.

187. Lettres du même portant que, conformément aux libertés de la province, les nobles ne sont point sujets au droit de gardes dans les terres delphinales. etc. — C. D.   A Paris, le 9 février 1373.

188. Lettres du roi Charles V portant défense aux juges de faire ni admettre aucune composition en fait de crimes, ce pouvoir réservé au gouverneur qui pouvait donner des lettres de grâce. — B. 177,58.   A Romans, le 1ᵉʳ mars 1373.

189. Ordonnance du gouverneur et conseil delphinal portant que tous les nobles et possédants fiefs dans les terres du domaine contribueront aux réparations des châteaux delphinaux, etc. — B. 177,49.   Du 9 décem. 1374.

190. Déclaration en forme de convention entre Charles V, roi de France et Amédée, comte de Savoie, portant que les sujets delphinaux qui auront commis des crimes en Savoie et se seront réfugiés en Dauphiné, seront remis aux officiers de Chambéry pour y être jugés; et que pareillement les Savoisiens qui auront commis des crimes en Dauphiné seront remis aux officiers de Grenoble, etc. — XVIII. 11,36.   A Paris, le 4 mars 1376.

191. Lettres du même Charles V) qui nomme Pierre Domino, général maître des monnaies du royaume; ensemble sont les lettres dudit général aux gardes de la monnaie de Saint-Georges-d'Espéranche, portant réglement pour la réformation des dites monnaies et fixation du poids, aloi, etc. : le dit réglement fait en présence du gouverneur et autres divers officiers y nommés, etc. — C. D.   A Paris, le 10 mai 1376.

192. Lettres patentes de Charles dauphin portant pouvoir et commission au gouverneur de Dauphiné de faire les fonctions de lieutenant du vicaire de l'empire au royaume d'Arles, de laquelle charge de vicaire ledit dauphin avait été pourvu par l'empereur Charles IV. — C. D.   A Paris, le 23 janvier 1377.

193. Lettres de Charles dauphin portant cession et mainlevée au profit de ceux qui tenaient des biens du do-

maine, aliénés par Guigues et Humbert dauphins avant le transport. — Z. 1,80. A Paris, le 27 mars 1377.

194. Lettres de Charles dauphin portant que les châtelains et autres comptables rendront compte par-devant les auditeurs, avec pouvoir au gouverneur de la province de modérer ou donner terme, les gens des comptes appelés, à ceux qui seront condamnés à l'amende selon la qualité et faculté des débiteurs. — Ibid., 66.

A Paris, le 27 mars 1377.

195. Lettres du roi portant défense à ses trésoriers et receveurs de contraindre les débiteurs par prise de corps, lorsque lesdits débiteurs ou leurs cautions ont des biens sur lesquels on peut faire prompte exécution, etc. — B. 179, 91. A Paris, le 22 août 1377 (1367).

196. Lettres du roi portant ordre au trésorier de Dauphiné de payer les gages accoutumés aux auditeurs et clercs des comptes, à raison d'un florin par jour aux auditeurs et demi-florin aux clercs. — Z. 1, 86.

A Paris, le 15 octob. 1378.

197. Lettres du roi qui accorde 30 livres par an aux inquisiteurs de la foi pour leurs vacations, en place d'une portion qu'ils prétendaient sur les biens des hérétiques condamnés, etc. — C. D. A Paris, le 19 octob. 1378.

198. Règlement fait par le roi sur les fonctions des trésoriers et receveurs généraux, des châtelains, juges, maîtres entrepreneurs des ouvrages publics et autres comptables. — Z. 1, 50. Au château de Beauté, le 19 févr. 1378 avant Pâques.

CHARLES VI
DEPUIS 1380 JUSQU'A 1422.

199. Lettres patentes de Charles VI, roi de France et dauphin de Viennois, portant exemption de l'exécution du petit sceau de Montpellier en faveur des Dauphinois, etc. — C. D. A Paris, le 7 mars 1380.

200. Lettres du roi portant confirmation de celles de Charles V, défendant la contrainte par corps envers les débiteurs, sinon en cas d'insuffisance de biens soit de leur part, soit de leurs cautions, etc. — B. 179, 91.

A Paris, au mois d'avril av. Pâques 1381.

201. Procuration des filles héritières de Chamoussin, maître des monnaies de Dauphiné, pour rendre compte à la chambre de la recette et dépense concernant les dites monnaies, etc. — C. D.   A Lyon, le 4 mars 1382.

202. Arrêt du parlement de Paris portant renvoi au conseil delphinal d'une cause qui y était pendante, en vertu des priviléges des sujets delphinaux de ne pouvoir être distraits de leur juridiction ordinaire. — B. 179, 12.
A Paris, le 3 décem. 1382 ; enreg. le 12 août 1383.

203. Arrêt du conseil delphinal portant que les étrangers ayant des biens en Dauphiné seront sujets à la juridiction delphinale à raison desdits biens, etc. — C. D.
A Grenoble, le 3 décem. 1382.

204. Arrêt du conseil delphinal portant réduction au domaine des offices des notaires et greffiers des terres delphinales, etc. — XVIII. 11, 1 v°.
A Grenoble, le 4 décem. 1382.

205. Lettres patentes du roi portant que les marchands qui porteront du sel dans le royaume, payeront la gabelle au Saint-Esprit ; avec autres lettres de Jean duc de Berry, gouverneur de Languedoc, portant ordre de mettre des receveurs sur le Rhône pour exiger ce droit, etc. — XVIII. 15, 53 v°.   A Paris, le 22 novem. 1383.

206. Lettres patentes du roi contenant un réglement pour l'administration des terres du domaine et la reddition des comptes des revenus d'icelui par-devant les officiers de la chambre des comptes, etc.; autre réglement pour le receveur ou trésorier général, etc., autre pour les châtelains, etc.: le tout tiré de la chambre des comptes de Paris *lib. Memorabilium*, fol. 41. — XVIII. 11, 37.
A Paris, le 11 janv. 1383 avant Pâques, 1384.

207. Lettres du roi portant que les officiers des comptes seront payés de leurs gages à raison d'un florin par jour et les clercs à raison d'un demi-florin, sans distraction des jours fériés pourvu qu'ils résident, etc. — Z. 1, 87.
A Paris, le 4 juill. 1384.

208. Lettres du roi portant défense d'user en Dauphiné d'autre monnaies que de celles qui seront faites au coin du roi, du pape et de l'empereur, etc. — XVIII. 15, 70 v°.
A Paris, le 20 octob. 1384.

209. Lettres du roi réglant le titre de toutes les espèces

de monnaies qui devaient avoir cours en Dauphiné, etc. — C. D.; XVIII. 11, 80.   A Paris, le 23 août 1385.

210. Lettres du roi portant commission au conseil delphinal d'exercer les fonctions du gouvernement de la province, après la mort de Charles de Bouville, jusqu'à ce qu'il eût pourvu d'un autre gouverneur. — XVIII, 15, 83.
A Paris, le 26 août 1385.

211. Lettres du roi portant commission au prévôt de Paris, aux baillis et sénéchaux du royaume, chacun en son ressort, de réduire sous la main de sa majesté les revenus des évêques, abbés et autres bénéficiers dont les maisons et églises sont négligées, pour etc. — XIV. 19, 160.   A Paris, le 6 octob. 1385.

212. Lettres du roi portant défense d'exercer aucun change en Dauphiné sans lettres patentes de sa majesté, sous peine de confiscation de corps et de biens etc. — XVIII. 11, 79.
A Paris, le 30 janv. 1385 avant Pâques, 1386.

213. Lettres du roi portant provision de la lieutenance au vicariat de l'empire dans le royaume d'Arles en faveur du gouverneur de Dauphiné. — C. D.
A Paris, le 22 févr. 1385 av. Pâq., 1386.

214. Réglement fait par le conseil delphinal au sujet des criées, etc. — XVIII. 15, 81.
A Grenoble, le 31 mars 1386.

215. Autre réglement dudit conseil delphinal pour les délais des assignations et procédures par-devant la cour, etc. — Ibid., 137.   Du 26 août 1386.

216. Deux lettres patentes du roi portant que le marc d'argent pour les monnaies de la province sera évalué par rapport au marc de Paris, etc. — XVIII. 11, 83.
A Paris, le 18 août et le 7 sept. 1386.

217. Ordonnance des auditeurs des comptes faite au lieutenant du châtelain de Saint-Symphorien pour faire rendre compte des droits de pâturage des forêts du dauphin, etc. — C. D.   A Grenoble, le 23 octob. 1387.

218. Ordonnance du conseil delphinal à tous les notaires d'expédier et de remettre aux châtelains des lieux les contrats de vente de trois en trois mois, et auxdits châtelains de les rapporter à la chambre des comptes pour la conservation et le recouvrement des lods, avec défense

auxdits châtelains d'investir les acquéreurs lorsque le prix excédera 25 liv. t., etc. — B. 252, 59.

A Grenoble, le 5 décem. 1387.

219. Ordonnance du conseil delphinal portant défense de distraire les sujets delphinaux de la juridiction ordinaire à la juridiction ecclésiastique pour les causes purement temporelles, etc. — B. 266, 321.

A Grenoble, le 17 janv. 1388.

220. Ordonnance des États de la province assemblés à Vienne, contenant une répartition de 400 lances et de 200 arbalestiers sur tout le pays, lesquels seront entretenus aux frais de tous les habitants de ladite province, même y compris les nobles, les ecclésiastiques et tous leurs vassaux, etc.; semblable ordonnance fut renouvelée le 13 févr. 1391. — B. 179, 332.   A Vienne, le 5 mars 1388.

221. Déclaration du conseil delphinal portant que les ordonnances ci-devant faites de ne soustraire les sujets delphinaux de leur juridiction ordinaire ne dérogent point aux conventions passées entre les dauphins et les évêques de Grenoble au sujet de leur juridiction. — B. 256, 143.

A Vienne, le 29 juil. 1388.

222. Lettres du roi portant que le gouverneur et les officiers delphinaux ne doivent exercer aucune juridiction sur le cours du Rhône. — XVIII, 11, 103.

A Paris, le 28 août 1388.

223. Ordonnance du conseil delphinal portant que les vassaux relevants de l'évêque de Grenoble et tous autres des terres ecclésiastiques et des seigneurs bannerets contribueront aux charges publiques, etc. — B. 252, 40.

A Grenoble, le 24 sept. 1389.

224. Ordonnance du gouverneur aux officiers de la chambre des comptes de faire expédier par les notaires tous les actes qui regardent les droits du dauphin et d'en assigner les frais sur le receveur général, etc. — B. 252, 67.   A Grenoble, le 8 octob. 1389.

225. Lettres du roi portant ordre au gouverneur de signifier au comte de Savoie et au prince de la Morée l'arrêt du parlement de Paris qui les condamne à rendre au marquis de Saluces les villes et châteaux dépendants de son marquisat pour les tenir à foi et hommage du dauphin, etc. — XVIII, 11, 106.   A Paris, le 18 mai 1390.

226. Ordonnance du conseil delphinal pour l'exécution du réglement fait par Humbert dauphin sur les droits du greffe et du sceau, etc.—C. D. A Grenoble, le 19 juil. 1390.

227. Lettres patentes du roi commettant le conseil delphinal au gouvernement de la province vacant par la mort d'Enguerrand d'Eudin, etc. — B. 252, 173.

A Corbeil, le 11 mars 1390 avant Pâques, 1391.

228. Lettres patentes du roi portant confirmation des priviléges de la ville de Vienne, etc. — B. 279, 228.

A Paris, en mai 1391.

229. Deux lettres patentes de suite portant commission au gouverneur et à deux autres y nommés pour réformer les abus et malversations qui s'étaient glissés dans l'exercice ordinaire de la justice par les officiers des justices subalternes, avec un plein pouvoir de punir les délinquants tant en matière civile que criminelle, etc. — Z. 1, 165.

A Paris, le 9 juil. 1391.

230. Lettres patentes du roi portant ordre de mettre sous sa main tous les héritages non amortis qui avaient appartenu à des gens d'église ou fiefs possédés par des roturiers sans avoir payé les droits, sauf à y satisfaire suivant qu'il serait réglé, etc.—C. D. A Paris, le 6 sept. 1391.

231. Lettres patentes portant que Jacques de Montmaur, gouverneur de Dauphiné, prêterait serment entre les mains de l'évêque de Grenoble et de l'abbé de Saint-Antoine à ce commis, ainsi qu'il avait été pratiqué ci-devant, le 26 janv. 1373, par Charles de Bouville et, le 3 juil. 1370, par Jacques de Vienne, seigneur de Longwy, etc. — B. 309, 27. A Paris, le 1er mars 1391 avant Pâques.

232. Suit le procès-verbal du serment dudit seigneur de Montmaur prêté entre les mains de l'évêque de Grenoble, en présence des barons et autres nobles, pour la conservation des priviléges et conventions du transport du Dauphiné, etc. — Ibid. Le 4 mars.

233. Lettres patentes du gouverneur portant injonction à tous les châtelains delphinaux de résider dans les châteaux commis à leur garde, etc. — C. D.

A la Côte-Saint-André, du 17 juil. 1392.

234. Lettres des trésoriers du roi à Paris portant ordre au receveur général de la province d'exécuter les lettres du roi y jointes, par lesquelles sa majesté défend de payer

aucune chose en vertu de quelque ordonnance que ce soit, excepté les assignations pour la dépense de son hôtel, fiefs, aumônes, gages des officiers et réparations des maisons, moulins et autres édifices, etc. — XVIII. 11, 114.
A Paris, le 22 févr. 1392.

235. Lettres patentes du roi portant ordre au gouverneur de faire lever une somme pour subvenir aux besoins de l'état à cause de la naissance du dauphin, etc. — B. 251, 353. A Vincennes, le 27 août 1393.

236. Après l'examen des dites lettres fait par le conseil delphinal dans l'assemblée des États, la somme ne fut accordée qu'en partie à cause de la misère des peuples.
Le 10 octob. suiv.

237. Lettres du roi portant défense de mettre à exécution contre les habitants de la province aucunes lettres en vertu du sceau de Montpellier, etc. — C. D.
A Paris, en mars 1394.

238. Nouvelle ordonnance du conseil delphinal portant défense de tirer les sujets delphinaux hors de leur juridiction ordinaire, sous peine de 50 marcs d'argent, etc. — B. 256, 143. A Grenoble, le 15 sept. 1394.

239. Lettres du roi portant commission au gouverneur et à quelques officiers du conseil delphinal d'imposer une aide extraordinaire sur les trois ordres de la province, à cause du mariage de sa fille avec le roi d'Angleterre et pour autres affaires urgentes, etc. — C. D.
A Paris, le 29 juin 1395.

240. Lettres du roi portant commission à un notaire de recevoir tous les contrats qui se feraient avec les Juifs, pour prévenir les usures, et défense à tous autres notaires d'en recevoir, etc. — C. D. A Paris, le 20 févr. 1395.

241. Déclaration du conseil delphinal portant que, par son ordonnance de ne pas soustraire les sujets de la province de leur juridiction ordinaire, il n'a pas entendu donner aucune atteinte à la juridiction ecclésiastique. — C. D. Le 15 juil. 1396.

242. Lettres patentes du roi portant confirmation des priviléges de la ville de Briançon, avec les lettres d'Humbert dauphin, données à Beauvoir le 21 juin 1343, contenant lesdits priviléges, etc. — B. 303, 100.
A Paris, en mars 1397.

243. Convention faite entre les députés du roi, ceux de la ville de Valence et des principaux bourgs des environs par laquelle, sur la remontrance par eux faite de ne recevoir aucune assistance de leurs seigneurs, sa majesté les prend sous sa protection et sauvegarde particulière eux et leurs successeurs, aux conditions et mêmes charges et subsides imposés sur les villes de Grenoble, Embrun et Romans, et être traités comme sujets delphinaux. — XVIII. 11, 116. A Paris, en juil. 1397.

244. Lettres de provision de la châtellenie de Grenoble accordées par le gouverneur aux gages ordinaires, etc. — B. 252, 574. A Grenoble, le 30 avril 1398.

245. Autres d'inspecteur des ouvrages publics accordées par le même pour visiter deux fois l'an les châteaux et maisons delphinales, etc. — Ibid. Du même jour.

246. Lettres du roi portant défense à tous ses sujets de reconnaître le pape Benoît XIII, de l'obéissance duquel sa majesté se soustrait avec tout son royaume, etc. — XIV. 19, 160. A Paris, le 27 juil. 1398.

247. Réglement fait par le conseil delphinal sur les droits des notaires, avec un autre de suite pour le droit du sceau, etc. — B. 253, 137. Du 10 févr. 1399.

248. Arrêt du conseil delphinal portant contrainte contre le fermier des gabelles pour les arrérages dus aux officiers de la chambre des comptes des droits de bonnet, montant annuellement à deux chapeaux de bièvre et deux calottes de grain, etc. — B. 177, 58. Du 22 avril 1399.

249. Réglement fait par le conseil delphinal sur les poids et mesures de la province, avec ordre au vi-bailli de le faire observer, etc. — B. 266, 1 et 10.

A Grenoble, le 17 novem. 1399.

250. Ordonnance du gouverneur et conseil delphinal à tous baillis, juges et châtelains de faire garder tous les passages et empêcher les troupes de Savoie d'entrer dans la province, etc.—B. 266, 3. A Grenoble, le 13 mars 1400.

251. Autre ordonnance au bailli et juge de Graisivaudan de faire publier dans l'étendue de leur juridiction que tous ceux qui avaient des offices dans la province eussent à résider dans les lieux de leurs dits offices, selon qu'il avait été ci-devant ordonné, etc. — B. 266, 4.

A Grenoble, le 16 août 1400.

252. Autre ordonnance du gouverneur qui révoque tous les sergents, avec défense d'exercer ladite charge sans son approbation, etc. — B. 266, 6.
A Grenoble, le 22 sept. 1400.

253. Autre du même qui fixe le nombre des sergents, avec obligation à eux de donner caution, etc. — B. 266, 6 v°.
A Grenoble, le 13 octob. 1400.

254. Autre portant ordre à tous les baillis, juges et châtelains et autres officiers de mettre sous la main du dauphin le temporel des ecclésiastiques qui, sous prétexte de leurs priviléges, tiraient les sujets delphinaux hors de leurs juridictions ordinaires, au préjudice des ordonnances et conventions à ce contraires, etc.—B. 266, 8 v°.
A Romans, le 4 décem. 1400.

255. Autre portant injonction aux vendeurs de déclarer par les contrats si les choses sont du fief, arrière-fief ou directe du dauphin, à peine etc., et ordre aux officiers delphinaux de mettre sous la main du dauphin les biens achetés par les gens de mainmorte jusqu'à ce qu'il en soit autrement ordonné, etc. — B. 266, 9 v°.
A Romans, le 5 décem. 1400.

256. Lettres patentes du roi contenant un traité fait avec le roi et la reine de Sicile au sujet du tirage du sel, etc. — B. 177, 168.
A Paris, le 16 févr. 1400.

257. Lettres du roi portant que les châtelains porteront annuellement tous les deniers de leur recette entre les mains du receveur général de la province, etc. —C. D.
A Paris, le 22 juin 1401.

258. Lettres du même portant ordre au gouverneur de faire battre monnaie en Dauphiné, défendre le cours des monnaies étrangères et employer le profit desdites monnaies aux réparations des châteaux et places de la province, etc. — C. D.
A Paris, le 2 juil. 1401.

259. Lettres du gouverneur portant réglement sur les poids et mesures du Briançonnais, etc. — B. 301, 14.
A la Côte-Saint-André, le 30 mai 1402.

260. Ordonnance du gouverneur portant défense aux consuls de Grenoble et à tous autres de comprendre dans les tailles et impositions de ladite ville les conseillers delphinaux, les auditeurs des comptes, les avocats et procureur généraux et les secrétaires, etc. — B. 178, 51.
Le 5 avril 1403.

261. Lettres du roi portant rétablissement de l'obédience du pape Benoît XIII, nonobstant les lettres précédentes du 27 juil. 1398. — XIV, 19, 184 v°. A Paris, le 28 mai 1403.

262. Ordonnance du gouverneur portant réglement sur la forme des procédures des ventes judiciaires, etc. — B. 177, 401. A Grenoble, le 2 juin 1403.

263. Lettres du roi par lesquelles il défend le cours des monnaies étrangères, si elles ne sont réduites au cours des monnaies du pays, avec pouvoir au conseil delphinal d'en faire la réduction. — B. 266, 25.

A Paris, le 2 juil. 1404.

264. En exécution desquelles lettres suit un arrêt dudit conseil qui permet le cours des monnaies de Savoie évaluées à celles de Dauphiné, etc.

265. Lettres du roi portant défense au gouverneur de mander le conseil dans les lieux où il serait et ordonne que ledit conseil serait toujours résidant à Grenoble, où le gouverneur serait tenu de se rendre pour les délibérations communes, etc.--B. 178, 43. A Paris, le 8 juil. 1404.

266. Ordonnance de la chambre des comptes au maître des monnaies de Miribel, pour la fabrication des liards et autres monnaies, et règle le titre et le coin d'icelles, etc. — C. D. A Grenoble, le 17 juil. 1404.

267. Lettres du roi portant commission au gouverneur d'assembler les Etats pour l'imposition d'une somme de 50,000 liv. pour l'acquisition du Valentinois. -- B. 312, 3.

A Paris, le 18 août 1404.

268. S'ensuit une délibération desdits Etats de députer à sa majesté pour lui faire des remontrances sur l'excès de ladite somme, attendu les charges et la misère du pays.

269. Lettres du gouverneur portant inhibitions aux notaires de stipuler aucune vente ni aliénation sans énoncer de quels seigneurs relèvent les biens vendus ou aliénés et sous quelle redevance, etc. — B. 266, 27 v°.

A Grenoble, le 19 sept. 1404.

270. Lettres du roi portant permission aux Etats d'imposer jusqu'à la somme de 6,000 écus, soit pour leurs affaires, soit pour les frais d'une députation faite à sa majesté au sujet des plaintes faites contre le gouverneur, etc. — B. 309, 24. A Paris, le 23 février 1404 avant Pâques, 1405.

271. Lettres du roi portant commission pour le régle-

ment des droits des péages du Rhône et de la Saône, etc.
— C. V.   A Paris, en mars 1404 av. Pâques, 1405.

272. Lettres du gouverneur portant provision de l'office de juge du bailliage de Graisivaudan à Étienne Guillon.— B. 266, 29.   A Lyon, du 25 avril 1405.

273. Lettres du roi portant surséance jusqu'à nouvel ordre de la taille qu'il avait permis aux Etats de lever pour les frais de la députation faite à sa majesté, ci-devant mentionnée, etc. — B. 266, 33.
A Paris, le 20 juin 1405; vérifié le 4 juil. 1405.

274. Lettres du roi portant ordre au conseil delphinal et à tous autres officiers delphinaux d'empêcher le passage et défense de fournir des vivres aux troupes étrangères, sur l'avis que les ducs d'Orléans et de Bourgogne en voulaient attirer dans le royaume. — B. 267, 17.
A Paris, le 3 sept. 1405.

275. Suit un manifeste du duc de Bourgogne pour justifier sa conduite, au sujet de l'enlèvement par lui fait de Louis dauphin de France, qui avait été conduit à Melun.
A Paris, le 3 sept. 1405.

276. Lettres du roi portant ordre au gouverneur de transporter l'hôtel et fabrication de la monnaie de Miribel à Embrun, et pendant un mois de l'année à Briançon, au temps des foires de ladite ville. — C. D.
A Paris, le 13 novem. 1406.

277. Lettres du roi portant défense de mettre en exécution aucun mandement du pape portant exactions sur le clergé de France, ordonnant à cet effet que l'arrêt du parlement de Paris sur ce fait serait exécuté dans tout le royaume. — B. 294, 118.   A Paris, le 18 février 1406 av. Pâques, 1407; enreg. le 9 décem. 1411.

278. Edit pour la fabrication des nouvelles monnaies au coin de Dauphiné, avec ordre d'employer aux réparations des châteaux delphinaux le profit qui en reviendrait à sa majesté, etc. — C. D.   A Paris, le 2 juil. 1407.

279. Prestation de serment par Guillaume de Layre, seigneur de Cornillon, en suite des lettres patentes de Charles VI, du 21 mai 1407, (qui l'avait nommé au gouvernement du Dauphiné. — A la suite du n° 232).
Du 27 juil. 1407.

280. Lettres du roi portant ordre aux prélats et autres

bénéficiers de Dauphiné de payer leur cote-part des frais de l'assemblée du clergé qui se tenait à Paris, au sujet du schisme de l'Église, etc. — B. 266, 87.   A Paris, le 3 janv. 1407 av. Pâq. ; enreg. le 18 fév. 1408 après Noël.

281. Lettres du roi portant ratification de la convention faite à Grenoble, le 25 sept., entre Déodat (Dieudonné d'Estaing], évêque de Saint-Paul [-trois-Châteaux], et Guillaume de Layre, gouverneur de Dauphiné, à ce commis par le roi dauphin, touchant le pariage et juridiction commune de ladite ville et divers droits, etc. — B. 307, 418.   A Paris, en novem. 1408.

282. Lettres du gouverneur portant que les hommes liges delphinaux seront cotisés séparément des autres taillables dans l'imposition faite pour être maintenus dans les libertés delphinales.—C. D. Du 13 mars 1409 ap. Noël.

283. Lettres du roi portant confirmation d'un réglement fait par le conseil delphinal sur la discipline dudit conseil, les fonctions des officiers et suppôts d'icelui et de la chambre des comptes, ensemble sur la forme des procédures judiciaires, etc. — B. 253, 438.   A Paris, le 12 juil. 1409.

284. Lettres du roi portant commission aux comtes de La Marche, de Vendôme, de Saint-Paul et autres seigneurs et officiers y nommés pour la réformation générale du royaume et du Dauphiné, sur divers abus et malversations et principalement en l'administration de la justice. — XVIII. 11, 213.   A Paris, le 22 octob. 1409.

285. Déclaration du roi portant que les notaires pourront disposer en faveur de leurs héritiers et légataires de leurs protocolles et du droit des expéditions, selon la disposition du droit commun, etc. — B. 253, 623.
           A Paris, le 9 janv. 1409 av. Pâq., 1410.

286. Lettres du roi portant cession et rémission à Louis son fils aîné, âgé de quatorze ans, de la province de Dauphiné pour l'administrer en son propre nom, etc. — B. 178, 5.   A Paris, le 28 janv. 1409 av. Pâques.

287. Edit du roi portant défense de lever aucuns deniers sur les ecclésiastiques de Dauphiné, de la part de la cour de Rome, etc. — C. D.
     A Paris, en fév. 1409 av. Pâques; enreg...... 1411.

288. Lettres de Louis dauphin portant commission à l'évêque de Valence, au gouverneur, à Giraud de Tury, chambellan du roi à ce député, et au président du conseil

delphinal pour prendre possession en son nom de la province de Dauphiné. Suivent autres lettres dudit Louis portant confirmation en général et par provision de tous les officiers dans l'exercice de leurs charges. Ensuite les mémoires et instructions aux susdits commissaires au sujet de ladite prise de possession, etc. — Z. 1 bis, 2.

A Paris, le 26 févr. 1409 av. Pâques, 1410.

289. Lettres du roi portant faculté au dauphin son fils, auquel il avait remis le Dauphiné, d'y faire battre monnaie pour avoir cours comme celle de France. — Ibid.

A Paris, le 27 avril 1410.

290. Lettres de Louis dauphin portant défense à toute sorte de personnes d'exercer le change en Dauphiné, sans être approuvé par le gouverneur et par les officiers des comptes et du trésorier général, sous peine, etc. — Ibid., 25.   A Paris, le 5 juin 1410.

291. Lettres de Louis dauphin portant que toutes les lettres de grâce ou rémission d'amende émanées de lui ou de son chancelier seraient vérifiées et contredites par les officiers des comptes et par le trésorier de la province. — B. 177, 247 v°.   A Paris, le 23 juin 1410.

292. Plusieurs autres lettres patentes du même Louis dauphin portant confirmation des officiers en particulier en l'exercice de leurs charges, etc. Autres lettres du même portant ordre au conseil delphinal de faire jouir et mettre en possession lesdits officiers de leurs charges, nonobstant l'absence du gouverneur qui était alors à Avignon et nonobstant les défenses par lui faites de s'immiscer à la fonction desdits offices à son insu et sans son consentement, etc. — Z. 1 bis, 19. A Paris, le 2 sept. 1410.

293. Lettres du gouverneur portant ordre à tous les châtelains de comparaître en la chambre des comptes pour y exhiber leurs titres et être pourvus de nouveau, en suite de la rémission de la province faite par le roi à Louis son fils aîné, etc. — C. D.

A Grenoble, le 6 janv. 1411.

294. Ordonnance du conseil delphinal portant que les châtelains, les juges, les notaires et autres officiers résideront dans les lieux de leurs offices, etc. — XVIII. 4, 27.   A Grenoble, le 16 mars 1411.

295. Lettres de Louis dauphin au gouverneur portant

confirmation du style et sceau de la cour de Saint-Marcellin, établi par les anciens dauphins, et ordre d'en faire observer l'usage dans tous les siéges de justice de la province. — B. 280, 307. A Paris, le 7 mai 1411.

296. Lettres de Louis dauphin, en confirmation de celles de son père du 18 février 1406, sur le même fait. — (A la suite du n° 277). Du 28 juin 1411.

297. Arrêt du conseil delphinal, en conséquence de l'édit du roi ci-dessus mentionné, contre les exactions indues de la cour d'Avignon sur les ecclésiastiques du royaume, etc. — C. D. Le 28 juin 1411.

298. Lettres du roi portant ordre à l'évêque de Grenoble de publier dans son diocèse la bulle du pape Urbain V, portant excommunication contre les gens de Compagnie et autres vagabonds, pour être renouvelée à l'occasion des assemblées des gens de guerre qui se faisaient par la faction d'Orléans pendant les troubles qui étaient alors dans le royaume, etc.—B. 308, 49. A Paris, le 5 novem. 1411.

299. Lettres de Louis dauphin, en suite des délibérations prises au conseil du roi avec les généraux des monnaies de France, pour régler celles du Dauphiné au coin de celles de France, lesdites monnaies établies à Crémieu, Romans et Embrun, etc. — C. D.

A Paris, le 17 mars 1411 av. Pâq., 1412.

300. Lettres patentes de Louis dauphin portant ordre au gouverneur de Dauphiné et à tous officiers et justiciers de donner tout secours à l'inquisiteur pour l'exercice de sa charge, ledit inquisiteur établi par le pape Alexandre V dans les diocèses de Grenoble, Vienne et autres de la légation d'Avignon, etc. — Z. 2, 213.

A Paris, le 2 mai 1412.

301. Arrêt du conseil delphinal portant commission à un secrétaire pour faire une recherche générale dans le Viennois de tous les lods et autres droits domaniaux dus au dauphin depuis 40 ans, etc. — B. 264, 23.

Le 7 avril 1413.

302. Arrêt du conseil delphinal portant défense à toute sorte de personnes de tuer les pigeons et conils [lapins] dans les garennes ni tirer aux perdrix pendant la pariade [ponte], sous les peines etc. — B. 266, 108.

Le 29 novem. 1414.

303. Lettres patentes de Louis dauphin portant que le restant encore dû de la somme à lui accordée par les Etats de la province à son joyeux avénement soit employé aux réparations de son domaine, etc. — Z. 13, 1.
A Paris, le 26 décem. 1414.

304. Plusieurs lettres patentes du roi qui confirme par provision les officiers du conseil delphinal, maîtres des comptes, etc. en l'exercice de leurs charges en particulier, à l'occasion du décès de Louis dauphin. — Z. 2, 1 à 22.
A Paris, le 27 et 31 décem. 1415.

305. Plusieurs lettres patentes de Jean dauphin portant confirmation des officiers de la province en particulier, après la mort du dauphin Louis son frère et avant que le roi son père lui eut remis ladite province, etc. — Ibid.
A La Haye, en Hollande, le 18 janv. 1415 av. Pâq., 1416.

306. Lettres patentes du roi portant cession et rémission de la province à Jean son second fils, après la mort de Louis Dauphin son fils aîné, etc. — Ibid., 24.
A Paris, le 7 févr. av. Pâq. 1415/16.

307. Lettres patentes de Jean dauphin portant commission au conseil delphinal de faire les fonctions de gouverneur de la province jusqu'à ce qu'il eût été pourvu, etc. — Ibid., 25.
Même date.

308. Lettres de Jean dauphin portant ordre au juge de Graisivaudan d'informer et mettre à néant des procédures faites en vertu de lettres obtenues de la cour de Rome par le prévôt de Saint-André pour fait de dettes et autres affaires temporelles, etc. — C. D.
A Paris, le 16 juil. 1416.

309. Lettres de Jean dauphin portant que la déclaration du roi son père serait exécutée pour les réparations des églises, et qu'à cet effet les revenus des bénéficiers seraient saisis, etc. — B. 252, 409.
Au Quesnoy, le 21 octob. 1416.

310. Lettres du roi portant cession et rémission du Dauphiné et de tous ses droits à Charles son troisième fils, Jean son frère successeur de Louis étant mort. — B. 178, 7.
A Paris, le 13 avril 1417; enreg. le 17 juin 1417.

311. Plusieurs lettres patentes de Charles dauphin portant confirmation des officiers de la province en l'exercice de leurs charges, etc. — Z. 3, 62. A Paris, le 1ᵉʳ mai 1417.

312. Lettres du même portant ordre au gouverneur et conseil delphinal de tenir une assemblée des États, où l'on pût délibérer des moyens d'assurer la province contre l'invasion du roi des Romains et ses alliés dont elle était menacée, etc. — Ibid., 57.   A Tours, le 2 juin 1417.

313. Lettres du même portant ordre au gouverneur de convoquer le ban et arrière-ban et de fortifier les places de la province, pour être en état de défense contre le roi des Romains, etc. — C. D.   Même date.

314. Lettres du même portant réglement sur les monnaies de Dauphiné, avec la fixation du titre et la qualité des espèces, etc. — C. D.   A Paris, le 8 juin 1417.

315. Ordonnance de la chambre des comptes faite aux maîtres des monnaies de Crémieu, Romans et Miribel, pour l'exécution des dites lettres, etc. — C. D. En juin 1417.

316. Lettres patentes du gouverneur portant commission au conseil delphinal de gouverner la province en son absence, etc. — Z. 3, 122.   A Grenoble, le 17 févr. 1418.

317. Lettres de Charles dauphin, régent le royaume, pour la fabrication des nouvelles espèces de monnaies pour le royaume et le Dauphiné. — C. D.
   A Mehun-sur-Eure, le 17 juin 1419.

318. Autres lettres du même pour le même sujet. — C. D.   Du 19 sept. 1419.

319. Lettres du même par lesquelles il décharge les habitants de Dauphiné du droit de plaid et muage à lui dû pour la rémission faite par le roi de la province à son frère Louis, en lui payant les deux autres aux termes convenus à lui dus par la mort de Jean et de Louis, etc. — B. 177, 59.   A Bourges, le 23 novem. 1419.

320. Lettres du même portant confirmation d'un arrêt du conseil delphinal contenant un réglement pour la taxe et salaire des juges, châtelains, notaires et autres officiers, avec la forme qui doit être gardée dans les procédures judiciaires, etc. — B. 179, 76.
   A Lyon, le 26 janv. 1419 av. Pâq., 1420.

321. Lettres du même portant réglement pour la chancellerie de Dauphiné et un tarif des droits du sceau d'icelle, conformément à un autre réglement du conseil delphinal pour le même sujet, du 13 juin 1360. — B. 253, 137.   A Lyon, le 31 janv. av. Pâq. 1419/20.

322. Lettres du même portant confirmation de celles du gouverneur de la province données à Grenoble le 12 août 1419, par lesquelles ledit gouverneur règle le droit du sceau dans toutes les cours et judicatures de la province, rapportant à cet effet le règlement fait par Humbert dauphin à Grenoble le 16 novem. 1338, dont il ordonne l'exécution, etc. — B. 180, 68.

A Lyon, le 3 févr. av. Pâq. 1419/20.

323. Lettres du roi pour la fabrication d'une petite monnaie en Dauphiné, sur la remontrance dudit pays pour l'usage et commodité d'icelui, etc. — C. D.

A Saint-Symphorien, le 5 févr. av. Pâq. 1419/20.

324. Lettres de Charles dauphin portant ordre au gouverneur de Dauphiné de convoquer les nobles et autres possédant fiefs, pour se rendre le 25 du mois d'août armés et équipés à Vendôme, etc. — B. 183, 83.

A Blois, le 5 août 1421.

325. Lettres de Charles dauphin, régent le royaume, portant défense au sénéchal de Beaucaire d'exercer aucune juridiction sur les terres de Serrières et de Peyraud, ressortissant au juge-mage de Viennois et Valentinois quoique au-delà du Rhône, comme anciennes dépendances de Dauphiné et comprises dans le transport, etc.—B. 282, 45.

A Bourges, le 26 novem. 1421.

326. Lettres du même portant pouvoir à un commissaire à ce député et au trésorier général de prendre les revenus du domaine, de l'aliéner et emprunter sur icelui pour subvenir aux frais de la guerre, etc. — XXVI. 15, 236.

A Bourges, le 31 mars 1421 av. Pâq., 1422.

327. Lettres du même portant confirmation de celles du gouverneur, par lesquelles il désunit les charges d'avocat et de procureur général ci-devant réunies en la personne d'un seul, avec les provisions accordées en conséquence, etc. — C. D.; Z, 2.

A Bourges, le 13 mai 1422.

328. Lettres du même portant confirmation de l'acte d'union des Baronnies au Dauphiné faite par Humbert dauphin le 2 juin 1337. — B. 306, 220.

A Mehun-sur-Eure, en août 1422.

CHARLES VII

DEPUIS L'AN 1422 JUSQU'A 1461.

329. Lettres du roi portant ordre à toute sorte d'officiers de Dauphiné, de résider dans les lieux de leurs offices sous peine de privation, etc. — B. 266. A Mebun-sur-Eure, le 16 novem. 1422 ; enreg. le 24 janv. 1423.

330. Arrêt du conseil delphinal qui défend à toute sorte de personnes, de quelque qualité qu'elles soient, d'entrer dans le palais avec des armes sans permission expresse du dit conseil, sous les peines y portées, etc.— XVIII. 25, 17. A Grenoble, le 13 avril 1423.

331. Lettres du roi portant que les ventes faites en exécution de celles du 31 mars, lorsqu'il était dauphin régent le royaume (n° 326), seront rachetables au profit de sa majesté sans avoir égard à permission quelconque. — XXV. 2, 1. A Bourges, le 2 mai 1423.

332. Lettres du roi portant ordre au trésorier de Dauphiné de fournir les fonds nécessaires pour achever le bâtiment de la chambre des comptes de Grenoble, etc. —C. D. A Bourges, le 27 mai 1423.

333. Lettres du roi portant réglement sur le fait des monnaies et du change, etc. — B. 266, 172.
A Tours, le 4 novem. 1423 ; enreg. le 24 janv. 1424.

334. Lettres du roi portant convocation du ban et arrière-ban, avec l'ordonnance du gouverneur de la province pour l'exécution, etc. — 266. 179 v°.
A Selles, le 16 mars 1423 av. Pâq., 1424.

335. Lettres du roi portant confirmation des priviléges de La Tour-du-Pin, accordés par Jean dauphin en 1317. — B. 271, 327. A Poitiers, en novem. 1424.

336. Lettres patentes du roi portant diverses peines contre les blasphémateurs, etc.— B. 177, 384.
A Chinon, le 9 mars 1424 av. Pâq., 1425.

337. Lettres du roi portant ordre de battre une petite monnaie au coin de Dauphiné. — C. D.
A Chinon, le 15 mars av. Pâq. 1424/5.

338. Lettres de Charles d'Anjou, lieutenant de Provence pour le roi de Sicile son frère, portant que ceux qui auraient commis des crimes en Dauphiné, qui se seraient

retirés en Provence, seraient arrêtés et renvoyés pour y être jugés, etc. — B. 177, 6.   A Aix, le 19 novem. 1426.

339. Suit un arrêt du conseil delphinal portant la même disposition à l'égard de ceux de Provence qui seraient pris en Dauphiné. — B. 177, 10.

A La Côte-Saint-André, le 2 octob. 1426.

340. Réglement du conseil delphinal sur les fonctions de plusieurs officiers, comme notaires, secrétaires, trésorier général, et concernant divers autres usages de la province, etc. — B. 177, 65, 66, 67 et 68.

A Grenoble, le 3 et 4 décemb. 1426 et le 26 févr. 1428.

341. Lettres du roi portant ordre au conseil delphinal de lui envoyer des instructions touchant les droits et franchises des justices des seigneurs, etc. — C. D.

A Bourges, le 15 mars 1426/7.

342. Lettres du roi portant qu'en conséquence de l'ancien droit appartenant à sa majesté de la garde du temporel de l'évêché de Grenoble pendant la vacance, les officiers de la chambre des comptes, le cas y échéant, aient à mettre sous la main du roi les biens d'icelui et en administrer les revenus, et ne s'en point dessaisir pour quelque cause que ce soit sans ordre exprès de sa majesté. — C. D.   A Lusignan, le 3 octob. 1427.

343. Arrêt du conseil delphinal rendu sur la remontrance de quelques habitants de Grenoble pendant la vacance du siége épiscopal, au sujet du serment dont ils étaient tenus envers ledit siège, par lequel arrêt il est ordonné que sans préjudice du dit serment ils eussent à ne reconnaître pendant ledit temps que les officiers du dauphin, attendu le droit de régale ou de garde du temporel dudit évêché dont le dauphin était en possession de temps immémorial, etc. — C. D.

A Grenoble, le 8 janv. 1428.

344. Arrêt du conseil delphinal portant que nul emphytéote ne pourra donner à emphytéose les biens relevants de la directe du dauphin sans son consentement, à peine du commis, et que l'acquéreur serait pareillement tenu de se faire investir sous les mêmes peines, etc. — B. 177, 70 v°.   A Grenoble, le 26 avril 1428.

345. Lettres du roi portant ordre de fabriquer de nouvelles monnaies du prix et valeur de celles des provinces

voisines pour la facilité du commerce, etc. — C. D.

A Sully, le 28 mars 1429.

346. Lettres du gouverneur portant règlement tant sur les causes civiles que criminelles, etc.— C. D.

Du 5 sept. 1430.

347. Lettres du roi portant règlement sur les fonctions du procureur général, des secrétaires du conseil delphinal et autres. — B. 178, 13; B. 179, 125.

A Chinon, le 24 févr. 1430 av. Pâq., 1431.

348. Déclaration du roi contre les faux monnayeurs. — C. D.   A Poitiers, le 28 mars 1430 av. Pâq., 1431.

349. Autre semblable. — C. D.   Du 5 avril suiv.

350. Arrêt du conseil delphinal et de la chambre des comptes qui règle le droit d'incapacité au double des lods à l'égard des roturiers, etc. — Z. 16, com'.

A Grenoble, le 7 août 1431.

351. Lettres du roi portant que nul ne pourra posséder aucun bénéfice en France s'il n'est naturel Français, de quelque condition et qualité qu'il soit, etc. — C. D.

A Chinon, le 10 mars av. Pâq., 1431/2.

352. Arrêt du conseil delphinal portant permission aux habitants de la province de transporter les blés provenant de leur cru et non achetés à Lyon, pour les y vendre au marché sous les conditions y apposées, etc., nonobstant les défenses ci-devant faites ; même permisson pour les habitants de Vienne à l'égard de Sainte-Colombe, etc.— B. 177, 1 et 4.   A Grenoble le 18 sept. 1432.

353. Ordonnance du conseil delphinal portant que tous les officiers de châtellenie appartenant au dauphin seraient tenus de faire enregistrer leurs provisions en la chambre des comptes, sous peine de privation de leurs gages, de prêter caution et autres divers articles, etc. — B. 177, 14.

A Grenoble, le 31 janv. 1433 ap. Noël.

354. Lettres du roi portant pouvoir au gouverneur d'aliéner pour 12,000 florins, monnaie de Dauphiné, des terres du domaine delphinal pour les frais de la guerre, etc. — XXV, 2, 356.

A Amboise, le 18 mars 1432 av. Pâq., 1433.

355. Arrêt du conseil delphinal portant défense à tous châtelains, mistraux et autres d'exiger les arrérages des blés dus depuis dix ans qu'à raison du prix desdits

blés pendant chacune desdites années, et non de la présente attendu la grande cherté. — B. 177, 19.

A Grenoble, le 23 avril 1433.

356. Ordonnance dudit conseil portant ordre aux officiers des lieux de faire porter dans des lieux fermés tous les blés pour les garantir du pillage, etc. — B. 177, 26.

A Grenoble, le 24 juil. 1433.

357. Lettres du roi portant révocation de toutes les aliénations du domaine delphinal et réunion d'icelui, etc. — Z. 4. 105.

A Amboise, le 21 octob. 1433 ; enreg. le 7 janv. 1434.

358. Réglement du conseil delphinal touchant le nombre, les fonctions et les droits des secrétaires dudit conseil et de la chambre des comptes, etc. — B. 253, 613.

A Grenoble, le 2 mars ap. Noël 1434.

359. Déclaration et réglement du roi touchant la juridiction des juges delphinaux, de ceux des ecclésiastiques, des seigneurs bannerets et la forme de procéder dans leurs jugements, et autres articles concernant les usages de la province dans l'administration de la justice, etc. — B. 179, 95 v°.

A Vienne, en avril ap. Pâq. 1434 ; enreg. le 20 juil. s.

360. Lettres du roi portant confirmation des priviléges accordés au lieu de Saint-Chef par Jean dauphin, par lettres données à Bourgoin le jour de St-Jean-l'Evangéliste 1316. — B. 271, 426.

A Vienne, en avr. ap. Pâq. 1434 ; vérif. en juil. s.

361. Lettres du roi portant exemption de toutes impositions et charges publiques en faveur des officiers du conseil delphinal et chambre des comptes, etc. — B. 177, 77.

A Vienne, le 8 avr. 1434 ; enreg. le 19 juil. s.

362. Lettres du roi portant commission à la chambre des comptes de faire rendre hommage à tous les vassaux de sa majesté et donner leur dénombrement à peine du commis, de passer baux emphytéotiques des terres vacantes au plus offrant, de donner à cens les fours et moulins delphinaux, de passer investiture à toute sorte d'acquéreurs des fonds et terres tant rurales que féodales et en cas que ces dernières soient acquises par des roturiers en faire payer l'incapacité, de faire compter les châtelains et autres receveurs particuliers des deniers

de leur recette, et de faire procéder au renouvellement des reconnaissances des rentes et cens et commettre à cet effet sur les lieux, et de rechercher tous les autres droits delphinaux, etc. — B. 177, 38.

A Vienne, le 31 mai 1434.

363. Arrêt du conseil delphinal contenant un réglement pour le sceau delphinal, les fonctions des officiers dudit sceau et le compte qui devait être rendu des émoluments d'icelui, etc. — B. 177, 36. A Lyon, le 26 août 1434.

364. Lettres du roi portant que la somme de 8000 florins delphinaux à lui accordés par les Etats soit employée pour le rachat des terres engagées, dont le rachat paraîtra le plus nécessaire, etc. — XXV. 2, 384.

A Amboise, le 7 juil. 1435 ; enreg. le 22 octob. 1436.

365. Lettres du roi portant que le sceau du conseil delphinal sera fermé dans un coffre à deux clefs, dont l'une sera gardée par le président et l'autre par un conseiller, etc. — B. 177, 50.

A Tours, le 14 août 1436; vérif. le 10 oct. s.

366. Réglement fait par le conseil delphinal à la réquisition des trois États sur le fait de la justice, etc. — B. 255, 557. A la Côte-Saint-André, le 5 sept. 1436.

367. Lettres du roi portant confirmation des priviléges du lieu de Chabrillan, etc. — B. 288, 170.

A Montélimar, le 25 févr. 1436/7.

368. Lettres du roi qui décharge les receveurs de rendre compte à la chambre des deniers imposés par les affaires particulières de la province par délibération des trois Etats, à la charge toutefois de remettre dans les archives de la dite chambre un double du compte par eux rendu aux Etats desdits deniers. — B. 253, 609 ; B. 185, 86.

A Tours, le 22 janv. 1437 av. Pâq. ; vérif. le 21 avr. 1438.

369. La Pragmatique-Sanction en 11 feuillets en parchemin. — C. D. Dressée à Bourges, le 7 juin 1438.

370. Lettres du roi portant révocation de toutes les aliénations et dons de son domaine, ensemble suppression de tous les offices créés depuis l'an 1418. — XXV. 4, 47 et 82.

A Bourges, le 8 décem. 1438 ; enreg. le 2 avr. 1439.

371. Autres lettres du même portant semblable révocation de toutes les aliénations, à la réserve de celles qui furent faites par le traité de paix d'Arras, etc. — XXV. 3, 147.

A Bourges, le 15 déc. 1438.

372. Lettres du roi portant confirmation de tous les officiers créés par l'édit de 1418 et révoqués par celui du 8 déc. 1438, ensemble désunion des charges de procureur et avocat général, etc.—Z. 4, 226. A Lyon, le 15 juin 1439.

373. Lettres du roi portant rémission de la province à Louis dauphin, son fils, avec la présentation desdites lettres faite au conseil delphinal par le chambellan et maître d'hôtel dudit dauphin le 13 août suiv., la mise en possession du même jour, etc. Avec plusieurs autres pièces sur le même fait qui sont au f° 55 du reg. VIII*us* Memorabilium, etc. — XVIII. 25, 2 ; Z. 5, 1 du 2e.
A Charlieu, le 28 juil. 1440.

374. Lettres du roi portant que tous les différends au sujet des bénéfices en Dauphiné seront jugés sur la Pragmatique-Sanction, sans avoir égard aux bulles qui pourraient être émanées au contraire du pape ou du concile, etc. — C. D.   A Bourges, le 2 sept. 1440.

LOUIS DAUPHIN.

375. Lettres de Louis dauphin portant cassation et révocation des aliénations de son domaine faites par lui ou par le roi son père de tous dons, transports, crues de gages, officiers. etc. — Z. 5, 61.
A Chartres, le 26 octob. 1440.

376. Ordonnance des auditeurs des comptes portant mandement à tous les châtelains de venir rendre compte à la chambre dans le temps marqué, etc. — C. D.
A Grenoble, le 14 décem. 1440.

377. Lettres de Louis dauphin portant ordre aux châtelains de faire résidence dans les châteaux de leurs châtellenies, sous peine etc. — Z. 5, 66.
A Chartres, le 30 déc. 1440 ; vérif. le 6 févr. 1441.

378. Lettres du même portant que le sceau du gouvernement serait gardé dans un coffre à deux clefs, lesdites lettres jointes (au n° 365) sur le même fait, etc. — C. D.
A Chartres, le 30 déc. 1440.

379. Lettres du même portant règlement sur le fait des monnaies, etc. — C. D.   Le 8 mars 1440 av. Pâq., 1441.

380. Lettres du roi confirmant en faveur de Louis dauphin celles de 1421 (n° 325) au sujet de la juridiction de

Serrières et de Peyraud, etc. — B. 282, 45.

A Paris, le 20 juil. 1441.

381. Lettres de sa majesté confirmant celles d'avril 1434. —(A la suite du n° 359).

A Saint-Denis en France, le 3 août 1441.

382. Lettres de Louis dauphin portant ordre au trésorier général de Dauphiné de payer les gages accoutumés aux quatre conseillers du conseil delphinal et aux trois auditeurs des comptes, nonobstant les lettres du 30 déc. 1440. — Z. 5, 90.   A Saint-Denis en France, le 3 août 1441.

383. Lettres du même portant révocation de tous dons par lui faits des lods, ventes et amendes, etc. — Ibid., 12.

A Conflans, le 31 août 1441; vérif. le 25 sept. 1441.

384. Lettres du même portant modération de 4 gros par émine du droit de gabelle pour le sel qui passait par le Dauphiné. — C. D.   A Lésignan, le 2 mars 1441/2.

385. Lettres portant suppression de l'impôt mis nouvellement sur le sel qui passait de Dauphiné en Savoie, etc. — B. 177, 53.   A Montauban, le 3 févr. 1442/3.

386. Arrêt du conseil delphinal qui ordonne la confection du papier terrier et règle la forme d'y procéder, avec commission aux auditeurs d'y tenir la main, etc. — Ibid.

A Grenoble, le 20 févr. 1442.

387. Lettres de Louis dauphin portant rétablissement d'Etienne Guillon, président du conseil delphinal, dans ledit office avec les mêmes honneurs, etc., duquel office il avait été destitué.—B. 308, 56.   A Alby, le 2 janv. 1443 av Pâq.: enreg. le 4 févr. 1444 ap. Noël.

388. Lettres du même portant que la juridiction des châtellenies delphinales sera exercée par les juges et châtelains delphinaux, nonobstant les aliénations, et que le compte en sera rendu comme auparavant à la chambre des comptes, pour l'excédant être employé à la conservation du domaine. — Z. 5, 151.   A Sussisten en Allemagne, le 16 sept. 1444; vérif. le 1ᵉʳ oct. s.

389. Lettres du roi qui ordonne que la seule monnaie aux armes du dauphin aura cours en Dauphiné, qu'elle sera au même titre que celle de France et aura cours dans tout le royaume, etc. — C. D.   Le 12 août 1445.

390. Ordonnances de Louis dauphin sur le fait de la justice et des finances en Dauphiné, confirmées par lettres

patentes données à Tours le 18 oct. 1445. — B. 179, 254 ; Z. 5, 152. A Châlon-sur-Saône, le 12 août 1445.

391. Lettres du même portant révocation des dons faits des revenus de plusieurs châteaux et châtellenies, à la réserve de quelques-uns dont le don est confirmé aux possesseurs. — Z. 5, 155. A Tours, le 18 octob. 1445.

392. Lettres du même portant règlement sur les fonctions du trésorier général de la province, etc. — C. D.
A Chinon, le 24 févr. 1445 av. Pâq. : vérif. le 2 avr. 1446.

393. Lettres du même qui ordonne au conseil delphinal et à la chambre des comptes de commettre deux personnes notables pour régler les limites d'entre le Dauphiné et la Savoie, etc. — C. D. A Chinon, le 3 avr. av. Pâq. 1445/6.

394. Lettres du même portant suppression de tous les notaires et tabellions, avec défense d'exercer les dites charges sans être approuvé et créé par autorité delphinale, etc. — Z. 5, 157 v°. A Grenoble, le 7 mai 1446 ; enreg. le 12 s.

395. Ordonnance du conseil delphinal portant que personne ne pourra exercer l'office de notaire s'il n'est établi notaire par lettres du dauphin, et que nul sujet delphinal ne pourra être traduit à une juridiction étrangère, etc. — B. 177, 92. A Grenoble, le 7 mai 1446.

396. Lettres du roi portant don en faveur de Louis dauphin, son fils, de quelques terres en Rouergue appartenant à Jean comte d'Armagnac, exceptées du nombre de celles dont la mainlevée lui avait été accordée ensuite des lettres d'abolition, etc. — Z. 5, 203.
A Rasilly, près de Chinon, en mai 1446 ; enreg. le 7 sept. s.

397. Lettres de Louis dauphin portant confirmation d'autres lettres, par lesquelles il avait ordonné que toutes les terres et châtellenies de son domaine seraient mises sous sa main et régies par ses officiers, etc., et ensemble révoque les dons qu'il pourrait avoir faits depuis lesdites lettres, etc. — Z. 5, 159. A Chinon, le 8 juin 1446.

398. Lettres du même portant augmentation de gages pour la charge d'avocat général, à laquelle il ajoute la qualité de conseiller, etc. — Z. 5, 176. A Valence, le 19 févr. av. Pâq. 1446/7 ; enreg. le 22 sept. s.

399. Lettres du même portant défense à toute sorte de personnes de chasser dans les forêts delphinales, si ce n'est aux ours, loups, chamois et renards, en outre de ne

couper que du bois mort et défend aux châtelains d'affermer les garennes, etc. — B. 177, 99.

A Valence, le 21 févr. av. Pâq. 1446/7.

400. Lettres du même portant défense aux juges et fermiers de la cour de Viennois et Valentinois de prendre connaissance en première instance des causes appartenant aux seigneurs bannerets et de ne recevoir l'appel de leurs vassaux au préjudice de leurs droits, etc. — B. 177, 117. A Montélimar, le 24 févr. av. Pâq. 1446/7.

401. Lettres du même portant confirmation des priviléges de Chabeuil, accordés par Jean dauphin le 10 janv. 1314 et confirmés par Humbert dauphin par ses lettres données à Beauvoir-en-Royanais le 5 mars 1348. — B. 282, 220. A Montélimar, le 25 févr. av. Pâq. 1446/7.

402. Lettres du même portant que les habitants de Saint-Vallier seront sujets aux subsides et impositions faites ou à faire à l'avenir par les trois Etats pour les affaires du dauphin, tout ainsi que les autres sujets delphinaux. — B. 288, 83. A Montélimar, le 1er mars av. Pâq. 1446/7.

403. Lettres du même portant établissement d'une chancellerie en Dauphiné, avec pareils officiers aux mêmes fonctions que ceux de la grande chancellerie de France. — B. 177, 60. A Valence, en mars av. Pâq. 1446/7.

404. Edit de Louis dauphin par lequel il supprime tous les bailliages et judicatures royales de la province et les réduit à deux bailliages et une sénéchaussée, savoir : un bailliage pour le Viennois, qui serait partagé en trois siéges, Grenoble, Bourgoin (transféré depuis à Vienne) et Saint-Marcellin ; le 2e bailliage pour les montagnes composé de quatre siéges, Embrun, Briançon, Serres (depuis à Gap) et le Buis ; la sénéchaussée pour le Valentinois et Diois, qui aurait trois siéges, Crest, Montélimar et Chalencon (transféré depuis à Valence), avec le même pouvoir et autorité que ceux de France, etc. — Z. 5, 173.

A Valence, en juil. 1447.

405. Lettres de Louis dauphin portant union du greffe de la cour des appellations, ci-devant supprimée, à celui du conseil delphinal, etc. — Ibid., 176.

A Saint-Antoine, le 5 août 1447 ; enreg. le 6 sept. s.

406. Lettres du même portant que dans les contributions imposées par les trois Etats en faveur du dauphin,

en forme de don gratuit, nul ne serait exempt que les ecclésiastiques et les nobles vivant cléricalement et noblement, etc. — B. 177, 302.

A Grenoble, le 23 sept. 1447; enreg. le 27 nov. s.

407. Lettres du même portant que ceux qui n'avaient pas prêté hommage eussent à y satisfaire, faute de quoi il serait procédé à la saisie de leurs fiefs et établi sequestre, etc. — B. 177. A Grenoble, le 26 sept. 1447.

408. Lettres du même qui nomme trois commissaires pour faire rendre compte des deniers d'octroi levés en plusieurs lieux de la province pour les réparations publiques, en vérifier l'emploi, etc. — C. D.

A la Tour-du-Pin, le 15 octob. 1447.

409. Lettres du même sur la réquisition des consuls de Grenoble, portant qu'à la réserve des ecclésiastiques, nobles et officiers, tous habitants de ladite ville, soit clercs licenciés et autres prétendus exempts, seront sujets aux contributions et charges publiques. — B. 253, 623.

A la Côte-Saint-André, le 21 octob. 1447.

410. Lettres du même portant confirmation des précédentes du 21 oct. 1447, etc. — B. 254, 157 v°.

A Montélimar, le 31 mars 1418; enreg. le 13 avr. s.

411. Lettres du gouverneur portant que les maîtres des requêtes de l'hôtel du dauphin auront séance au conseil delphinal après le président, suivant la pratique des maîtres des requêtes de l'hôtel du roi au parlement de Paris, etc. — C. D. A Valence, le 30 mai 1448.

412. Arrêt du conseil delphinal qui limite la juridiction des châtelains à 60 sols. — C. D. Le 9 juil. 1448.

413. Lettres de Louis dauphin portant confirmation du droit de pêche en faveur des habitants du mandement de Saint-Nazaire-en-Royanais, et défense au maître des eaux et forêts de les troubler, etc. — B. 287, 2.

A la Côte-Saint-André, le 21 sept. 1448; enreg. le 3 déc. s.

414. Lettres du même portant confirmation des priviléges dudit St-Nazaire, etc. — B. 285, 21. Mêmes dates.

415. Lettres du même portant confirmation des priviléges de la ville de Vienne, etc. — B. 273, 466 bis.

A Chabeuil, le 31 octob. 1448.

Suit une déclaration sur ce sujet.

Donnée à Alixan, le 24 novem. s.

416. Lettres du même portant défense à toute sorte de personnes de chasser aux pigeons et conils dans les garennes, etc. — B. 181, 21.   A la Côte-Saint-André, le 21 décem. 1448; enreg. le 2 janv. s.

417. Arrêt du conseil semblable au n° 412.

Du 15 janvier 1449.

418. Lettres du roi Charles VII portant que la Pragmatique-Sanction subsistera même pour les articles contraires au concile de Bâle, etc. — C. D.

Le 23 janv. av. Pâq. 14189.

419. Lettres de Louis dauphin portant qu'en l'assemblée des trois États tenue à Romans, ayant été requis de faire contribuer en ses dons et aides ceux qui prétendaient leurs fonds être allodiaux, il ordonne de l'avis desdits États qu'il sera fait examen et vérification des feux pour le règlement desdits dons gratuits sur lesdits prétendus allodiaux. — B. 78, com¹.

A Pisançon, le 10 févr. 1449.

420. Suivent les arrêts du conseil delpinal portant commission aux lieutenants et procureurs fiscaux de chaque bailliage de se transporter pour l'exécution desdites lettres dans l'étendue de leurs siéges, etc.

Le 26 févr. 1449.

421. Lettres de Louis dauphin par lesquelles il défend les appellations téméraires et nommément des sentences interlocutoires des juges ressortissants immédiatement au conseil delphinal, à peine d'amende, à moins que le grief des parties ne fut tel qu'il ne pût être réparé en définitive, et règlement sur cette matière, etc. — B. 177, 111.

Au Sauzet, le 2 mai 1449.

422. Déclaration du même portant que les baillis et sénéchaux pourront à la manière de France mettre des lieutenants en leurs siéges amovibles à leur volonté. — Z. 5, 229. A Embrun, le 15 août 1449; enreg. le 4 déc. s.

423. Lettres du même par lesquelles il donne un adjoint à Étienne Guillon, président de son conseil, à raison de sa vieillesse, etc. — XXV. 4, 260.

A Beaurepaire, le 5 janv. 1450.

424. Lettres du même portant concession de plusieurs priviléges à la ville de Romans, etc. — B. 285, 52.

A Peyrins, le 24 janv. 1450.

425. Lettres du même portant ratification du réglement et accord fait sur le pariage, juridiction et établissement des officiers de la ville et territoire de Vienne, entre Louis dauphin et l'archevêque, par les commissaires à ce députés de part et d'autre, avec les lettres de leur commission, etc. — B. 271, 617. A Chalaire, le 2 mars 1450.

426. Lettres du même portant défense au chancelier de Dauphiné de sceller aucunes lettres de dons d'amendes, dont le fonds était destiné pour le payement des gages des officiers, avec pareille défense au gouverneur et conseil delphinal de consentir à l'entérinement desdites lettres. — B. 178, 32. A Étoile, le 12 avr. 1450.

427. Lettres du même portant que l'exemption des droits de péage accordée à plusieurs communautés ou à des particuliers ne s'entend que des choses pour leur usage, etc. — B. 177, 88.

A Saint-Donat, le 28 juin 1450; enreg. le 13 juin s.

428. Lettres du même portant établissement de deux foires par an au lieu de Thodure, etc. — B. 282, 245. A Thodure, le 10 juil. 1450; vérif. le 20 s.

429. Lettres du même portant établissement et provision de maîtrise de châtreur de toute sorte de bêtes en Dauphiné, etc. — B. 253, 691. A la Tour-du-Pin, le 8 nov. 1450.

430. Lettres du même portant réglement pour les actes des notaires, la taxe de leurs droits, le sceau des contrats et le nombre desdits notaires, etc. — B. 253, 694 et 714.

A Peyrins, le 24 novem. 1450; vérif. le 26 déc. s.

431. Lettres de Louis dauphin portant commission de mettre sous sa main les terres ou fiefs de quelques Savoisiens qui avaient manqué de satisfaire à une déclaration précédente, qui ordonnait à toute sorte de vassaux de reconnaître, sans exception de ceux qui prétendaient tenir leurs biens en franc alleu, etc. — C. D.

A Moras, le 27 décem. 1450.

432. Remontrances des trois États au dauphin sur divers griefs touchant les libertés et priviléges de la province, nommément touchant l'établissement du sceau pour les contrats, et sur autres articles du réglement précédent concernant les notaires, avec les réponses dudit dauphin auxdites remontrances. — B. 253, 700.

A Chalaire, le 14 févr. av. Pâq. 1450 1.

433. Traité de mariage conclu entre Louis dauphin et Charlotte de Savoie, Louis duc de Savoie, pour et au nom de sa fille d'une part, et les ambassadeurs du dauphin d'autre, la dot de 200,000 écus d'or, etc. — B. 320, 97.

A Genève, dans le couvent des Frères Mineurs, le 14 févr. 1451.

434. Lettres de Louis dauphin portant commission pour asseoir et assigner 5000 écus d'or de revenu, pour la moitié du douaire promis par ledit traité, à Charlotte son épouse: l'assignation faite en conséquence sur les revenus des terres du domaine, etc. — B. 320, 116.

A la Côte-Saint-André, le 10 mars 1451.

435. Lettres du même portant ordre au bailli et procureur fiscal de Graisivaudan de contraindre par emprisonnement les excommuniés pour affaires civiles de se faire absoudre et satisfaire aux parties, si le cas est trouvé juste, etc. — B. 266, 288.   A Valence, le 11 mars 1451.

436. Lettres du même concernant les priviléges accordés aux Juifs de Valence et de Montélimar, etc. — B. 289, 67.

A Curson, le 16 juin 1451 ; vérif. le 21 s.

437. Déclaration du même intervenue sur les remontrances des trois États, au sujet des notaires et sceau des contrats, etc. — B. 266, 279.   A Romans, le 23 juin 1451.

438. Lettres de Louis dauphin, données de l'avis du conseil delphinal, portant permission à tous notaires delphinaux qui avaient été supprimés, de recevoir des testaments durant les maladies contagieuses et un mois après, etc. — B. 253, 723.   A Romans, le 28 juin 1451.

439. Ordonnance du même qui défend les voies de fait dans les querelles et différends qui peuvent être entre les nobles, sous peine, etc. — B. 266, 287.

A la Tour-du-Pin, le 10 décemb. 1451.

440. Lettres du même portant déclaration et confirmation des priviléges accordés aux Juifs de Dauphiné, etc. — B. 288, 232.

A Valence, le 6 mars ap. Noël 1452; vérif. le 30 août s.

441. Lettres du même portant confirmation des priviléges de la ville de Montélimar et permission de jouir de la radiation de quelques feux qui leur est accordée de nouveau, etc.— B. 288, 240.

A Valence, le 11 août 1452 ; vérif. le 30 août s.

442. Priviléges accordés par Louis dauphin à la noblesse de Dauphiné, qui le servit en armes durant le temps qu'il fut à Vienne, consistant en décharge de droits de lods par eux dus et rémission de tous procès civils et criminels, etc. — B. 171, 85.   A Vienne, le 1" octob. 1452.

443. Suivent les ordonnances du roi sur la convocation et service de l'arrière-ban, tant à l'égard des nobles que non nobles possédant fiefs, etc.   Du 5 octob. 1452.

444. Lettres de Louis dauphin qui confirme le réglement précédent de 1449, touchant les folles appellations, et qui ordonne qu'avant qu'aucun appel puisse être admis il sera consigné l'amende de 120 l. t. — Z. 5, 279.
A Romans, le 17 novem. 1452.

445. Lettres du même portant défense à toute sorte de personnes de s'immiscer à aucun acte de juridiction en vertu de quelque commission que ce soit, au préjudice des juges delphinal et épiscopal de Grenoble, etc. — B. 266, 292.
A Romans, le 28 mars av. Paq. 1452,3 ; publ. le 30 avr. s.

446. Lettres du même qui permet le cours des monnaies étrangères, à la réserve de quelques-unes qu'il ordonne être portées au billon, etc. — B. 266, 298.
A Valence, le 19 novem. 1453.

447. Lettres du même portant commission pour mettre sous sa main tous les biens appartenant aux sujets de Savoie en Dauphiné, etc. — B. 266, 300 v°.
A Romans, le 5 juil. 1454.

448. Autres lettres du même portant commission au procureur fiscal d'exiger toutes les dettes, rentes, etc. appartenant aux Savoisiens dans le Graisivaudan et comté de Clermont, etc. — B. 266, 301 v°
Au Pont de Chéruy, le 11 août 1454.

449. Lettres du même portant confirmation des priviléges du monastère des religieuses de Salettes, de l'ordre des Chartreux, etc. —B. 275, 48 du 142°.
A Grenoble, en janv. 1455.

450. Lettres de Louis dauphin portant rétablissement de la cour des appellations en Dauphiné, laquelle il avait ci-devant supprimée et unie au parlement, etc. — Z. 5, 293.   A Valence, le 17 mai 1455 ; vérif. le 22 s.

451. Lettres du même par lesquelles il confirme les

dons et inféodations par lui faites des justices et terres en justice, et défend l'exercice abusif des justices particulières qu'il veut être dépendantes de la justice principale, leur réservant les droits de fief, ensemble défend aux châtelains de faire aucune composition touchant les lods et autres profits de fief, etc. — Z. 5, 294.

A Grenoble, le 22 juil. 1455; vérif. le 23 s.

452. Lettres du même portant réduction des secrétaires du parlement, ci-devant conseil delphinal, au nombre de neuf et suppression de l'un d'iceux premier vacant, avec un règlement pour leurs fonctions, etc. — Z. 5, 297.

A Grenoble, le 5 août 1455; vérif. le même jour.

453. Lettres du même portant défense à ses officiers d'usurper la juridiction épiscopale, et confirme les conventions faites sur ce sujet par ses prédécesseurs, etc. — B. 307, 460 fin. A Grenoble, le 5 août 1455.

454. Lettres du même portant exemption de la redevance due à raison du droit de sauvegarde, en faveur de quelques possesseurs de fonds prétendus allodiaux, en payant les tailles et autres contributions ordinaires, etc. — B. 303, 69.

A Romans, le 2 juin 1456; enreg. le 11 mars 1457.

455. Edit de Louis dauphin portant règlement sur le fait et la forme des donations entre vifs, avec ordre aux notaires de s'y conformer sous peine de privation d'office, etc. — B. 254, 34; B. 177, 91.

A Grenoble, le 31 juil. 1456; enreg. le 9 août s.

456. Lettres du même par lesquelles il déclare aux Etats assemblés à Grenoble qu'il consent qu'ils rendent obéissance au roi son père, lesdites lettres présentées par les ambassadeurs du duc de Bourgogne envoyés auxdits Etats et insérées dans le procès-verbal fait sur le serment prêté au roi par lesdits Etats, etc. — B. 178, 263.

A Bruxelles en Brabant, le 5 févr. av. Pâq. 1456/7.

457. Procès-verbal fait au sujet du serment de fidélité demandé par le roi aux Etats de Dauphiné, ayant mis ledit pays sous sa main après la retraite du dauphin Louis son fils, etc. — B. 178, 263. A Grenoble, le 19 mars 1457.

458. Lettres du roi par lesquelles il déclare nulles toutes les aliénations faites par le dauphin Louis, son fils, des terres et revenus de son domaine, dont il veut que les

comptes soient rendus à la chambre, etc. — C. D.
A Saint-Priest, le 8 avr. av. Pâq. 1456/7.

459. Lettres du roi qui commet les officiers du parlement et de la chambre des comptes pour exercer leurs fonctions en son nom, en attendant qu'il eut appris la réduction de son fils à ses volontés, etc. — C. D. Même date.

460. Réglement fait par le parlement et la chambre des comptes, qui réduit le cours et valeur des monnaies étrangères sur le pied de la valeur de celles de France et de Dauphiné, etc. — B. 266, 310. Du 24 juin 1457.

461. Arrêt du parlement portant défense à toute sorte de personnes d'accepter aucun transport ni cession sans le consentement des parties et débiteurs, etc. — B. 178, 164. Au mois d'août 1457.

462. Réglement fait par le gouverneur et le parlement, à la réquisition des trois Etats, sur la juridiction des châtelains, l'ordre et la manière de procéder dans l'exécution de leurs jugements, en 19 articles, etc. — B. 177, 263.
Même date.

463. Lettres du roi portant convocation du ban et arrière-ban. — C. D. A Tours, le 21 mars av. Pâq. 1457/8.

464. Arrêt du parlement et chambre des comptes sur la forme du payement du droit de pulvérage ou dommage causé par le bétail laineux le long des chemins, etc. — B. 180, 121. Du 2 juin 1458.

465. Arrêt du parlement et chambre des comptes qui défend aux châtelains de faire aucune liquidation de lods par estimation, voulant qu'ils soient réglés sur le prix porté par les contrats, etc.—B. 177, 52 bis. Du 21 avr. 1459.

466. Lettres du roi portant commission à un auditeur des comptes de dresser un état de tous les revenus de son domaine après la retraite du dauphin, etc. — B. 177, 115. A Chinon, le 9 novembre 1459.

467. Arrêt du parlement et chambre des comptes de Dauphiné, portant que le trésorier général de la province ne comptera à la chambre des comptes de Paris, de la recette des tailles et subsides qui se lèvent en ladite province, que de la part destinée pour le don gratuit qu'elle fait au roi et nullement de celle qui devait être employée pour les affaires particulières de ladite province. — B. 177, 394. Du 14 juin 1460.

LOUIS XI

DEPUIS 1461 JUSQU'A 1483.

468. Lettres du roi portant confirmation des priviléges de la ville de Montélimar, etc.— B. 288, 246 bis.
A Tours, le 26 octob. 1461 ; vérif. le 15 févr. 1462.

469. Lettres portant abrogation de la Pragmatique-Sanction, etc. — XVIII. 25 *a*. A Tours, le 27 novem. 1461.

470. Lettres du roi portant création d'un office de secrétaire delphinal, etc. — Z. 6, 100. A Tours, le 5 déc. 1461.

471. Lettres du roi portant création d'un office de conseiller clerc en faveur de Claude de Châteauneuf, religieux de Saint-Antoine, etc. — Z. 6, 125 v°.
A Saint-Jean-d'Angely, le 7 févr. av. Pâq. 1461/2 ; vérif. le 16 mars 1462 ap. Noël.

472. Lettres du roi portant commission aux s" de Châteauneuf, son maître d'hôtel, et Pierre Gruel, président, pour informer sur diverses malversations et violences exercées contre ses officiers, pour ensuite être procédé par le parlement au jugement des informations, etc. — C. D.
A Bordeaux, le 22 avr. 1462.

473. Réglement fait par le parlement et la chambre des comptes sur les exactions des gabelles, des tailles et autres diverses matières, sur les plaintes et réquisition des trois États, etc. — B. 178, 141.   Du 8 octob. 1462.

474 Lettres du roi qui ordonne au parlement et (à) tous autres officiers de Dauphiné de reconnaître et faire reconnaître dans l'étendue de leur ressort le cardinal de Foix pour légat du Saint-Siége ; la bulle de sa légation insérée dans lesdites lettres, à Rome le 14 des cal. de févr. 1458, etc. — XVIII. 25, 65 v°. A Toulouse, le 30 mai 1463.

475. Lettres du roi portant commission au procureur général, à un secrétaire et à un maître des comptes de procéder à la réformation des abus qui pourraient s'être glissés parmi les notaires et de punir les coupables.—Z. 6. 220.   A Hesdin, le 6 octob. 1463 ; vérif. le 9 déc. s.

476. Lettres du roi portant permission d'ouvrir les mines de Theys, Allevard et Vizille, et de fabriquer de l'acier en payant les droits dus au roi, etc. — B. 254, 106.
A Paris, le 10 mars av. Pâq. 1463/4 ; vérif. le 1er juin s.

477. Lettres du même portant règlement pour le logement et payement des gens de guerre et plusieurs autres articles sur cette matière, etc. — B. 177, 119.

A Lihons-en-Sentois, le 6 juin 1464.

478. Lettres portant rétablissement de la Pragmatique-Sanction, ci-devant abrogée, et défense d'user des grâces expectatives en fait de bénéfice de la part de la cour de Rome, etc. — XVIII. 25.

A Lupien près Doullens, le 19 juin 1464.

479. Lettres portant création d'un office de maître des comptes extraordinaire, etc. — Z. 6, 231.

A Rouen, le 20 octob. 1464 ; enreg. le 28 nov. s.

480. Lettres du roi portant confirmation des édits par lui faits étant dauphin, par lesquels il est défendu aux notaires d'expédier aucuns contrats sans y faire apposer le sceau, etc. — B. 253, 725.   Même date ; vérif...

481. Arrêt du parlement sur la délibération des États, qui ordonne que la chambre des comptes fera péréquer la somme de 10,000 l. t. sur les trois ordres pour le payement des troupes et autres urgentes affaires du roi, etc. — Z. 18, 57.   A Grenoble, le 11 août 1465.

482. Ordonnance du gouverneur portant défense aux juges des bailliages d'exercer les justices subalternes, etc. — B. 177, 134.   A Orléans, le 22 novem. 1465.

483. Lettres du roi portant commission aux y nommés pour remontrer aux trois États de Dauphiné que, pour le bien des affaires de l'état, il était nécessaire d'imposer le 20° du vin vendu en gros et le 4° en détail, et l'imposition ci-devant établie du 12° denier pour livre ou bien la somme de 45,000 florins, etc. — B. 177, 128.

A Orléans, le 24 novem. 1465.

484. Autres lettres de commission pour faire pareille remontrance auxdits États, pour l'entretien de 100 lances dans la province, à raison de 31 l. t. par lance, etc. — B. 177, 129.   Même date.

485. Autres lettres de commission au lieutenant du roi de la province et à un officier d'informer et juger de tous les abus et malversations commises sur diverses impositions et exactions en Dauphiné et d'examiner les comptes des États, etc. — B. 177, 161.

A Orléans, le 7 mars av. Pâq. 1465 6.

486. Lettres du roi portant ordre au trésorier de Dauphiné de délivrer aux commissaires du duc de Milan la somme de 6,000 écus d'or pour la subsistance et le retour des troupes qu'il avait amenées à son secours. — B. 177, 336. A Orléans, le 17 avr. 1466.

487. Ordonnance du gouverneur et du parlement portant que les investitures des fiefs ne pourront être faites que par la chambre des comptes, etc. — B. 177, 148.
Du 24 mars ap. Noël 1467.

488. Lettres du roi qui déclare les habitants de Montélimar, Crest, Embrun et Viviers sujets aux mêmes contributions que les autres habitants de Dauphiné, nonobstant leurs prétendues exemptions, etc. — B. 177, 150.
A Paris, le 7 octob. 1467; enreg. le 20 nov. s.

489. Lettres du même portant suppression des sceaux des contrats, etc.—B. 177, 156. Même date; vérif. le 17 nov.

490. Lettres portant ordre de publier et mettre en exécution l'abrogation ci-devant faite par sa majesté de la Pragmatique-Sanction, etc.; ladite abrogation y jointe (n° 169). — XVIII. 25, 52 v°. A Tours, le 3 janv. av. Pâq. 1468 9.

491. Lettres du roi portant ordre au trésorier général de payer à tous les officiers de la province leurs gages entiers sans aucune diminution, etc. — B. 177, 162.
Aux Montils, le 11 févr. av. Pâq. 1468 9.

492. Ordonnance du parlement portant commission à Jean de Rabot, vice-sénéchal de Valentinois au siége de Crest, de faire un réglement sur les droits du sceau et écritures des avocats, notaires dans l'étendue de son ressort, ensuite ledit réglement avec l'homologation dudit parlement sous quelque modification, etc. — B. 288, 269.
Du 27 octob. 1469.

493. Ordonnance de la chambre des comptes à tous les notaires résidant dans le mandement d'Oisans d'expédier tous les contrats passés depuis l'an 1460 et d'en envoyer des extraits en forme, etc. — C. D. Du 15 novem. 1469.

494. Lettres portant défense à tous marchands et autres du royaume et de Dauphiné de trafiquer avec les sujets du duc de Bourgogne, etc. — XVIII. 25, 91 v°.
Aux Montils-lez-Tours, le 8 octob. 1470; enreg. le 3 nov. s.

495. Lettres du roi par lesquelles il réduit à la somme de 1200 l. t. celle de 48,000 assignées au duc de Calabre

pour une pension de deux années sur la province, etc. — B. 177, 186. A Amboise, le 30 décemb. 1470.

496. Arrêt du parlement concernant les fonctions et juridiction du maître des eaux et forêts, etc. — B. 177, 173. Du 5 janv. 1471.

497. Réglement sur la forme d'administrer la justice dans la cour de Montélimar et sur la réformation des abus qui s'y commettaient, fait par Jean Rabot, vice-sénéchal de Valence dans les siéges de Crest et de Montélimar, à ce commis par le parlement, etc. — B. 288, 374.
En avril 1471.

498. Nouveaux réglements faits par le parlement au sujet de l'administration de la justice, des fonctions des officiers et autres diverses matières, etc. — B. 177, 306.

Du 17 juil. 1471 ; publié en audience le 5 mars 1472.

499. Edit du roi, général pour tout le royaume, sur le fait des mines d'or, d'argent et de cuivre, en plusieurs articles, etc. — Z. 6, 368. Aux Montils-lez-Tours, en nov. 1471.

500. Lettres du roi portant établissement d'une foire à Embrun pour le jour de Saint-Luc et les trois suivants, etc. — B. 306, 230. A Amboise, en octob. 1472.

501. Lettres du même portant convocation du ban et arrière-ban, la manière et l'ordre d'y procéder, etc. ; ensuite est un rôle de tous les nobles qui devaient contribuer audit arrière-ban et le nombre des hommes qu'ils devaient fournir selon la portée de leurs fiefs, etc. — B. 177, 191.
Au Puy-Beillard, le 14 décem. 1472.

502. Lettres du roi portant règlement sur la forme d'administrer les finances par le trésorier général en Dauphiné, etc. — Z. 7, 27. A Vendôme, le 6 janv. av. Pâq. 1472-3.

503. Lettres du même par lesquelles il décrie les monnaies anciennes, tant celles de France que les étrangères, à la réserve de celles qui sont exceptées dans l'acte, dont il règle la valeur, etc. — C. D. A Chartres, le 28 déc. 1473.

504. Lettres du même portant création d'un office de troisième maître des comptes ordinaire, etc. — Z. 7, 99.
A Creil, le 13 janv. av. Pâq. 1473-4 ; vérif. le 4 mars s.

505. Lettres du roi, ensuite d'un traité intervenu entre lui et le prince d'Orange pour l'hommage de ladite principauté, par lesquelles sa majesté comme dauphin lui permet de battre monnaie, de s'intituler prince par la grâce de Dieu, donner grâce, et promet de conserver ledit pays dans ses priviléges et franchises, etc. — C. D.

A Rouen, en juin 1475.

506. Réglement fait par le parlement pour réduire les monnaies de France sur le pied de celles de Dauphiné, pour la facilité du commerce, etc. — B. 266, 342.

A Grenoble, le 11 juil. 1475.

507. Lettres du roi portant défense aux gens de guerre, tant de ses ordonnances que de l'arrière-ban, de tenir les champs ni de voyager sans payer leur dépense ni celle de leurs chevaux, avec ordre de ne loger que dans les villes et bourgs et dans les hôtelleries publiques en payant, à peine de punition corporelle, etc. — B. 266, 347.

Au Plessis-du-Parc, le 16 décem. 1475.

508. Lettres du même portant ordre à tous les archevêques et évêques de France et de Dauphiné de résider dans leurs diocèses, etc. — C. D.

Au Plessis-du-Parc, le 8 janv. av. Pâq. 1475/6.

509. Autres portant avis à tous les prélats de la convocation d'un concile prochain, etc. — Ibid. Même date.

510. Ensuite sont les lettres qui défendent l'entrée du royaume au légat nommé par le pape, etc. *Ibid*; le 19 janv. s.

511. Arrêt du parlement à la réquisition d'un auditeur des comptes, portant défense de faire aucuns extraits *parte in qua* lorsqu'il y a des articles différents, pour éviter les surprises. — B. 177, 242 v°.

Du 12 mars ap. Noël 1476.

512. Arrêt du parlement rendu sur les plaintes des trois Etats, pour régler la forme de lever les subsides en Dauphiné et des exécutions pour les payeurs, entretien des francs-archers sur le général de la province et autres diverses matières, etc. — B. 177, 276. Du 25 mai 1476.

513. Autre arrêt ou ordonnance qui déclare non exempts des charges courantes les maîtres des monnaies pendant les années qu'ils ne sont pas en exercice, etc. — Ibid.

Même date.

514. Lettres du roi données à la réquisition des habitants d'Avignon, qui déclare qu'aucunes lettres de marque n'auront aucun lieu à leur égard que l'exécution n'en ait été ordonnée par arrêt du conseil du roi ou du parlement, etc. — B. 177, 325.

— 61 —

A Lyon, le 21 juin 1476; vérif. le 15 juin 1479.

515. Lettres du roi portant que tous les habitants de Briançonnais, Embrunois, Capençais et Graisivaudan, exempts et non exempts, contribueront aux réparations de la rivière du Drac aux environs de la ville de Grenoble, avec cession aux habitants de ladite ville et à leurs successeurs des relaissés, etc. — B. 307, 447.

Au Plessis-du-Parc, le 3 janv. av. Pâq. 1477/8.

516. Lettres du roi portant confirmation de celles du gouverneur données à Arras le 8 avr. ap. Pâq. 1477, par lesquelles ledit gouverneur augmente le nombre des officiers de la chambre d'un maître ordinaire, attendu la multiplicité des affaires et l'augmentation du ressort, etc., les deux lettres ensemble. — Z. 6, 98.

Au Plessis-du-Parc, le 25 mars av. Pâq. 1477/8;
vérif. le 28 mars s.

517. Déclaration du roi portant que le siége du bailliage de Viennois sera transféré de Bourgoin à Vienne, et que la juridiction d'icelui y sera exercée et non ailleurs. — B. 272, 169. A Arras, le 16 avr. ap. Pâq. 1478; enreg. le 14 oct. s.

518. Lettres du roi par lesquelles l'obligation qu'avait la ville de Gap de fournir 50 hommes de pied pour servir dans la province est convertie en celle d'entretenir 50 francs-archers, à la forme de la ville de Grenoble, pour servir partout où le service du roi le requerrait, etc. — B. 297, 17. A Arras, en juin 1478; enreg. le 24 déc. s.

519. Lettres du roi par lesquelles il unit la terre de Morestel à celles de Bouchage et de Brangues et en forme une baronnie, etc. — B. 272. 147.

A Armenonville, en juil. 1478; enreg. le 15 janv. s.

520. Arrêt du parlement qui condamne le fermier des gabelles de Romans à payer aux officiers des comptes deux bonnets de bièvre et deux calottes de grain ou 6 liv. annuellement, avec les arrérages depuis le commencement de sa ferme, etc. — B. 177, 316.   Du 6 juil. 1478.

521. Lettres du roi portant commission à la chambre des comptes de recevoir les hommages dus à sa majesté comme dauphin, etc. — B. 177, 355.

Au Plessis-du-Parc, le 5 novem. 1478; enreg. le 14 janv. s.

522. Lettres du même portant que les vassaux de sa majesté en Dauphiné seront contraints de donner les

aveux et dénombrement de leurs fiefs, etc. —B. 177, 158.
Mêmes dates.

523. Lettres du même portant que les procureurs fiscaux des bailliages feront résidence aux lieux de leurs siéges, etc. — B. 177, 360. Mêmes dates.

524. Edit du roi portant ordre aux baillis et sénéchaux de Dauphiné de nommer des lieutenants gradués, capables et suffisants, à défaut de quoi il commet le gouverneur, le parlement et la chambre des comptes pour y pourvoir, avec attribution de gages et obligation de résider, etc. — B. 177, 337.

Au Plessis-du-Parc, le 24 nov. 1478; enreg. le 14 janv. s.

525. Lettres du roi portant assignation d'un fonds sur le domaine pour les réparations de la chambre des comptes, etc. — B. 177, 364. Mêmes dates.

526. Lettres du même par lesquelles il réduit à un seul tous les offices de greffiers et secrétaires du parlement ci-devant créés, etc. — Z. 7, 109 v°. Au Plessis-du-Parc, le 25 mars av. Pâq. 1478/9; enreg. le 19 avr. s.

527. Lettres du roi portant défense à tous les châtelains d'imposer plus de 5 sols pour chaque feu pour le droit de guet et garde, à peine etc., avec un réglement sur ce fait en plusieurs articles, etc.— B. 177, 369.

A Tours, le 20 avr. 1479.

528. Suivent autres lettres portant ordre au parlement et chambre des comptes d'envoyer à la cour le dénombrement des places, villes et châtellenies où était établi le droit de guet, etc. Du même jour.

529. Lettres du roi qui exempte les habitants d'Avignon et du Comtat-Venaissin des exécutions en vertu des lettres de marque qu'on pourrait avoir obtenues sur les biens appartenant auxdits habitants d'Avignon dans le royaume ou Dauphiné, lorsque lesdits biens se trouveront sujets aux tailles et contributions ordinaires. — XVIII. 25, 21.

A Montargis, le 8 mai 1479.

530. Autres lettres qui confirment celles du 21 juin 1476 (n° 514). Même date; vérif. le 15 juin s.

531. Lettres portant confirmation de la levée des deniers d'octroi à perpétuité en faveur de la ville de Grenoble, etc. — B. 251, 406.

A Château-Landon, en mai 1479; vérif. le 27 avr. s.

532. Lettres du roi portant défense de tirer pour l'usage de cette province du sel de Provence ni d'autre qui ne soit gabellé par la compagnie des gabelles, etc. — B. 177, 379. A Candé, le 7 déc. 1479; vérif. le 12 avr. s.

533. Lettres du roi qui réduit l'exemption des droits de péage en faveur des privilégiés aux seules choses destinées à leur usage, etc. — B. 177, 256. Au Plessis-du-Parc, le 6 mars av. Pâq. 1479/80 ; enreg. le 12 avr. s.

534. Lettres du roi portant confirmation des priviléges et franchises accordées par Humbert dauphin au lieu de la Roche-de-Glun et à son mandement, etc. — B. 205,2. Au Plessis-du-Parc, le 1ᵉʳ octob. 1481 ; enreg. le 24 nov. s.

535. Lettres du roi portant commission au sʳ de Sassenage et au trésorier général de Dauphiné, de faire assembler les Etats à Grenoble pour l'imposition de 50,625 florins, de laquelle sont exceptés les ecclésiastiques, les nobles et autres privilégiés, etc. — C. D.
Au Plessis-du-Parc, le 9 mars av. Pâq. 1181/2.

536. Lettres du roi portant don de 2,000 l. t. de rente sur le domaine de Dauphiné, en faveur des religieux, abbé et prieur de Saint-Claude, etc. — XXV. 6,98.
A la Clayette, en mai 1482 ; enreg. le 31 mai s.

537. Lettres du roi qui casse toute sorte de constitutions de rente faites par vente de blé, soit en grain soit en argent, pendant les dernières années de stérilité, en rendant la même quantité de blé et, en cas d'aliénation de fonds à vil prix pour même nécessité, permet de les retirer en rendant ledit prix dans l'année, etc. — B. 178, 20.
A Saint-Laurent-des-Eaux, le 6 août 1482.

538. Suit une ordonnance qui défend aux marchands d'acheter le blé en vert et hors des marchés, etc.
Enreg. le 6 mai 1183.

539. Lettres du roi contenant plusieurs avis et remontrances à son fils Charles dauphin, pour bien gouverner l'Etat, etc. — B. 178, 17.
A Amboise, le 21 sept. 1482; vérif. le 19 oct. s.

540. Edit du roi par lequel il confirme les priviléges accordés au collége des notaires et secrétaires du roi de la maison couronne de France, qu'il fixe au nombre de 59, pour jouir des priviléges des commensaux et pouvoir exercer leurs fonctions dans toutes les cours du royau-

me et Dauphiné, etc. — B. 184, 7.

Au Plessis-du-Parc, en novém. 1482.

541. Lettres du roi portant don d'une rente annuelle et perpétuelle de 2,440 l. t. 3 s. 4 d. à l'abbaye de Saint-Maximin en Provence, assignées sur le domaine de Dauphiné. — XXV. 6, 106. A Plessis-du-Parc.

en janv. av. Pâq. 1482/3; enreg. le 14 juin s.

CHARLES VIII

DEPUIS 1483 JUSQU'A 1498.

542. Lettres du roi portant réunion du domaine de Dauphiné aliéné depuis le règne de Charles VII, etc. — C. D.; B. 178, 22°. A Amboise, en sept. 1483; enreg. le 20 oct. s.

543. Lettres du roi portant confirmation du trésorier général de Dauphiné dans l'exercice de sa charge, etc. — Z. 8, 1. A Amboise, le 15 sept. 1483; vérif. le 27 oct. s.

544. Lettres portant commission au général des finances de Dauphiné pour faire la recherche de tout ce qui avait été aliéné de son domaine par le roi son père, tant à l'Eglise qu'autres, et de le mettre sous sa main et de contraindre les gens d'église par saisie de leur temporel, etc. — XVIII. 25, 156. A Amboise, le 22 sept. 1483.

545. Lettres du roi portant confirmation des officiers du parlement dans l'exercice de leurs charges, etc. — Z. 8, 32. A Amboise, le 11 octob. 1483.

546. Lettres du roi qui confirment celles d'avril 1434. — (A la suite du n° 359). A Blois, en octob. 1483.

547. Lettres du roi portant confirmation des officiers de la chambre des comptes en l'exercice de leurs charges et création d'un 3ᵉ auditeur ordinaire pour aider au service de la chambre jusqu'à l'entière réunion du domaine, pour après ladite réunion être pourvu du premier des deux offices qui viendrait à vaquer. — Z. 8, 9.

A Beaugency, le 12 novem. 1483; enreg. le 24 déc. s.

548. Lettres du même portant confirmation des priviléges de la ville de Vienne, etc. — B. 273, 466. A Mehun-sur-Eure [Meung], en novem. 1483; enreg. le 9 mars 1491.

549. Lettres du roi portant confirmation de celles de Louis XI par lesquelles il établit le siége du bailliage de

Viennois dans la ville de Vienne, etc. — B. 272, 169.

A Orléans, le 5 décem. 1483; enreg. le 3 janv. s.

550. Ordonnances faites par le roi sur les remontrances des Etats-généraux du royaume tenus à Tours à son avénement à la couronne, contenant divers articles pour l'Eglise, la noblesse, le tiers-état, la justice, les gens de guerre, etc. — B. 178, 64°.

A Tours, en janv., févr. et mars av. Pâq. 1483/4.

551. Lettres du roi portant que tous les procès faits et jugés contre plusieurs sujets de Dauphiné, sous prétexte de crime de désobéissance, seraient revus et jugés de nouveau, etc. — B. 251, 271 v°.

A Tours, le 8 mars av. Pâq. 1483/4.

552. Lettres du roi portant que tous les procès des habitants de Dauphiné, qui pourraient avoir été évoqués au conseil du roi durant le règne de Louis XI, seraient renvoyés aux juges de la province conformément aux priviléges de ladite province, etc. — B. 178, 260.

Même date; enreg. le 22 avr. s.

553. Réponses et réglement sur les griefs présentés au roi par les députés des gens des trois Etats de Dauphiné aux Etats-généraux à Tours, sur divers abus et extorsions qui se commettaient au préjudice du peuple et contre les libertés delphinales par les officiers de justice tant séculière qu'ecclésiastique, par le maître des eaux et forêts, sur le fait des marchandises, sur la distribution des offices, etc. — B. 179, 116.

A Tours, le 8 mars av. Pâq. 1483/4.

554. Lettres du roi au parlement de Grenoble, à un président et quatre conseillers du parlement de Toulouse, avec exclusion des officiers suspects dudit parlement de Grenoble, pour revoir le procès instruit et jugé contre Jean Baile, président audit parlement de Grenoble, à la supplication de ses trois fils demandant la restitution des biens de leur père qui avaient été confisqués pour avoir obéi au roi Charles VII préférablement à Louis XI, dauphin, lesquels biens leur furent adjugés et restitués, nonobstant la longue possession des acquéreurs depuis 1463, les suppliants rétablis au premier état et bonne renommée avec dépens par arrêt du 28 juin 1481. — B. 251, 271.

Même date.

555. Ordonnance de la chambre des comptes portant que les lettres de don des lods ne seront vérifiées que pour la moitié, et que l'autre moitié serait destinée et employée au profit du domaine, etc. — B. 178, 26.

Du 8 mai 1484.

556. Lettres portant confirmation de celles de Louis XI (n° 529) qui exemptent les habitants d'Avignon et du Comtat-Venaissin d'exécution en vertu des lettres de marque qu'on pourrait avoir obtenues sur leurs biens dans le royaume et Dauphiné, etc. — XVIII. 25, 210.

A Paris, le 2 août 1484; vérif. à Paris par le gouverneur de la province sous le sceau du gouvernement le 12 s.

557. Lettres du roi portant révocation de toutes lettres de confirmation de don et aliénation du domaine faite depuis le règne de Charles VII, et de toutes les commissions adressées à des particuliers autres qu'aux officiers du parlement et chambre des comptes, etc. — XXVI. 18, 158.

A Montargis, le 27 décem. 1484; enreg. le 29 avr. 1485.

558. Edit du roi portant confirmation des priviléges des notaires et secrétaires du roi maison et couronne de France, et annoblissement desdits secrétaires, etc. — B. 184, 7°.

A Paris, en févr. av. Pâq. 1484/5.

559. Lettres portant réglement sur la police des gens de guerre, en plusieurs articles. — XVIII. 25, 195.

A Paris, le 11 févr. 1485.

560. Lettres du roi portant que les deniers provenants de la cinquième partie des revenus du domaine et tous les droits de lods et ventes seraient employés à réparer les places fortes sur les frontières de Dauphiné et au renouvellement du papier terrier pendant six ans, etc. — B. 254, 272.

A Rouen, le 25 avr. 1485.

561. Lettres du même portant réduction des monnaies étrangères sur le pied et valeur de celles de France, etc. — C. D.

A Blois, le 5 octob. 1485.

562. Autres sur le même fait, des 1ᵉʳ juin, 30 juil., 29 janv. et 4 mars 1487, 11 nov. et 15 déc. 1488, et 17 janv. 1490.

563. Edit du roi portant création de quatre conseillers ordinaires au parlement de Grenoble, avec suppression des extraordinaires. — Z. 8, 347 v°.

Au bois de Vincennes, en avril ap. Pâq. 1486.

564. Lettres du roi portant réduction des officiers ordinaires de la chambre des comptes de Dauphiné, au nombre ancien d'un président et deux maîtres ordinaires, auxquels il en ajoute un 3e pour être supprimé à la mort de l'un d'iceux. — Z. 8, 100. Même date ; vérif. le 5 sept. s.

565. Lettres du roi portant établissement de deux foires par an à Vienne, avec plusieurs priviléges y énoncés, etc. — B. 272, 200.

A Parthenay, en avr. 1486 ; enreg. le 5 janv. 1488.

566. Lettres du roi portant ordre au gouverneur, parlement et chambre des comptes de faire assembler les Etats, pour la levée de 500 hommes de pied que sa majesté demandait au sujet de la guerre contre Maximilien archiduc d'Autriche, etc.—C.D. A Troyes, le 14 juin 1486.

567. Lettres du roi portant défense de transporter du blé hors du royaume et Dauphiné, sous peine de confiscation, etc. — B. 178, 53.

A Compiègne, le 25 sept. 1486; enreg. le 12 oct. s.

568. Informations faites contre les Vaudois, avec les bulles du pape, les lettres du parlement, les procédures des commissaires et des inquisiteurs de la foi, etc. — XXVIII, 18. De l'an 1487.

569. Lettres du roi qui déclare que tout le cours de la rivière du Rhône est de la juridiction du royaume, et défense aux cours de Dauphiné d'y en exercer aucune, etc. — XVIII, 11. 103. A Paris, le 28 avr. 1488.

570. Lettres du roi portant abolition en faveur des Vaudois de la Vallouise et Valcluse, et main-levée de leurs biens confisqués pour fait d'hérésie, ensuite de leur abjuration et absolution, etc. — B. 297, 142.

A Chinon, en mars av. Pâq. 1488/9 ; enreg. le 28 avr. s.

571. Lettres du roi portant défense au trésorier de Dauphiné de distribuer aucuns deniers qu'en vertu d'acquit ou d'ordonnance expresse de sa majesté, et qu'en exécution des états du roi pour les dépenses ordinaires, etc. — B. 179, 1. A Amboise, le 3 juin 1489.

572. Lettres portant que les dons de lods, ventes et amendes ne seront vérifiés que pour la moitié, etc.—XVIII. 25, 207. A Amboise, le 12 juil. 1489: vérif. le 26 août s.

573. Lettres du roi portant commission au parlement et chambre des comptes pour faire exécuter les lettres ci-

devant données pour la réunion des biens du domaine aliénés, et nommément à l'égard des forêts dudit domaine, etc. — B. 289, 250.

À Amboise, le 9 sept. 1489 ; enreg. le 3 oct. s.

574. Lettres du même portant confirmation des priviléges du lieu de Saint-Etienne-de-Saint-Geoirs, avec les confirmations des rois et dauphins ses prédécesseurs, etc. — B. 284, 90.

A Lyon, en mars av. Pâq. 1489,90 ; enreg. le 10 déc. s.

575. Lettres du même portant confirmation des priviléges de la ville de Saint-Symphorien-d'Ozon, accordés par Amédée comte de Savoie et confirmés par Charles premier dauphin de France, à Pisançon le 22 août 1356, par Louis dauphin, à Valence le 16 févr. 1446 et à Romans le 15 févr. 1450, avec déclaration et ampliation desdits priviléges, etc. — B. 273, 477.

Même date ; enreg. le 20 mai 1495.

576. Lettres du roi portant rémission aux habitants de Dauphiné de tous les droits de plaid de muage encore dus à sa majesté pour raison du décès de ses aïeul et père, etc. — B. 179, 122 et 128.

A Lyon, le 18 mars av. Pâq. 1489; enreg. le 18 août 1493.

577. Lettres du roi portant commission pour faire la recherche et retirer tous les papiers et actes qui peuvent avoir été écartés concernant les droits du roi et du domaine, pour être déposés aux archives de la chambre ou portés au trésor de chartes, etc. — B. 178, 190.

A Amboise, le 20 avr. 1490 ; enreg. le 5 déc. 1491.

578. Lettres du roi portant qu'aucunes lettres de don ou rémission d'amendes ne seront vérifiées que pour la moitié, etc. — B. 178, 109.

A Tours, le 8 mai 1490 ; enreg. le 27 juin s.

579. Déclaration contenant que tous les receveurs des finances rendraient compte de leur administration et que les reliquats de leurs comptes seraient employés au rachat du domaine, et ordonne à la chambre des comptes de ne vérifier aucunes lettres de don desdits reliquats au cas qu'il en eut été obtenu, etc. — XVIII. 25.

Aux Montils-lez-Tours, le 12 juil. 1490.

580. Lettres patentes du roi portant nouvelle injonction de réunir toutes les terres domaniales aliénées pour quel-

que cause que ce soit, etc. — XXVI. 18, 251.

Aux Montils, le 12 juil. 1490 ; enreg. le 18 déc. s.

581. Lettres du roi portant que la baronnie de Chalancon et la terre de Baix-sur-Baix, avec toutes les autres terres situées en Vivarais et Vélay, dépendantes autrefois du comté de Valentinois, seraient régies et administrées pour la justice par des officiers delphinaux établis par le parlement de Dauphiné et nommément par un juge supérieur, auquel ressortiraient tous les autres juges desdites terres, et icelui juge ressortirait toutefois ès causes d'appel au sénéchal de Beaucaire et parlement de Toulouse, et que pour la recette des droits desdites terres les comptes en seraient rendus en la chambre des comptes de Dauphiné, comme étant du domaine delphinal, etc.; suivent quatre autres lettres sur le même fait. — B. 290, 73.

Aux Montils, le 12 juil. 1490.

582. Autres lettres portant ordre au juge de Chalancon de faire publier que tous les seigneurs de sa juridiction en Vivarais et en Vélay eussent à rendre hommage à sa majesté comme dauphin et comte de Valentinois, etc. — B. 290, 99. A Tours, le 15 juil. 1490.

583. Lettres du roi portant confirmation des transactions faites entre les évêques et Humbert dauphin en 1343, et confirmées depuis par le roi Jean, au nom de Charles dauphin son fils, en 1354 et ensuite par les rois Charles V et Charles VI. — B. 307, 423. A Grenoble, en novem. 1490.

584. Lettres portant confirmation des priviléges de la ville de Romans, etc. — B. 285, 52.

A Lyon, en nov. 1490; vérif. le 21 févr. 1492.

585. Lettres du roi portant établissement de trois foires par an à Saint-Donat, etc. — B. 283, 277.

A Lyon, en décem. 1490; vérif. le 15 juin 1492.

586. Arrêt du parlement sur la requête des procureur et avocat généraux, portant réglement sur les fonctions des greffiers dudit parlement dans les causes domaniales et qui intéressent le roi, etc.—B. 178, 162. Du 31 octob. 1491.

587. Lettres du roi portant création d'un greffier secrétaire seul et particulier des causes domaniales tant criminelles qu'autres, à la poursuite du procureur général en la cour de parlement de Dauphiné, etc. — Z. 8, 246.

A Paris, le 8 mars av. Pâq. 1491/2 ; enreg. le 4 sept. s.

588. Lettres du roi en exécution de la Pragmatique-Sanction, portant qu'aucun étranger ne pourra posséder des bénéfices en Dauphiné s'il n'a permission du roi ou lettres de naturalité vérifiées en la chambre des comptes, etc. — C. D. A Marcoussis, le 19 juil. 1492.

589. Ordonnance du roi pour faire payer aux officiers du parlement les entrées de l'après-dîner sur le fonds des amendes lorsqu'ils vaqueront aux affaires, avec ordre à la chambre d'en expédier les *debentur*, etc. — B. 178, 141. Au Bourget-lez-Saint-Denis, le 5 mars av. Pâq. 1492/3.

590. Arrêt du parlement en confirmation d'une précédente ordonnance, qui enjoint aux greffiers des appellations de remettre en la chambre des comptes les jugements rendus au profit du domaine par les juges ordinaires, à peine de 100 l. t. etc. — B. 179, 112. Du 16 mars 1493.

591. Ordonnance du roi portant ordre aux juges et gouverneurs des places, chacun en sa juridiction, de garantir le peuple des violences des gens de guerre et autres vagabonds, qu'ils les puniront et prendront pour cet effet certain nombre de nobles à cheval et des gens de pied selon le besoin et les occasions, lesquels nobles seront exempts de l'arrière-ban et les autres des tailles, etc. — B. 178, 195. A Paris, le 6 juil. 1493.

592. Lettres portant règlement pour les monnaies et ordre à tous les orfèvres de faire leurs ouvrages au même titre que ceux de Paris, lequel y est expressément désigné, etc. — C. D. A Orléans, le 31 août 1493.

593. Déclaration du roi contre les blasphémateurs et contre ceux qui usent de sciences prohibées par l'Eglise, sous les peines y portées, etc. — B. 178, 181 bis.
Aux Montils-lez-Tours, en déc. 1493; enreg. le 19 mars s.

594. Ordonnance du parlement portant défense aux juges royaux d'exercer aucuns offices de judicatures des seigneurs bannerets, etc. — B. 266, 372. Du 4 déc. 1493.

595. Déclaration du roi qui défend d'exercer ensemble les charges de conseiller et avocat général, et donne à Geoffroy Carles celle de conseiller que possédait l'avocat général du parlement, etc. — Z. 8, 310.
A Moulins, le 28 févr. av. Pâq. 1493/4; enreg. le 9 avr. s.

596. Lettres du roi portant commission de vendre et aliéner plusieurs terres du domaine y énoncées, pour les

frais de la guerre du royaume de Naples, etc. — XXV. 6, 197. A Lyon, le 11 août 1494.

597. Lettres du roi qui fixe les officiers de la chambre des comptes à un président et deux auditeurs, supprimant le 3°, etc. — XXV. 6, 100.

A Grenoble, le 28 août 1494 ; enreg. le 14 oct. s.

598. Arrêt du parlement qui attribue au juge des appellations les droits du sceau de sa juridiction pour ses gages, à quelque somme qu'ils puissent aller, sans les mettre aux enchères, etc. — B. 179, 3.

A Grenoble, le 14 novem. 1495.

599. Lettres portant confirmation des priviléges de La Buissière, accordés par Guigues dauphin le 27 sept. 1325 et confirmés par Louis XI en févr. 1480. — B. 256, 451.

A Lyon, en novem. 1495 ; enreg. le 26 janv. s.

600. Lettres du roi portant confirmation des priviléges accordés au bourg de Voreppe par Jean dauphin, par lettres données à Moirans le samedi après Noël 1314, et confirmés par Louis XI à Paris en sept. 1465. — B. 256, 465.

Même data ; vérif. le 5 nov. 1496.

601. Lettres du roi portant surséance de toute sorte de dons et engagements faits par sa majesté à son retour de Naples, tant sur le domaine qu'ailleurs, jusqu'à ce que autrement fut ordonné, etc. — B. 179, 3 v°.

A Lyon, le 2 décem. 1495 ; enreg. le 17 s.

602. Lettres du roi portant concession de plusieurs priviléges à la ville de Lyon et à ses habitants, ensemble les remontrances du procureur général de Dauphiné à l'égard des prétendues exemptions pour les fiefs par eux possédés en Dauphiné comme non compris dans lesdits priviléges, avec l'arrêt de modification desdites lettres rendu en parlement à la réquisition dudit procureur général. — B. 273, 225. A Lyon, en décem. 1495 ; enreg. avec modification le 21 juil. s.

603. Lettres portant défense de chasser en Dauphiné et principalement dans les mandements de Saint-Symphorien et de La Tour-du-Pin, etc. — B. 179, 107.

A Lyon, le 17 mai 1496.

604. Lettres portant défense à tous marchands de transporter des marchandises hors du royaume sur le Rhône et sur la Saône pendant les 15 jours avant et après les

foires de Lyon, etc. — B. 273, 220.

A Lyon, le 14 novem. 1496 ; enreg. le 18 janv. s.
605. Ordonnance du roi, à la réquisition des habitants du Briançonnais, qui taxe ce que devaient payer les gens de guerre à pied et à cheval passants par ledit pays, etc. — B. 179, 109 v°.   A Lyon, le 19 janv. av. Pâq. 1496/7.
606. Lettres du roi portant érection de la terre d'Uriage en titre de baronnie, etc. — B. 203, 51.

A Lyon, en février av. Pâq. 1496/7.
607. Lettres du roi portant confirmation des priviléges de la ville de Bourgoin, concédés par Humbert 1er dauphin le 6 des ides d'août 1292. — B. 273, 257.

A Lyon, en mai 1497, enreg. le 4 juin s.
608. Arrêt du parlement de Grenoble portant que les prévenus qui auraient été condamnés par les juges royaux à des amendes pécuniaires et qui auraient appelé de leurs jugements, seraient tenus de faire vider leur appel dans 15 jours, autrement contraints, etc. — B. 179, 123, 133 et 322.   A Grenoble, le 4 juin 1497.
609. Lettres de cachet du roi portant ordre au parlement de lui envoyer au vrai quels pouvoir, droits, prééminence, fonctions, etc. avaient les gouverneurs et lieutenants du roi de la province, etc. — B. 182, 8.
610. Suit un dénombrement de tous les gouverneurs depuis le transport, avec un mémoire contenant le détail de leur pouvoir, droits, etc., ensemble l'avis dudit parlement.
611. Rôle de tous les officiers royaux de la province, comme baillis, juges, châtelains, etc., outre ceux du parlement, chambre des comptes et trésoriers, avec les gages attribués à chaque office, etc. sous le règne de Charles VIII. — B. 185, 33 bis.

LOUIS XII
DEPUIS 1498 JUSQU'EN 1514.

612. Lettres patentes du gouverneur de Dauphiné portant confirmation de l'huissier du parlement de Grenoble en l'exercice de sa charge, après le décès du roi Charles VIII. — Z. 9. 6.

A Laon en Picardie, le 31 mai 1498 ; enreg. le 3 juil. s.

613. Lettres patentes du roi Louis XII portant confirmation du secrétaire delphinal et greffier patrimonial civil et criminel en l'exercice de sa charge, etc. — Z. 9, 9. A Compiègne, le 10 juin 1498; enreg. le 4 juil. s.

614. Lettres patentes du roi portant confirmation des officiers de la chambre des comptes de Dauphiné en l'exercice de leurs charges, à son avénement à la couronne, etc. — Z. 9, 12 v°. Même date ; enreg. le 9 juil. s.

615. Edit portant réglement sur les cours des monnaies dont il déclare les espèces, le poids et la valeur, avec défense de donner un plus haut prix au marc d'or et d'argent que celui desdites monnaies, et d'exercer le change sans lettres de sa majesté vérifiées par les généraux des monnaies. — XVIII. 25, 270.

A Paris, le 4 juil. 1498 ; enreg. et publié le 14 déc. s.

616. Ordonnance du roi portant réglement pour la police des gens de guerre, contenant plusieurs articles, etc. — B. 179, 177. A Paris, le 27 juil. 1498.

617. Lettres portant rémission aux habitants de Dauphiné des droits de plaid ou muage dus à sa majesté à cause du décès de Charles VIII, etc. — B. 179, 143.

Même date ; enreg. le 13 déc. s.

618. Lettres patentes du roi portant confirmation générale de tous les officiers du parlement de Dauphiné en l'exercice de leurs charges, etc. — Z. 9, 97.

A Etampes, le 18 août 1498.

619. De suite plusieurs autres lettres patentes portant confirmation en particulier des officiers tant supérieurs que subalternes, les unes données par le roi et les autres par le gouverneur de la province, etc.

620. Lettres du roi portant réglement sur le fait des finances et pour l'administration d'icelles en Dauphiné, conformément aux lettres de Charles VIII, etc. — B. 274. 310 ; B. 179, 173.

A Blois, le 19 novem. 1498; enreg. le 20 avr. s.

621. Lettres patentes du roi en forme d'édit portant que les lettres de don sur le revenu du domaine et sur quelconques droits seigneuriaux ci-devant octroyés et à l'avenir ne seront vérifiées que pour la moitié du don, etc. — B. 179, 198.

A Angers, le 5 févr. av. Pâq. 1498,9 ; enreg. le 12 mars s.

622. Lettres du roi portant pouvoir au parlement de choisir trois sujets capables, pour être présentés à sa majesté pour remplir les places de conseiller, toutes les fois qu'elles viendraient à vaquer, etc. — B. 179, 164 v°.

A Blois, le 9 mai 1499.

623. Ordonnance du roi en confirmation de celles de ses prédécesseurs contre les blasphémateurs, etc. — B. 178, 97.

A Paris, le 1" décem. 1499.

624. Lettres du roi portant démembrement du comté d'Asti en Piémont de la juridiction du sénat de Milan, et qui ordonne que les habitants dudit pays ressortiront par appel au parlement de Grenoble, etc. — B. 298, 13.

A Blois, en sept. 1500 ; enreg. le 26 mai s.

625. Arrêt du parlement de Grenoble portant défense d'acquérir des rentes à prix d'argent sur des fonds, et plusieurs autres articles sur ce fait. etc. — B. 179, 235.

Publié en audience le 20 août 1501.

626. Arrêt de la chambre des comptes portant évaluation des 200 florins d'or attribués pour gages à chaque conseiller du conseil delphinal lors de son institution, laquelle évaluation est réglée à 40 sols 3 pites par florin pour le temps courant, etc. — B. 178, 142.

Du 16 novem. 1501.

627. Lettres du roi portant établissement de trois foires par an au lieu de Montbonnot. — B. 257, 116.

A Lyon, en juin 1502; enreg. le 7 juil. s.

628. Lettres du roi portant ordre à la chambre des comptes de faire rendre compte aux châtelains ou à leurs cautions de tout le passé et à l'avenir deux mois après l'année finie, etc. — B. 179, 282.

A Lyon, le 9 juin 1503.

629. Lettres du roi portant ordre au trésorier général de Dauphiné de payer aux officiers du parlement la somme de 1756 l. t., pour remboursement de pareille somme que sa majesté avait fait prendre pour les affaires de la guerre sur le fonds de quelques consignations faites pour procès pendant en ladite cour, etc. — B. 179, 286.

A Lyon, le 2 novem. 1503.

630. Lettres du roi portant ordre à la chambre des comptes de dresser un état des fiefs et arrière-fiefs sujets à l'arrière-ban, avec le nom des possesseurs d'iceux ; où

est une instruction envoyée par la chambre à tous les baillis et officiers pour parvenir auxdites fins, etc. — C. D. A Lyon, le 2 décem. 1503.

631. Lettres du roi en faveur des fermiers du tirage du sel, qu'il met sous la protection du parlement contre les entreprises de plusieurs seigneurs particuliers à raison des droits de péage, et attribue audit parlement la connaissance des causes concernant ledit tirage, etc. — XVIII. 25, 327. A Pontleury, le 2 avril 1505 ; enreg. le 30 mai s.

632. Arrêt du parlement portant défense au vibailli de juger aucun procès où il s'agira de l'intérêt du roi, sans appeler le procureur fiscal audit siége ou son substitut, avec injonction aux greffiers de remettre lesdits procès audit procureur fiscal, à peine etc. — B. 179, 302. Du 10 mai 1505.

633. Lettres en faveur du s^r de Clermont, élu archevêque de Vienne après le décès de l'archevêque Angelo Catho, par lesquelles sa majesté lui adjuge le possessoire de l'archevêché, conformément aux priviléges de l'église Gallicane, et ordonne que le pétitoire sera jugé en première instance en Dauphiné contre les prétentions de la cour de Rome, etc. — XVIII. 25, 309.
 A Blois, le 10 juin 1505 ; enreg. le 23 s.

634. Lettres du roi portant ordre au gouverneur, aux présidents du parlement et chambre des comptes, etc. de faire assembler les Etats et leur demander à son nom une aide de 200,000 liv., etc. — C. D.
 Aux Montils-lez-Tours, le 16 juil. 1506.

635. Lettres portant défense de transporter des grains hors de la province, etc. — XVIII. 25, 342.
 A Blois, le 8 novem. 1507.

636. Suivent autres lettres de même en confirmation des précédentes (n° 635). A Mehun, le 12 févr. av. Pâq. 1507/8.

637. Lettres du roi portant ordre à la chambre des comptes de Paris d'allouer dans les comptes du trésorier général de Dauphiné la somme de 2,086 l. 12 s. 1 d. pour la crue des gages des officiers du parlement de Grenoble des années 1503, 1504, 1505 et 1506. — B. 179, 333.
 A Lyon, le 22 mai 1508.

638. Lettres du roi qui permet le cours des monnaies d'Avignon y spécifiées dans le royaume et Dauphiné, etc. — XVIII. 25, 349. A Lyon, le 21 juin 1508.

639. Lettres du roi portant suppression de la cour des appellations et nullités dans la province de Dauphiné, dont il attribue la connaissance au parlement, et création d'un conseiller extraordinaire audit parlement en faveur du juge desdites appellations, pour être supprimé au premier vacant, dont il sera pourvu, etc., avec lettres de jussion. — Z. 9, 506. A Blois, le 26 août 1508; enreg. le 24 déc. 1509.

640. Lettres du roi portant rétablissement de la charge de contrôleur général des finances du domaine en Dauphiné et fonctions d'icelui, etc. — Ibid., 510.
A Blois, en octob. 1510; enreg. le 10 déc. s.

641. Lettres du roi portant création d'un conseiller ordinaire au parlement et suppression du premier vacant, etc. en faveur du s' Morard, pour récompense de ses services. Ibid., 511. — A Grenoble, le 26 mai 1511 ; enreg. le 30 s.

642. Lettres du roi portant ordre au gouverneur de la province de convoquer le ban et arrière-ban, pour être employé où besoin serait, etc. — B. 179, 377.
A Beauvais, le 2 août 1513.

643. Lettres du roi portant commission au lieutenant du roi de la province et aux premiers présidents du parlement et chambre des comptes, de procéder à l'aliénation des aides et gabelles à concurrence de 20,000 liv. pour les frais de la guerre contre les Suisses, Anglais et autres, etc. — XXV. 6, 274.
A Blois, le 27 janv. 1513/4; enreg. le 2 mars s.

644. Arrêt du parlement de Grenoble qui déclare ceux qui doivent jouir de l'exemption du droit du sceau, etc.— B. 180, 4.   Du 16 février 1514.

FRANÇOIS I"

DEPUIS 1515 JUSQU'A 1547.

645. Lettres patentes du roi portant confirmation des officiers du parlement en l'exercice de leurs charges à son avénement à la couronne. — Z. 10, 8.
A Paris, le 7 janv. 1514/5 ; vérif. le 26 mars s.

646. Lettres du roi portant confirmation des officiers de la chambre des comptes en l'exercice de leurs charges, etc. — Ibid., 24.   Même date ; vérif. le 2 avr. s.

647. Ordonnance du roi contenant réglement pour les

gens de guerre de son ordonnance, en plusieurs articles, etc. — B. 180, 84.

    A la Ferté-sous-Jouarre, le 20 janv. 1514/5.

648. Lettres portant confirmation des priviléges de Dauphiné, etc. — B. 308, 41.   A Paris, en févr. 1514/5.

649. Lettres patentes du roi portant confirmation des priviléges de la ville de Montélimar, confirmés par lettres patentes de Louis XI, données à Montélimar le 30 mai 1447. — B. 288, 379 fin.

    A Paris, en mars 1514/5 ; vérif. le 21 m. 1515.

650. Lettres du roi par lesquelles sa majesté établit régente du royaume la duchesse d'Angoulême et d'Anjou, sa mère, pendant son expédition dans le Milanais contre Maximilien Sforce, duc de Milan, etc. — B. 180, 88.

    A Lyon, le 15 juil. 1515 ; vérif. le 26 nov. s.

651. Lettres du roi portant défense à tous marchands et bateliers conduisant du sel sur la rivière d'Isère, de continuer à le vendre en sac et sans l'avoir mesuré à la mesure du pays, etc. — B. 181, 323.

    A Amboise, le 10 décem. 1516 ; enreg. le 8 janv. s.

652. Lettres portant ordre au gouverneur de la province, au parlement et chambre des comptes, de réunir au domaine toutes les terres aliénées par ses prédécesseurs, etc. — XXVI. 27, 1er.   A Paris, le 30 janv. 1516/7.

653. Lettres du roi portant défense de faire entrer dans le royaume et Dauphiné aucuns draps d'or, d'argent, velours, satins, taffetas, damas, etc., à peine de confiscation, etc. — B. 180, 98.   A Paris, le 18 févr. 1516/7.

654. Lettres du roi portant ordre au gouverneur et aux baillis de la province de faire proclamer les défenses de publier aucunes indulgences que celles du jubilé accordé par le pape pour une croisade dont le roi devait être le chef, etc. — C. D.   A Compiègne, le 4 juin 1517.

655. Edit du roi portant révocation de tous dons et aliénations du domaine et réunion d'icelui, à la réserve des terres aliénées pour les frais de la guerre, etc. — C. D.; XXV. 6, 281.   A Amboise, le 13 décem. 1517.

656. Edit du roi portant confirmation des priviléges accordés par Louis XI en 1482 au collége des notaires et secrétaires maison et couronne de France ; enreg. sans toutefois préjudicier aux droits des secrétaires des cours

de parlement et chambre des comptes, etc. — B. 184, 7.

A Paris, en décem. 1518.

657. Edit du roi portant réglement sur le fait des eaux et forêts dans cette province, avec ordre aux officiers du parlement et chambre des comptes d'y tenir la main, etc. — C. D. A Paris, en janv. av. Pâq. 1518/9.

658. Lettres patentes du roi portant confirmation des priviléges de la ville de Saint-Symphorien-d'Ozon, etc. — B. 273, 477. A Saint-Germain-en-Laye, en avr. av. Pâq. 1518/9; enreg. le 12 juil. s.

659. Lettres du roi portant commission au lieutenant du du roi, aux présidents du parlement et chambre des comptes et autres y nommés d'aliéner pour 6000 liv. de revenu des terres du domaine delphinal, à faculté de rachat perpétuel, etc. — C. D. A Saint-Germain, le 1er mai 1519.

660. Arrêt du parlement réglant la manière d'exiger et lever la gabelle et péage dans le Briançonnais. — B. 298, 221. A Grenoble, le 22 novem. 1519.

661. Lettres patentes en forme d'édit portant que, nonobstant les remontrances du procureur général et pour cette fois seulement, sa majesté veut que le sieur de Maugiron jouisse de la terre de Beauvoir-de-Marc conformément aux lettres particulières à lui accordées, et qu'à l'avenir il ne sera procédé à aucun démembrement du domaine si ce n'est en cas d'aliénation pour urgentes affaires, et casse dès lors tout ce qui pourrait être obtenu par importunité contraire au présent édit, etc. — XXV. 6, 287 fin. A Cognac, le 25 févr. av. Pâq. 1519/20 ; enreg. le 23 mars s. après plusieurs jussions.

662. Edit contenant les priviléges attribués aux officiers des chambres des comptes du royaume, etc. — Z. 15; B. 204, 1er. A Blois, en avr. av. Pâq. 1519/20.

663. Lettres du roi portant ordre de faire une recherche générale et exacte de toutes les acquisitions faites par les gens d'Eglise et de mainmorte en Dauphiné, avec les instructions envoyées de la Cour pour y procéder, et ordre à la chambres des comptes de donner son avis, etc. — B. 180, 101. A Saint-Germain, le 6 sept. 1520.

664. Lettres patentes du roi portant défense d'apporter aucun empêchement à ceux qui font travailler aux mines ouvertes ou à ouvrir, avec permission du roi, en payant

la dixième, etc. — B. 182, 9.

A Fontainebleau, le 17 octob. 1520.
665. Lettre de la chambre des comptes contenant un avis sur l'usage qui a été observé de tout temps à cet égard dans la province, etc. — (A la suite du n° 663).

Du 6 févr. 1521.
666. Lettres du roi portant aliénation du domaine, aides et gabelles jusqu'à la somme de 197,500 liv., à faculté de rachat perpétuel, pour la défense du royaume, avec les lettres de commission pour procéder à l'aliénation de 6000 l. sur la province pour tout son contingent, en exécution desdites lettres, etc. — XXV. 7, 10.

A Dijon, le 29 mai 1521 ; enreg. le 31 juil. s.
667. Autres lettres de commission pour aliéner du revenu delphinal jusqu'à la somme de 50,000 liv., outre les 6000 l. ci-dessus, pour les frais de la guerre, aux mêmes conditions de rachat perpétuel, etc. — Ibid.

A Argilly, le 8 juil. 1521 ; enreg. le 5 août s.
668. Lettres patentes du roi en forme d'édit, portant que les greffes et sceaux des bailliages, sénéchaussées, prévôtés et autres juridictions ne seront plus baillés à ferme, mais seront érigés en titre d'office. — B. 181, 306.

Même date ; vérif. le 30 s.
669. Lettres du roi portant commission pour aliéner du domaine de Dauphiné jusqu'à la somme de 30,000 liv., outre les sommes précédentes, à raison de 10 pour 100, à faculté de rachat perpétuel, etc. — XXV. 7, 32.

A Autun, le 11 août 1521 ; enreg. le 28 sept. s.
670. Autres lettres portant commission aux commissaires et autres officiers de justice d'acquérir des terres du domaine, nonobstant les dépenses portées par les édits, etc. — De suite. A Autun, le 11 août 1521.
671. Lettres de provision de l'un des deux offices de maître auditeur ordinaire, nouvellement créés, etc. — Z. 10, 53. A Troyes, le 30 août 1521 ; enreg. le 3 oct. s.
672. Provision du 2me office de maître auditeur de la nouvelle création. — Ibid., 57.

A Troyes, le 1er sept. 1521 ; enreg. le 3 oct. s.
673. Lettres portant création de quatre conseillers au parlement de Grenoble, aux mêmes gages que les autres, etc. — Ibid., 55. Même date; enreg. le 1er oct. s.

674. Lettres par lesquelles sa majesté crée et fait conseiller au parlement l'évêque de Grenoble, à l'instar de celui de Paris qui était conseiller au parlement de Paris à raison de son évêché, etc. — Ibid., 63.

A Compiègne, le 3 déc. 1521. vérif. le 17 s.

675. Lettres patentes du roi portant création d'un général des monnaies en Dauphiné, ses droits et fonctions, etc. — B. 180, 134.

A Saint-Germain, le 11 janv. av. Pâq. 1521/2.

676. Lettres portant commission pour aliéner du domaine de Dauphiné ou vendre en constitution de rente, à concurrence de 40,000 liv., à faculté de rachat perpétuel, etc. — C. D. A Lyon, le 8 mai 1522.

677. Lettres du roi portant commission à la chambre des comptes de faire payer pour tout le passé les droits d'amortissement de toute sorte d'acquisitions faites par les communautés tant laïques qu'ecclésiastiques et autres, avec faculté à toute sorte de personnes d'amortir pour l'avenir tout ce qu'ils pourraient posséder en fief, en censive ou roturier à raison de l'incapacité, en payant pour une fois la finance qui serait réglée par ladite chambre. — B. 183, 103. A Blois, le 7 août 1522.

678. Lettres portant qu'outre les aliénations ci-devant ordonnées, il serait vendu et aliéné du domaine de Dauphiné jusqu'à la somme de 70,000 liv. tournois, à faculté de rachat perpétuel, à raison de 10 pour 100, etc. — XXV. 7, suite de 32.

A Saint-Germain, le 30 sept. 1522; enreg. le 29 oct. s.

679. Lettres du roi portant suppression de l'office de conseiller au parlement, dont avait joui François Marc, et des trois premiers vacants par mort, comme aussi du premier vacant des trois auditeurs et du 2ᵉ président créé depuis peu en la chambre des comptes, pour réduire le tout au nombre ancien et ordinaire, etc. — B. 180, 132.

A Paris, le 12 janv. 1522/3; enreg. le 19 févr. s.

680. Lettres du roi qui permet aux communautés aliénées de se racheter en remboursant les acquéreurs de leurs propres deniers, et commission au président et à trois maîtres des comptes de procéder audit rachat, etc.— B. 180, 133. A Paris, le 22 janv. 1522/3; enreg. le 19 févr. s.

681. Lettres portant ordre au général des finances de

Dauphiné, Provence et Languedoc de faire délivrer aux officiers du parlement et chambre des comptes de Grenoble du sel pour leur provision franc du droit de gabelle, etc. — B. 180, 144. A Paris, le 5 févr. 1522/3.

682. Lettres du roi portant commission au parlement et chambre des comptes pour contraindre le receveur général de la province à donner caution de sa recette jusqu'à la somme de 15,000 liv., avec injonction de faire sa recette au comptoir et lieu accoutumé et y tenir ses registres pour être contrôlés, etc. — B. 180, 135.
A Saint-Germain, le 9 fév. 1522/3.

683. Lettres du roi portant que sur chaque muid de sel venant de Languedoc en Dauphiné il serait pris pendant quatre ans 7 l. 10 s. pour être employés au payement des gages des cours souveraines de la province, etc. — B. 180, 136. A Saint-Germain, le 20 févr. 1522/3.

684. Réglement fait par les gens des trois Etats, du consentement du trésorier de la province, pour les vacations des sergents par lui employés pour la recette des deniers royaux, avec l'arrêt d'homologation du parlement à la requête du procureur du pays, du 22 avr. 1524. — B. 181, 10. A Grenoble, en févr. 1523.

685. Lettres patentes du roi portant qu'aucuns débiteurs par obligation ni leurs héritiers ne pourront être reçus opposants contre ladite obligation, qu'en consignant les sommes portées par icelles à la forme du droit commun de la province, etc. — B. 181, 318.
A Saint-Germain, le 20 avr. 1523; vérif. le 23 juin s.

686. Edit portant création de deux huissiers au parlement, outre les deux anciens, etc. — C. D. En juin 1523.

687. Lettres patentes du roi par lesquelles il établit la duchesse d'Angoulême, sa mère, régente dans le royaume en son absence, pendant son expédition en Italie pour le recouvrement du duché du Milan, etc. — B. 181, 17.
A Gien-sur-Loire, le 12 août 1523; enreg. le 31 janv. 1525.

688. Lettres du roi portant ordre à tous les receveurs généraux de France d'apporter le fonds de leur recette au château de Blois entre les mains du trésorier de l'épargne ou à ses commis, à l'exception du fonds destiné pour les gages des officiers, aumônes et autres portés par

les états, etc. — B. 180, 145. A Lyon, le 15 novem. 1523.

689. Edit sur la réformation des finances et la forme de la recette qui en doit être faite par les receveurs généraux et particuliers, pour être ensuite les deniers portés entre les mains du trésorier de l'épargne, etc. — B. 180, 151. A Blois, le 28 décem. 1523.

690. Réglement fait par le parlement de Dauphiné, portant que les officiers royaux et principalement les secrétaires dudit parlement ne seraient plus nommés au consulat à l'avenir, pour n'être pas détournés de leurs fonctions. etc. — B. 181, 20. A Grenoble, le 20 déc. 1524.

691. Lettres patentes de la duchesse d'Angoulême, mère du roi et régente, portant provision de l'un des deux offices d'huissier créés par le roi dans le parlement de Dauphiné ; avec des lettres de jussion dudit roi du 26 juil. 1526, données à Paris, etc. — Z. 11, 3. A Saint-Just-sur-Lyon, le 26 févr. av. Pâq. 1524/5; enreg. le 28 nov. 1527.

692. Lettres de la duchesse d'Angoulême, régente, en confirmation de celles du roi du 9 févr. 1522, portant que le trésorier général ne pourra faire sa recette que dans le comptoir à ce destiné en la trésorerie de Grenoble, et défend en outre aux s^{rs} Aymar de la Colombière et François son fils, pourvu en survivance, d'exercer tous deux conjointement ledit office. etc.— B. 181, 32.
A Montélimar, le 26 août 1525.

693. Lettres de la même portant permission de prendre en Dauphiné du bois et autres choses nécessaires pour la construction de quatre galères, etc. — B. 181, 33.
A Lyon, le 30 octob. 1525 ; enreg. le 18 nov. s.

694. Lettres de Louise, mère du roi, régente qui réunit au domaine delphinal les offices du greffe du bailliage du Viennois, etc. — Z. 18, 41.
A Saint-Just-sur-Lyon, le 6 décem. 1525.

695. Lettres du roi portant que les gages des officiers du parlement, chambre des comptes et autres officiers de la province seraient payés par le trésorier général de ladite province, sans autre mandement ainsi qu'avant l'ordonnance de Blois, etc.— B. 181, 329 ; B. 182, 1 et 16.
A Saint-Germain, le 10 janv. av. Pâq. 1525/6 ;
enreg. le 8 mars s.

696. Déclaration portant que sa majesté pourra racheter

en remboursant, les biens dépendants du domaine que les acheteurs auraient pu acquérir par droit de prélation, etc. — B. 181, 288.

A Amboise, le 22 août 1526; enreg. le 7 janv. s.

697. Lettres du roi portant que les officiers pourvus par sa majesté ou par ses prédécesseurs dans les terres du domaine ne seraient point destitués par les acquéreurs, quoique lesdites terres eussent été aliénées ou transportées, etc. — B. 181, 327. A Saint-Germain. le 27 janv. av. Pâq. 1526,7 ; enreg. le 18 mars s.

698. Déclaration du roi portant permission aux communautés et habitants des lieux et châtellenies du domaine aliéné à faculté de rachat, de rembourser le prix des ventes et jouir de tous les revenus, et au cas que ledit rachat ne se fit que pour la moitié le fonds de l'autre moitié sera fourni des deniers du roi auquel la justice appartiendra dans tous lesdits cas, etc. — B. 184, 54 du 2ᵉ. A Saint-Germain, le 27 janv. av. Pâq. 1526/7.

699. Lettres de provision de la 2ᵉ charge d'huissier au parlement nouvellement créée, etc. — Z. 11, 4. A Saint-Germain, le 20 mars av. Pâq. 1526,7; enreg. le 20 avr. 1528.

700. Lettres du roi portant qu'il sera pris par emprunt la moitié des gages des officiers du parlement, chambre des comptes et autres officiers de Dauphiné, pour subvenir aux grands frais que le royaume avait à supporter après la délivrance de sa majesté et son retour de Madrid, etc. — B. 181, 322.

A Saint-Germain le 25 mars av. Pâq. 1526/7.

701. Lettres du roi portant commission à la chambre des comptes de Grenoble de taxer les officiers de la province qui n'avaient gages du roi, chacun à la 8ᵉ du prix de leurs offices, avec la manière d'exiger ladite taxe, et ce pour la même fin que la précédente, etc. — B. 181, 310.

A Saint-Germain, le 6 avr. av. Pâq. 1526/7.

702. Lettres du roi portant défense au grand prévôt des maréchaux de France résidant à Paris et à ses lieutenants d'exercer aucunes fonctions en Dauphiné, attendu les priviléges des sujets du pays de ne pouvoir être poursuivis ailleurs que devant les tribunaux de ladite province, etc. — B. 181, 299. A Compiègne, le 19 sept. 1527.

703. Lettres portant ordre au bailli de Viennois de faire

publier dans son ressort que tous ceux qui devaient des lods, ventes et autres droits à sa majesté eussent à les déclarer dans trois mois. — Z. 18, 37.

A Paris, le 4 octob. 1529 ; enreg le 24 nov. s.

704. Lettres du roi portant ordre au parlement de Grenoble de faire publier et enregistrer le concordat fait avec le pape Léon X.— C. D. A Blois, le 22 févr. av. Pâq. 1529/30.

705. Lettres du roi portant établissement d'un marché pour tous les samedis dans la ville d'Oulx, etc. — B. 299, 41 et 52. A Blois, en mars av. Pâq. 1529/30.

706. Edit portant que les ventes et adjudications faites des terres, faute de payement des lods dus à sa majesté, ne pourront être révoquées en vertu de substitution desdites terres, etc. — C. D. A Saint-Chef, le 13 avril 1530.

707. Lettres du roi portant création d'un quatrième office de secrétaire dans la chambre des comptes, etc. — Z. 11, 105. A Angoulême, le 1er mai 1530.

708. Lettres du roi portant défense à tous marchands de vendre aux foires de Lyon des drogues et épiceries chargées de gomme, terre, et à ceux de cette province d'y en acheter de cette qualité, etc. — B. 183, 113 v°.

A Bordeaux, le 18 juin 1530.

709. Lettres de jussion pour l'enregistrement de l'édit de création d'un 4e secrétaire en la chambre des comptes. — C. D. A Cognac, le 1er août 1530.

710. Lettres du roi qui nomme des commissaires pour faire la recherche de tous les biens du domaine qui pourraient avoir été aliénés, ensemble du prix de ladite aliénation, pour ensuite procéder à la réunion,—XXVI. 38,73.

A Paris, le 21 décemb. 1530.

711. Une lettre missive du roi au général des finances de Languedoc, Provence et Dauphiné, portant ordre audit général d'envoyer aux commissaires députés à la chambre du conseil à Paris un état de toutes les communautés, châtellenies, terres, seigneuries, etc. du domaine aliéné par sa majesté ou par ses prédécesseurs, avec les noms des possesseurs, le sujet desdites aliénations, depuis quel temps, etc.—Ibid., 211. A Paris, le 22 janv. 1530/1.

712. Lettres patentes portant commission au prévôt des maréchaux de la province pour l'exécution des ordonnances sur le fait de la chasse, sans toutefois déroger au

droit des maîtres des eaux et forêts, avec lesquels ledit prévôt procèdera conjointement à la punition des infracteurs desdites ordonnances, etc. — B. 183, 104.

A Paris, le 27 févr. 1530/1.

713. Lettres patentes portant que tous les officiers des châtellenies domaniales aliénées pour les frais de la guerre et aux officiers desquels les seigneurs engagistes auraient pourvu, seraient rétablis aussitôt que ledit domaine aurait été racheté, etc. — B. 183, 142.

A Paris, le 28 mars av. Pâq. 1530/1.

714. Lettres du général des finances de Languedoc, Provence et Dauphiné portant commission à Soffroy de Chaponay d'envoyer une instruction touchant les terres et droits aliénés du domaine en Dauphiné, en conséquence des lettres de commission à des officiers de Paris pour la recherche des droits aliénés, données à Paris le 9 déc. 1530, et d'une lettre missive du roi audit général (n° 711). — XXVI. 38, 87.
Du 11 févr. 1531.

715. Autres lettres du même portant commission à un secrétaire de la chambre des comptes pour faire exécuter les lettres du roi pour la réunion de ses domaines dans le Viennois et Valentinois, excepté toutefois les terres aliénées pour cause de dot des filles de France, etc. — C. D.
Du 27 févr. 1531.

716. Autres de même à un auditeur pour le même fait dans les bailliages de Vienne et Graisivaudan, etc. — C. D.
Du 28 févr. 1531.

717. Lettres portant commission à un président de la chambre et au procureur général du parlement pour dresser l'état et consistance des terres du domaine, avec les noms des engagistes et le prix des aliénations, pour être ensuite procédé à la réunion dudit domaine, etc. — Z. 18, 14.
A Paris, le 7 mai 1531.

718. Déclaration portant qu'il ne sera pourvu que par sa majesté ou par son chancelier aux offices de lieutenants généraux ou particuliers des baillis, sénéchaux, prévôts, viguiers et juges royaux du royaume, et exclut lesdits baillis de la faculté qu'ils avaient ci-devant d'y pourvoir, etc. — B. 183, 2. A Fontainebleau, le 26 août 1531.

719. Lettres patentes portant défense à toute sorte de personnes d'acheter ni vendre du blé ailleurs qu'aux

marchés, à peine de confiscation, pour obvier aux monopoles et abus, etc. — B. 183, 116,

A Compiègne, le 28 octob. 1531.

720. Lettres patentes portant commission pour la recherche des droits de lods et autres dus à sa majesté, avec ordre aux débiteurs de se révéler dans trois mois, pour des deniers en provenant faire partie de 2 millions d'écus que sa majesté devait à l'empereur pour sa rançon. — B. 182, 23. A Guise, le 21 novem. 1531 ; vérif. le 19 janv. 1532.

721. Ordonnances du roi portant réglement pour tous les receveurs sur la manière de compter leur recette, etc. — B. 182, 58.   A Rouen, le 7 févr. av. Pâq. 1531/2.

722. Edit portant peine mort contre tous ceux qui feraient de faux contrats ou rendraient de faux témoignages, etc. — B. 182, 7.   A Argenton, en mars av. Pâq. 1531/2 ; vérif. le 28 mai s.

723. Lettres patentes portant ordre au gouverneur, aux baillis, sénéchaux et prévôts de confisquer au profit de sa majesté les velours, draps de soie, etc. venants de Gênes contre les ordonnances de sa majesté. — B. 183, 112.

A Argenton, le 29 mars 1531/2 ; enreg. le 10 mai s.

724. Lettres patentes portant ordre au trésorier de l'épargne de laisser entre les mains du receveur général du domaine la somme de 500 l. t. des deniers provenants des amendes, lods et ventes, pour être employées à déboucher le passage anciennement ouvert sur le mont Viso entre le Dauphiné et le marquisat de Saluces, etc. — B. 182, 28.

A Cherbourg, le 28 avr. 1532 ; vérif. le 26 août s.

725. Edit portant que les religieux et religieuses, tant mendiants que non mendiants, ne pourront recueillir aucune succession et qu'avant la profession ils ne pourront donner au monastère que quelques meubles, etc. — B. 182, 12. A Châteaubriant, en mai 1532 ; vérif. le 23 juil. s.

726. Lettres patentes portant qu'à la réquisition des procureurs du roi il serait informé en chaque bailliage des extorsions faites par les receveurs des tailles, etc. — B. 183, 105.   A Châteaubriant, le 1er juin 1532.

727. Ordonnance du roi portant réglement sur le prix des denrées et ordre aux juges des lieux de taxer ce que les voyageurs payeront dans les hôtelleries, eu égard au prix desdites denrées, etc. — B. 183, 11.   Même date.

728. Lettres patentes contenant un réglement de police pour modérer le luxe des habits, des tables, des équipages et dot des filles à l'égard de ceux qui manient les deniers royaux, avec confirmation du précédent réglement touchant les cabaretiers et taxe des denrées, etc. — B. 182, 14 et s. A Nantes, le 13 août 1532.

729. Edit portant suppression de tous droits de péages et subsides imposés sur les marchandises par les seigneurs particuliers depuis cent ans, à moins qu'ils n'aient titres de sa majesté ou de ses prédécesseurs ou possession immémoriale, etc.—B. 182. 13. A Nantes, le 24 août 1532.

730. Lettres patentes portant défense à toutes sorte de personnes de faire des assemblées avec port d'armes, et à chaque particulier de porter d'autres armes que l'épée et le poignard, etc. — B. 183, 1".
A Paris, le 31 décem. 1532 ; vérif. le 29 janv. 1535.

731. Ordonnance du conseil portant que les acquéreurs des biens mouvants de la directe du roi feront enregistrer leurs contrats huit jours après la date d'iceux, pour pouvoir régler les lods sur le prix de l'acquisition, et autres divers articles, etc. — B. 181, 321.
A Paris, le 11 févr. av. Pâq. 1532/3.

732. Lettres patentes portant confirmation des priviléges du lieu et mandement d'Izeaux, en confirmation de celles de Charles V du 12 févr. 1366 et de Charles VIII en novem. 1490. — B. 285, 7.
A Lyon, en juin 1533 ; vérif. le 9 juil. 1534.

733. Déclaration portant que les gages des officiers du parlement et de la chambre des comptes seraient payés à la manière accoutumée par le trésorier général de la province sur le fonds des finances de ladite province, nonobstant ce qui est porté par le réglement général ci-devant fait sur le fait des finances, etc. — B. 182, 27.
A Lyon, le 26 juin 1533.

734. Ordonnance du roi portant réglement sur le fait des gens de guerre, etc. — B. 182, 40.
A Paris, le 12 février av. Pâq. 1533/4.

735. Lettres du roi qui règle les gages des baillis et sénéchaux de la province, de leurs lieutenants et de tous les officiers de leurs siéges, et ordonne qu'ils seront payés à l'avenir par le receveur général de la province, ainsi

que les gages des autres officiers dudit pays, les fiefs, aumônes, etc. — B. 182, 45.

A Corbeil, le 11 mars av. Pâq. 1533/4.

736. Lettres portant ordre au gouverneur de tenir la main aux réparations des places fortes de Dauphiné suivant le rôle y rapporté, avec assignation des sommes pour Embrun et Exilles, etc. — B. 182, 37.

Le 22 mars av. Pâq. 1533/4.

737. Lettres patentes portant ordre au trésorier de l'épargne de faire payer à l'avenir au maître des eaux et forêts par le receveur général du domaine de Dauphiné, de même qu'à tous les autres officiers de la province, la somme de 400 l. annuellement, etc. — B. 182, 44.

A Amboise, le 16 octob. 1534.

738. Edit portant que les voleurs des grands chemins seront rompus vifs, etc. — B. 183, 114.

A Paris, en janv. av. Pâq. 1534/5 ; vérif. le 26 févr. s.

739. Lettres patentes portant ordre au bailli des montagnes de retenir le tiers du temporel des chapitres et communautés, et la moitié de celui des archevêques, évêques, abbés, prieurs, commandeurs, etc., pour les pressantes affaires de la guerre, outre les décimes, etc. — B. 182, 48.

A Paris, le 12 févr. av. Pâq. 1534/5.

740. Lettres patentes portant commission au bailli des montagnes pour obliger tous les ecclésiastiques qui possédaient des biens du domaine dans l'étendue de sa juridiction, de représenter les titres de leur possession et de justifier d'avoir satisfait aux charges des fonds, faute de quoi ils seraient mis sous la main du roi, etc. — B. 182, 49.

A Paris, le 13 févr. av. Pâq. 1534/5.

741. Lettres patentes portant défense de tirer hors de Dauphiné du fer, acier, cordages, poix, goudron, bois, arbres, etc. sans permission expresse, etc. — B. 182, 51.

A Mantes, le 2 mars av. Pâq. 1534/5 ; vérif. le 13 avr. s.

742. Lettres patentes portant que les courriers venant et allant à Avignon à Rome ou en Italie eussent à prendre la route accoutumée de Dauphiné, avec inhibition de leur fournir des chevaux en Provence, à peine de confiscation, etc. — B. 183, 27.

A Vatteville, le 10 mai 1435 ; vérif. le 5 août s.

743. Lettres patentes portant que les juges royaux, baillis, sénéchaux et autres connaîtront des crimes com-

mis par les légionnaires sur les lieux de leur résidence, pourvu que lesdits légionnaires ne soient commandés en campagne par leurs officiers, auquel cas le prévôt en aurait la connaissance, etc. — B. 183, 67.

A Coucy, le 15 juil. 1535 ; enreg. le 16 nov. s.

744. Lettres patentes portant révocation de tous les jugements rendus contre les nouveaux hérétiques et mainlevée en leur faveur des biens et effets qui leur avaient été saisis, à la charge de faire abjuration dans six mois, à la réserve des relaps, etc. — B. 183, 109.

A Coucy, le 16 juil. 1535 ; vérif. le 22 déc. s.

745. Lettres patentes portant que la déclaration (n° 718) portant qu'il ne serait pourvu que par sa majesté ou par son chancelier aux offices de lieutenants des baillis, etc. sera suivie en Dauphiné, etc. ; ladite déclaration y jointe. — B. 183, 2.   A Villers-Cotterets, le 27 juil. 1535.

746. Lettres patentes portant permission aux généraux des finances de taxer les voyages et autres frais nécessaires pour le recouvrement des états, des certifications des baux à ferme du domaine, des tailles et gabelles, pour ensuite dresser les états par estimation chaque année ainsi qu'ils y sont tenus. — B. 182, 59.

A Bar-le-Duc, le 23 août 1535 ; vérif. le 17 sept. s.

747. Edit portant que des deniers de la recette des péages, tant de sa majesté que des particuliers, il en sera respectivement employé le fonds nécessaire pour les réparations des ponts, chaussées, chemins, etc. — B. 183, 5 et 118. A Fontaine-Française, en sept. 1535 ; vérif. le 4 nov. s.

748. Lettres patentes portant que tous les deniers provenants pendant six ans des amendes et droits féodaux de sa majesté seront employés à la réparation des villes et places frontières, etc. — B. 183, 3.

A Fontaine-Française, le 28 sept. 1535.

749. Lettres patentes portant défense à toute sorte de personnes de transporter du blé hors de Dauphiné et de le vendre ailleurs qu'aux marchés et lieux publics, à peine de confiscation. — B. 183, 39.

A Is-sur-Thille, le 6 octob. 1535 ; enreg. le 11 déc. s.

750. Lettres patentes portant confirmation de celles (n° 746) touchant la taxe des voyages et autres frais des généraux des finances pour le recouvrement des deniers

royaux, etc. et les décharge d'envoyer les états y mentionnés ailleurs qu'au conseil privé du roi, etc. — B. 182, 59.

A Dijon, le 14 novem 1535.

751. Lettres du roi et arrêt du conseil, à la requête du fermier des gabelles, portant défense au parlement et à tous autres justiciers et officiers de prendre aucune connaissance sur le fait du tirage et prix du sel, circonstances et dépendances, etc. — B. 183, 4.

A Rouvres, le 29 novem. 1535.

752. Lettres patentes portant permission au parlement et à la chambre des comptes de disposer de la somme de 300 l. pour les frais de justice qui seront délivrés par le trésorier de la province, nonobstant l'ordre porté par le réglement des finances, etc. — B. 183, 18.   A Paiquez [Pagnez], le 26 décemb. 1535.

753. Lettres patentes portant que la recette des amendes adjugées à sa majesté sera faite par le receveur du domaine ou par ses commis sur les états certifiés par les secrétaires des cours, etc. — B. 183, 10 et 106.

A Lyon, le 17 janv. av. Pâq. 1535/6; enreg. le 26 févr. s.

754. Déclaration du roi portant que sa majesté n'a prétendu déroger au pouvoir du gouverneur de Dauphiné par l'édit qui réserve à sadite majesté et à son chancelier la disposition des offices de lieutenants généraux et particuliers des baillis, sénéchaux, etc., mais qu'elle entend qu'il jouisse du même pouvoir que ses prédécesseurs, etc. — B. 183, 11.   A Crémieu, le 1er mars av. Pâq. 1535/6;
publ. en audience le 3 s.

755. Lettres patentes portant ordre au gouverneur de convoquer le ban et arrière-ban, etc. — C. D.

A Montbrison, le 15 mai 1536.

756. Lettres patentes en confirmation d'autres précédentes (n° 744) portant abolition en faveur de tous ceux qui ont été condamnés pour crime d'hérésie, à la réserve des relaps, avec permission à tous les fugitifs de revenir, à la charge de faire abjuration dans six mois, etc. — C. D.   A Lyon, le 31 mai 1536.

757. Lettres patentes portant que tous les deniers provenants des amendes, lods et droits seigneuriaux dus à sa majesté en Dauphiné seraient employés pendant dix ans aux réparations et fortifications des villes et places de la

province, sur les ordonnances du gouverneur d'icelle, etc. — B. 183, 32. A Valence, le 20 août 1536 ; vérif. le 19 oct. s., à la charge que le fonds des amendes qui était destiné pour les frais de justice serait préféré, et que le compte de l'emploi desdits deniers en serait rendu à la chambre des comptes.

758. Lettres patentes portant que le parlement siégerait sans discontinuation jusqu'à la Toussaint, et jugerait toute sorte de procès civils et criminels, etc., attendu le désordre des guerres. —B. 183, 121. A Valence, le 20 août 1536.

759. Lettres patentes portant pouvoir et commission au cardinal de Tournon d'aliéner dans lesdites provinces du domaine de sa majesté, aides et gabelles jusqu'à la somme de 50,000 liv., pour les frais de la guerre, et d'assigner sur ledit domaine tels emprunts qu'il trouverait à propos pour les pressants besoins de l'Etat, etc. — XXV. 10, 1.
A Lyon, le 10 octob. 1536 ; enreg. le 15 mai s.

760. Lettres portant pouvoir au cardinal de Tournon de commander en qualité de lieutenant général pour le roi dans le Lyonnais, Auvergne, Forez, Beaujolais, Dombes, Bugey, Valromey, Dauphiné, etc. — Ibid., 3.
A Lyon, le 10 octob. 1536.

761. Lettres du roi portant permission à tous les marchands du royaume de négocier dans les pays étrangers, à la charge qu'outre les péages et droits accoutumés ils payeront l'imposition du traité de foraine, etc. — Z. 18, 35. A Châtellerault, le 3 nov. 1536 ; enreg. le 23 s.

762. Lettres patentes en exécution des précédentes touchant l'aliénation du domaine, portant que ladite aliénation aurait lieu en Dauphiné, etc.—XXV. 10, suite du 1er ;
Au camp près d'Hesdin, le 3 avr. ap. Pâq. 1537.
enreg. le 24 s.

763. Lettres du roi portant règlement sur le prix des vivres et denrées pour les étapes établies en Dauphiné, etc. — B. 183, 125. A Lyon, le 29 mai 1537.

764. Ordonnance du cardinal de Tournon, lieutenant général pour le roi en Dauphiné, portant défense aux exacteurs des droits de péage et gabelles de faire payer aucun desdits droits au parfournisseur des troupes du roi, etc. — B. 183, 42. Même date.

765. Lettres patentes du roi portant que les lods et

ventes, amendes, confiscations et autres droits échus à sa majesté en Dauphiné depuis 30 ans seraient employés aux réparations et fortifications, etc. — B. 183, 34.

A Melun, le 17 août 1537 ; vérif. le 13 sept. s.

766. Lettres du roi qui confirme les assignations faites par le cardinal de Tournon au s' Thomas de Gadagne sur le prix du bail à ferme du tirage du sel sur le Rhône et l'Isère, jusqu'à l'entier payement de la somme empruntée de lui par le roi pour l'entretènement de ses troupes et autres besoins, etc. — B. 183, 58.

A Fontainebleau, le 29 août 1537 ; enreg. le 10 déc. s.

767. Lettres patentes portant pouvoir au cardinal de Tournon de vendre et aliéner le domaine, droits et revenus delphinaux, sous faculté de rachat perpétuel, même aux officiers royaux, nonobstant le statut qui leur défend des acquisitions dans le domaine du roi, etc. — B. 183, 122 v°.   A Lyon, le 8 octob. 1537 ; enreg. le 9 nov. s.

768. Lettres patentes portant confirmation des priviléges accordés aux secrétaires maison et couronne de France par les rois ses prédécesseurs, et où sont compris ceux qui servent près des cours supérieures. — B. 184, 7.

A Lyon, le 14 octob. 1537.

769. Lettres du roi qui ordonne l'exécution dudit acte (n° 766), etc. — Ibid.   A Briançon, le 9 novem. 1537.

770. Lettres patentes portant confirmation des priviléges de Saint-Etienne-de-Saint-Geoirs concédés par Jean dauphin, etc. — B. 285, 47.   A la Côte-Saint-André, en avril 1538 ; vérif. le 31 mai s.

771. Lettres patentes portant ratification du bail à ferme du tirage du sel sur le Rhône, la Saône et l'Isère, passé pour dix ans par le cardinal de Tournon et autres commissaires du roi, etc — B. 183, 61.   A la Côte-S'-André, le 23 avr. 1538 ; vérif. le 9 nov. s.

772. Lettres patentes portant confirmation des priviléges de La Côte-Saint-André accordés par les anciens comtes de Savoie et confirmés par les rois dauphins, etc. — B. 184, 37. A Romans, en mai 1538 ; enreg. le 13 mai 1539.

773. Lettre portant ordre à la chambre des comptes d'envoyer à sa majesté un extrait des registres concernant les droits, priviléges et autorité des gouverneurs de la province, etc. — B. 183, 59. A Salon-de-Crau, le 8 mai 1538.

774. Lettres patentes du roi portant assignation, sur la ferme du sel, des fonds nécessaires pour les gages des docteurs étrangers lisant dans l'université de Valence, suivant la taxe qui en serait faite par le parlement, laquelle ne pourrait excéder la somme de mille liv. et non au-delà, etc. — B. 292, 109.   A Villeneuve près de Nice, le 5 juin 1538 : vérif. le 25 s.

775. Lettres patentes du gouverneur portant établissement de trois foires par an et d'un marché par semaine à Saint-Jean-de-Bournay. — B. 274, 50.
A Lyon, le 30 juil. 1538 ; vérif. le 30 mai 1539.

776. Lettres du roi en exécution d'un arrêt du conseil d'État entre les villes de Romans et de Saint-Marcellin, concernant le bailliage du bas Viennois dont il confirme la séance à Saint-Marcellin, etc. — B. 287, 73.
A Paris, le 17 décem. 1538 ; enreg. le 4 janv. s.

777. Lettres du roi qui déclare nuls tous les dons de lods et autres droits qui pourraient échoir pendant dix ans, attendu la destination desdits deniers pour les réparations des villes et places de la province, etc. — B. 183, 107.
A Fontainebleau, le 6 févr. av. Pâq. 1538 9.

778. Lettres du même portant défense de s'attrouper, armer et déguiser sur les grands chemins et partout ailleurs, avec défense aux cabaretiers et tous autres particuliers de recevoir telle manière de gens et injonction de les dénoncer aux juges des lieux, sans y comprendre toutefois les gens des ordonnances du roi allants et venants sous les enseignes, etc. — B. 183, 69.

A Châtillon-sur-Loing, le 9 mai 1539 ; enreg. le 31 s.

779. Lettres du roi qui ordonne que toute sorte de velours et autres étoffes de soie qui seront voiturées de Piémont en France payeront le droit d'entrée à Suse, où l'on sera tenu de les faire passer et non ailleurs, sous peine de confiscation, etc. — B. 183, 127.
A Lyon, le 18 juin 1539 ; enreg. le 23 s.

780. Lettres patentes du même portant ordre à tous juges séculiers de procéder contre les hérétiques et fauteurs d'iceux, indifféremment et concurremment avec les juges ecclésiastiques, de les aider et subvenir ès dits cas, avec la forme qu'il faut observer dans lesdites procédures, etc. — B. 183, 111. A Paris, le 24 juin 1539 ; vérif. le 24 juil. s.

781. Lettres du même portant ordre au parlement et à tous autres juges de Dauphiné, de faire sortir de la province les Bohémiens qui s'y trouveraient, avec défense d'y revenir à peine etc.—B. 183,108. Mêmes dates ; enreg...

782. Lettres patentes du roi portant que tous les biens généralement féodaux et roturiers de ceux qui seraient convaincus de crime de lèse-majesté et de félonie seraient confisqués à sa majesté, même sans avoir égard aux substitutions, etc. — B. 183, 126.

A Villers-Cotterets, le 10 août 1539 ; enreg. le 1er sept. s.

783. Ordonnance de Villers-Cotterets en 191 articles, concernant la justice, police, finance, le sceau, etc. — C. D.

A Villers-Cotterets, en août 1539 ; enreg. le 10 avr. 1540.

784. Lettres patentes du roi portant confirmation des priviléges de la ville de Vienne, ensuite des confirmations de Louis XI (n° 415) et de Charles VIII (n° 548).

Même date ; enreg. le 11 mars 1540.

785. Lettres patentes du roi portant commission au vi-bailli de Vienne, de faire proclamer que les possesseurs des fiefs et arrière-fiefs de son bailliage eussent à les déclarer par-devant lui, en donner le dénombrement pour régler sur icelui le nombre d'hommes qu'ils devaient fournir, leur habillement et les armes, etc. — B. 183, 102.   A Compiègne, le 5 octobre 1539.

786. Edit portant que toutes les rentes constituées sur les maisons et places des villes et faubourgs seront rachetables pour le prix porté par les contrats, ou à défaut d'en apparaître dans lesdits contrats sur le pied du denier 15, excepté toutefois les lieux qui ont privilége et coutume de faire ledit rachat autrement que par le présent édit, etc. — B. 184, 7 du 2e.

A Compiègne, en octob. 1539 ; enreg. le 29 avr. s.

787. Edit portant création d'un office de second président et quatre huissiers au parlement de Grenoble, etc. — Z. 11, 74.   A Compiègne, en novem. 1539.

788. Ensemble provision dudit office de 2e président.
          Du 2 nov. 1539 ; enreg. le 5 avr. s.

789. Lettres du roi portant défense de transporter des grains sans permission hors du royaume, à peine de confiscation ; avec ordre au gouverneur de Dauphiné d'y te-

nir la main à l'égard de son gouvernement. — B. 183, 99.

A Fontainebleau, le 20 novemb. 1539.

790. Lettres du même portant ordre à tous les officiers royaux de faire leur résidence dans les lieux de l'exercice de leurs offices, à peine de privation, etc. — B. 184, 11 du 2ᵉ.
A Fontainebleau, le 23 novem. 1539 ; enreg. le 29 avr. s.

791. Ordonnance d'Abbeville sur le fait de la justice et finances, locale pour le Dauphiné en 440 articles, en parchemin, etc.—C. D. Du 23 févr. 1539/40; enreg. le 9 avr. s.

792. Autres lettres portant assignation de gages de 800 liv. par an pour ledit office, etc. (n° 787) — Z. 11, 73. A Abbeville, le 24 fév. av. Pâq. 1539/40 ; enreg. le 5 avr. s.

793. Lettres du roi portant injonction à tous les possesseurs de fiefs titrés et non titrés, de remettre à la chambre des comptes le dénombrement de tous leurs fiefs, leur valeur, leurs devoirs, les noms de ceux qui les possèdent, etc. — B. 184, 9 du 2ᵉ.
A Noyon, le 27 févr. av. Pâq. 1539/40.

794. Lettres du même portant ordre au trésorier de Dauphiné de délivrer du fonds des amendes, à concurrence de la somme de 500 liv., sur les ordonnances du parlement pour la poursuite des procès criminels intentés au nom du procureur général, etc. — B. 184, 1 du 2ᵉ.
Même date ; vérif. le 21 mai s.

795. Lettres portant ordre au receveur général de payer, sur le fonds de la recette des amendes, 400 liv. aux ordres du parlement pour les menues nécessités et 150 l. à ceux de la chambre des comptes, etc. — B. 184, 2 du 2ᵉ.
Mêmes dates ; enreg...

796. Lettres du roi portant règlement pour les audiences du parlement, la manière de tenir les séances et touchant les matières qui doivent y être traitées ou jugées par écrit, le tout conformément à l'usage de celui de Paris, etc. — B. 184, 12 du 2ᵉ. Même date ; enreg. le 9 avr. s.

797. Plusieurs déclarations ou édits contre les hérétiques, etc., attachés ensemble. — C. D.
Données depuis 1539 jusqu'à 1562.

798. Déclaration du roi portant assignation de 25 l. de gages ordinaires aux quatre huissiers de la nouvelle création, à recevoir des mains du receveur général de la

province, etc. — Z. 11, 84.

A Fontainebleau, le 12 juin 1540.

789. Ensemble les provisions desdits 4 offices d'huissier, des 5 juin, 8 juill. et 6 nov. 1540, et 11 janv. 1541, avec les enregistrements, etc. — Ibid., 77, 78, 81 et 92.

800. Lettres du roi portant défense à toute sorte de personnes de sortir hors du royaume sans permission, à la réserve de ceux qui ont des bénéfices ou héritages hors dudit royaume, pour aller recueillir leurs revenus, et les marchands trafiquants sans fraude, etc. — B. 184, 10 du 12°. A Enver [Annet?], le 16 juil. 1540 ; enreg. le 2 août s.

801. Lettres du même portant augmentation de gages en faveur de l'avocat général du parlement, de la somme de 250 liv. par-dessus celle dont il jouissait ci-devant, pour faire celle de 500 l. — Z. 11, 36 bis.

A Fontainebleau, le 14 novem. 1540 ; enreg. le 12 déc. s.

802. Lettres portant défense aux châtelains de s'immiscer dans la juridiction des juges ordinaires ni de connaître d'aucune matière au-delà de 30 s., etc. — B. 184, 4 du 2°. A Fontainebleau, le 23 novem. 1540; enreg. le 23 déc. s.

803. Lettres du roi portant ordre à tous ses vassaux de Dauphiné, barons, prélats et autres possédant seigneuries ou autres mouvants de lui comme dauphin, de lui en aller rendre hommage ou à son chancelier en personne ou par procureur en cas de maladie ou autre empêchement légitime, pour ensuite en rapportant les lettres d'hommage donner leurs dénombrements à la chambre des comptes, à laquelle il est ordonné faute par eux d'avoir satisfait dans les six mois de procéder à la saisie desdits fiefs, etc. — B. 184, 5. Mêmes dates.

804. Lettres portant règlement pour les droits de foraine et la manière de les payer, etc. — B. 184, 14 du 2°.

A Fontainebleau, le 25 nov. 1540 ; vérif. le 10 mai 1541.

805. Lettres portant commission à la chambre des comptes de recevoir les hommages des fiefs non excédant le revenu de 100 liv. etc. — B. 184, 13 du 2°.

A Blois, le 12 mars av. Pâq. 1540/1 ; vérif. le 11 mai s.

806. Lettres sur la requête du procureur des trois États, portant prorogation d'un nouveau délai de six mois à tous les vassaux pour fournir leurs dénombrements, ensem-

ble est accordé un délai de trois mois aux villes et bourgs de la province qui ont des deniers communs pour fournir leurs titres, etc. — B. 184, 8.

A Noyon, le 29 mars av. Pâq. 1540/1 ; enreg. le 13 mai s.

807. Lettres du roi portant assignation de gages à un président et cinq conseillers du parlement pour le service des vacations. avec les gages attribués à raison de ce, etc. — B. 183, 141.   A Châtellerault, le 10 juin 1541.

808. Lettres du même portant permission aux marchands, tant régnicoles qu'étrangers, de voiturer des denrées et marchandises par eau et par terre ès lieux où les aides de sa majesté ont cours seulement, sans être tenus de donner caution pour les droits d'imposition de la traite foraine, qu'ils ne devaient payer qu'en cas de sortie desdites marchandises hors du royaume, etc. — B. 183, 147.   Même date ; enreg. le 21 s.

809. Lettres du roi portant augmentation de gages de 75 l. tourn. par-dessus les gages ordinaires en faveur des neuf conseillers laïcs du parlement, etc. — B. 183, 144 v°.

A Châtellerault, le 20 juin 1541 ; enreg. le 11 juil. s.

810. Lettres patentes portant commission au gouverneur ou à son lieutenant de convoquer le ban et arrière-ban. etc. — C. D.   A Moulins, le 29 juil. 1541.

811. Lettres patentes portant établissement de deux foires par an et d'un marché par semaine dans la ville de Nyons, etc. — B. 184, 36.

A Bourbon-Lancy, en août 1541 ; enreg. le 16 déc. s.

812. Lettres portant ordre à la chambre des comptes de recevoir à foi et hommage quelques gentilshommes de Dauphiné, quoique le délai fut expiré, attendu qu'ils étaient pour lors à l'arrière-ban. — Z. 18, 6.

A Douzery [Douzy?]. le 8 octob. 1541.

813. Lettres portant confirmation des priviléges des clercs notaires et secrétaires maison et couronne de France, avec ordre de vidimer et enregistrer dans les cours de Dauphiné les lettres et édits donnés sur ce fait par sa majesté, l'un (n° 656), l'autre à Blois en octob. 1519, le 3e (n° 768), celui de Charles VIII, n° 558) et l'édit de création de Louis XI (n° 540) : le tout ci-joint ensemble dans un même cahier. — B. 184, 7.   A Fontainebleau, le 27 décem. 1541 ; vérif. le 23 janv. 1543.

814. Lettres patentes du roi portant commission à la chambre des comptes de procéder en ladite chambre et non ailleurs, aux jours extraordinaires et de vacance, avec un président et deux conseillers du parlement au jugement définitif des procès intentés au sujet des lods dus à sa majesté, etc. ; ensemble un arrêt du parlement portant commission à un président et deux conseillers en exécution desdites lettres, sur la requête du procureur général, etc. — XVIII. 34, 1.

A Saint-Germain-en-Laye, le 1ᵉʳ févr. av. Pâq. 1541/2.

815. Lettres du même portant que tous les deniers provenants des lods, ventes, amendes, etc. seront employés à continuer les réparations des villes de la province et principalement de Grenoble, etc. — Ibid., 6 v°.

Même date ; enreg. le 10 mars s.

816. Lettres du roi portant que les monnaies de Dauphiné seront aux fleurs de lis et aux armes de Dauphiné, nonobstant l'ordonnance de Blois qui porte qu'il n'y aura qu'un même coin par tout le royaume y compris le Dauphiné, etc. — B. 184, 60 du 2°.

A Vaulnisant, le 1ᵉʳ avril av. Pâq. 1541/2 ; vérif. le 11 mai s.

817. Lettres du roi qui donne pouvoir au parlement de Grenoble de permettre aux Etats d'imposer, outre les tailles et subsides ordinaires, les sommes qu'ils jugeraient nécessaires pour les étapes, passage des gens de guerre et autres cas imprévus dont il lui renvoie la connaissance. — B. 183, 148.

A Château-Girard, le 24 avril 1542 ; vérif. le 19 juin s.

818. Edit qui assigne le fonds de la poursuite des procès criminels dans chaque siége, à concurrence d'une certaine somme, sur les amendes qui se feraient dans lesdits siéges, etc. — B. 184, 3 du 2°.

A Joinville, en juin 1542 ; enreg. le 8 nov. s.

819. Lettres du roi qui règle l'amende du fol appel par-devant les juges inférieurs ressortissants immédiatement au parlement, à la somme de 60 sols, etc. — B. 184, 25 du 2°. A Joinville, le 21 juin 1542 ; enreg. le 3 juil. s.

820. Lettres patentes portant commission à l'évêque de Grenoble, à un président et au trésorier général de la province de faire un emprunt de 20,000 écus d'or pour les pressants besoins de l'Etat, sur ceux qui seraient le plus

en état de prêter ladite somme, lesquels seraient invités à cela, ensemble d'arrêter tous les deniers des consignations aux mêmes fins, etc. — B. 183, 149.

A Argilly, le 26 juil. 1542.

821. Lettres patentes du roi portant ordre au parlement d'instruire et juger tous les procès intentés ou à intenter contre les hérétiques selon la rigueur des ordonnances, etc. — B. 184, 31 du 2°.

A Lyon, le 30 août 1542; enreg. le 15 sept s.

822. Lettres portant permission aux Etats de la province d'imposer et lever sur eux quand bon leur semblera telles sommes de deniers dont ils auront besoin, ainsi qu'ils avaient coutume de faire par le passé, à la charge d'en dresser un état qui sera envoyé au conseil du roi, de justifier de l'emploi et que le compte en sera rendu auxdits Etats, présents un conseiller du parlement, un auditeur des comptes, et les procureur et avocat généraux, etc. — B. 184, 1. A Béziers, le 4 sept. 1542; enreg. le 12 nov. s.

823. Lettres portant commission à deux conseillers du parlement de se transporter à Suse et autres frontières du Piémont pour pourvoir à la sûreté desdites frontières, d'assembler selon les besoins des gens de guerre, les milices du pays, avec de l'artillerie, et en donner avis au cardinal de Tournon, lieutenant général, etc. résidant à Lyon. — B. 184, 2.

A Saint-Just-sur-Lyon, le 23 sept. 1542.

824. Lettres patentes portant ordre aux commissaires députés pour l'emprunt de 20,000 écus d'or sur la province de tenir quitte ladite province pour 40,000 liv. qui seront remboursées en deux ans, au moyen de l'imputation qui sera faite des 20,000 l. de don gratuit que ladite province avait accoutumé de payer annuellement à sa majesté, etc. — B. 184, 8.

A Montpellier, le 3 octobre 1542; enreg. le 1" déc. s.

825. Lettres portant que l'édit de création de tabellions, scelleurs et gardes-sceaux aurait lieu en Dauphiné, et qu'il y aurait des notaires dans les lieux où lesdits tabellions ne résideraient pas pour recevoir les contrats, avec défense aux greffiers et juges d'en recevoir aucuns, etc. — B. 184, 6 du 2°. A Angoulême, en novem. 1542.

826. Déclaration en interprétation de l'article 83 de l'or-

donnance de Villers-Cotterets, portant que les appellations interjetées des juges ordinaires de toutes sentences et jugements de torture ou autres peines afflictives et non autres seraient portées immédiatement au parlement, et que celles qui ne sont pas de la qualité y exprimée ressortiront aux juges d'appel ordinaires, sauf ensuite l'appel à la cour, etc. — B. 184, 17 du 2°.

A Angoulême, le 21 nov. 1541 ; enreg. le 12 déc. s.

827. Lettre circulaire de la chambre des comptes adressée à tous les juges de la province par ordre du roi, pour avoir une instruction particulière des droits du sceau dans leurs siéges ; ensemble est la procédure faite par chacun en droit soy sur le taux desdits droits, etc. — B. 184, 9.

Du 31 janv. 1542.

828. Lettres de provision de l'office de contrôleur des deniers communs de la ville de Valence, de nouvelle création, avec des lettres de jussion pour l'enregistrement. — Z. 11, 112. A Fontainebleau, le 19 févr. av. Pâq. 1542/3 ; vérif. le 7 avr. s.

829. Edit portant création de quatre conseillers au parlement, deux laïques et deux clercs, aux gages ordinaires, etc. — B. 184, 20 du 2°. A Fontainebleau, en mars av. Pâq. 1542/3 ; enreg. le 16 avr. s.

830. Déclaration portant franchise et exemption de l'imposition de la traite foraine pour les foires de Briançon. — B. 299, 55. A Paris, le 14 avr. ap. Pâq. 1543 ; enreg. le 28 mai s.

831. Quatre lettres de provision de deux conseillers laïques et deux clercs nouvellement créés, etc., avec les vérifications d'icelles. — Z. 11, 93, 94, 95 et 96.

A Paris, en avr. ap. Pâq. 1543.

832. Autre édit portant encore création de deux conseillers laïques, etc. — B. 184, 21 du 2°.

A Saint-Germain, en avril ap. Pâq. 1543 ; enreg. le 28 mai s.

833. Deux lettres de provision de deux conseillers laïques (comme n° 831). — Z. 11, 98 et 103.

A Saint-Germain, en avr. ap. Pâq. 1543.

834. Edit portant réglement pour les étapes, route et discipline des gens de guerre passants par le Dauphiné, etc. — B. 184, 27. Même date ; enreg. le 14 juin s.

835. Edit portant création d'un office d'auditeur de ro-

be longue qui serait gradué, pour vaquer aux titres latins de la chambre, etc. — Z. 11, 97.

A St-Germain, en mai 1543 ; enreg. le 5 juin s.

836. Edit portant création d'un lieutenant, d'un procureur, d'un greffier et de quatre sergents sur le fait des eaux et forêts en Dauphiné, etc. — Ibid., 99.

Mêmes dates.

837. Ensuite provision dudit office (n° 835).

Du 6 mai 1543 ; vérif. le 7 juin s.

838. Ensuite provision d'un office d'auditeur ordinaire de robe courte nouvellement créé, etc. — Z. 11, 101.

A Villers-Cotterets, le 10 juin 1543 ; enreg. le 5 oct. s.

839. Lettres patentes portant ordre à la chambre des comptes d'envoyer un des officiers de ladite chambre dans tous les bailliages et sénéchaussées de la province, pour y procéder au renouvellement des reconnaissances ; ensemble est une attribution à ladite chambre de la faculté de recevoir les hommages de tous les fiefs, même de ceux excédant 100 l. de rente, à la réserve des seules baronnies, etc. — B. 184, 23 du 2°.

A Saint-Germain, le 3 mai 1543 ; enreg. le 12 juin s.

840. Edit portant que les châtelains feraient la recette chacun en droit soy des amendes avec les autres droits de sa majesté dans l'étendue des sièges où il n'y aurait point de receveur des amendes, etc. — B. 184, 19.

A Paris, en mai 1543 ; enreg. le 27 juil. s.

841. Lettres de provision de l'office de receveur des deniers d'octroi et patrimoniaux de la ville de Vienne, de nouvelle création, etc. — Z. 11, 111.

A Paris, le 19 juin 1543.

842. Suivent lettres de jussion en suite de l'opposition du procureur des Etats et du consul de Vienne, etc.

843. Lettres patentes du roi portant établissement de deux bureaux dans le parlement de Grenoble, à la charge que conformément aux anciennes ordonnances il y aurait dans chaque bureau un nombre suffisant de juges, savoir six conseillers avec un président, et qu'à défaut dudit président il y aurait huit conseillers, etc. — B. 184, 30.

A Paris, le 20 juil. 1543 ; enreg. le 2 août s.

844. Lettres du roi qui exempte les habitants d'Avignon de tout droit de tonnelage, traite et foraine pour le trans-

port des fruits et revenus qu'ils ont dans les terres de l'obéissance de sa majesté, etc. — B. 184, 22.

A Paris, le 21 juil. 1543; enreg. le 29 nov. s.
845. Lettres patentes portant exemption de la traite foraine en faveur de la ville de Marseille et cassation du bureau établi en icelle, à la charge de rembourser les officiers, etc. — B. 184, 25 fin.

A Paris, en juil. 1543; enreg. le 11 janv. s. pour jouir de ladite exemption dans le ressort de la province.
846. Edit portant aliénation des domaines du royaume, à rachat perpétuel, jusqu'à la somme de 600,000 liv. tourn. à raison de 10 pour 100, pour les frais de la guerre, etc. — XXV. 11, 1. A Folembray, en août 1543; enreg. le 18.

847. Lettres portant commission à l'archevêque de Vienne et autres y nommés, de procéder à l'aliénation du domaine jusqu'à la somme de 30,000 l. t. de revenu, etc.—
C. D. A Folembray, le 7 août 1543.

848. Lettres patentes portant exemption du ban et arrière-ban en faveur des officiers du parlement de Provence, pour les terres qu'ils pourraient avoir en Dauphiné, etc. — B. 184, 23.

A Folembray, le 11 août 1543; enreg. le 17 nov. s.
849. Lettres patentes en faveur des marchands des villes impériales, pour jouir des mêmes franchises et exemptions que les ligues Suisses et nommément de la traite foraine. — B. 184, 25.

A Avenay, le 24 août 1543; enreg. le 3 déc. s. pour jouir desdites franchises dans l'étendue du ressort.
850. Edit portant création d'un office de correcteur en la chambre des comptes de Grenoble, à l'instar de celle de Paris, etc. — Z. 1, 104.

A Sainte-Menehould, en sept. 1543; vérif. le 7 déc. s.
851. Lettres patentes portant permission aux habitants d'Avignon de négocier et conduire par eau et par terre toutes sortes de marchandises, sans payer aucuns droits d'imposition de foraine, etc. — B. 184, 21.

Même date; enreg. le 29 nov. s. pour jouir de ladite exemption dans le ressort.
852. Lettres du roi portant révocation des lettres de naturalité accordées aux Espagnols et autres sujets de l'empereur établis dans le royaume, avec ordre à eux d'en

sortir s'ils n'ont satisfait aux conditions portées par lesdites lettres, etc. — B. 185. 62.   A Reims, le 4 sept. 1543.

853. Lettres de provision de l'office de correcteur en la chambre des comptes nouvellement créé. — Z. 11, 105.

A Ste-Menehould, le 9 sept. 1543; enreg. le 19 janv. s.

854. Edit portant révocation de tous dons et aliénations du domaine faites par sa majesté et par ses prédécesseurs pour diverses causes, à la réserve de celles qui ont été faites pour subvenir aux frais de la guerre et autres pressants besoins de l'Etat. — B. 184, 20.

A Ste-Menehould, le 10 sept. 1543; enreg. le 26 s.

855. Lettres portant exemption de tous droits d'imposition de foraine à perpétuité pour Pignerol, alors sous l'obéissance du roi, et ses dépendances pour toute sorte de denrées, etc. — B. 184, 24.

A Coucy, en octob. 1543; enreg. le 29 novemb. s.

856. Lettres portant commission pour aliéner du domaine de Dauphiné jusqu'à la somme de 20,000 l. t. en exécution de l'édit (n° 846), à l'exception des greffes des prévôtés et bailliages, des forêts, bois taillis, etc. — XXV. 11, 2.   A Coucy, le 8 octob. 1543; enreg. le 18 s.

857. Autres lettres portant commission de vendre et aliéner en Dauphiné jusqu'à la somme de 10 ou 12,000 l. t. au deniers dix, outre la somme susdite, etc. — Ibid., 4.

A La Fère, le 21 octob. 1543; enreg. le 19 nov. s.

858. Autres lettres portant commission de vendre du domaine de Dauphiné jusqu'à la somme de 25,000 l. t. outre les sommes portées par lesdites commissions, etc. — Ibid., 3. A La Fère, le 10 novem. 1543; enreg. le 19 s.

589. Edit portant création en titre d'office d'un avocat du roi dans les sénéchaussées et siéges de Valentinois et Diois, ensemble provision dudit office. — Z. 12, 2.

A Fontainebleau, en décem. 1543; vérif. le 9 janv. s.

860. Lettres patentes portant réglement touchant la forme et manière de convoquer le ban et arrière-ban, et sur la contribution en argent des roturiers ou inhabiles audit service, etc. — B. 184, 29 du 2me.   A Fontainebleau, le 3 janv. av. Pâq. 1543/4; vérif. le 11 févr. s.

861. Lettres de jussion pour la réception du pourvu à l'office de correcteur. — A la suite du n° 853).

A Fontainebleau, le 3 févr. av. Pâq. 1543/4.

862. Edit portant suppression des offices de receveurs et contrôleurs des deniers communs des villes de Dauphiné, etc. — B. 184, 34 v° du 2ᵐᵉ.

A Paris, le 25 févr. av. Pâq. 1543/4 ; enreg. le 23 avr. s.

863. Lettres patentes portant suppression des tabellions et des petits sceaux en Dauphiné, et confirmation des lettres de Louis XI (n° 489) portant la même suppression, etc. — B. 184, 35 du 2ᵐᵉ. Mêmes dates.

864. Lettres patentes portant faculté en faveur des sujets de Dauphiné d'user de regrés et réserve des fruits ès résignations des bénéfices dudit pays, ainsi qu'ils avaient accoutumé avant l'ordonnance de 1540, excepté toutefois ceux qui sont de nomination royale, etc. — B. 184, 36 v° du 2ᵉ. Mêmes dates.

865. Lettres patentes qui déclarent que les habitants de Dauphiné n'ont jamais été sujets au droit d'aubaine dans le royaume et révoque tout ce qui pourrait avoir été fait au contraire, et déclare qu'à l'avenir ledit droit aura lieu à l'égard des étrangers, etc. — B. 184, 40 du 2ᵐᵉ.

Même date ; enreg. le 21 avr. s.

866. Lettres portant ordre à tous prélats, barons et autres seigneurs temporels, consuls et syndics d'assister personnellement aux Etats de la province selon l'ancienne coutume, etc. — B. 184, 37 du 2ᵐᵉ.

A Paris, le 28 févr. av. Pâq. 1543/4; enreg. le 28 mars s.

867. Déclaration portant que sa majesté n'a point entendu comprendre le parlement de Dauphiné dans l'édit de création des chambres de requêtes dans les parlements du royaume, et en exempte ledit parlement sur la remontrance des Etats de la province, etc. — B. 184, 32 du 2ᵉ. A Paris, le 1ᵉʳ mars av. Pâq. 1543/4; enreg. le 23 avr. s.

868. Déclaration portant que, conformément aux libertés delphinales, les habitants de Dauphiné ne pourront être tirés hors du ressort pour quelque cause que ce soit, excepté pour le crime de lèse-majesté, etc. — B. 184, 38 du 2ᵐᵉ. Même date ; enreg. le 24 avr. s.

869. Lettres portant permission à tous les anciens notaires de la province, supprimés par l'ordonnance de 1540, d'exercer leurs offices pendant leur vie en payant 4 liv. chacun au receveur général de ladite province et.—B. 183, 152. A Paris, le 5 mars av. Pâq. 1543/4; enreg. le 21 avr. s.

870. Lettres portant ordre à la chambre des comptes de faire imputer aux gens des trois Etats, sur le don gratuit de 1545, la somme de 20,000 l. t. prêtées à sa majesté, en place des grains qu'ils n'avaient pu fournir pour l'armée navale, etc. — B. 181, 39 du 2me.

A Meudon, le 9 mars av. Pâq. 1543/4 ; enreg. le 7 mai s.

871. Autres semblables, au n° 868 — B. 184, 19 du 2me.

A Fontainebleau, le 27 mars av. Pâq. 1543/4 ; vérif. le 7 mai s.

872. Lettres portant que, sans tirer à conséquence pour l'avenir, tous les officiers de justice, ensemble les avocats et procureurs en tous les sièges payeront un écu sol par tête pour les frais de la guerre, etc. — B. 184, 16 du 2me.

A Paris, le 7 avr. av. Pâq. 1543/4 : vérif. le 2 mai s.

873. Lettres du roi portant ordre d'exécuter et suivre les instructions y jointes sur le fait et exercice de l'office de correcteur des comptes, prises sur la forme et usage de Paris, etc. — Z. 11, 113. A Paris, le 10 juin 1544.

874. Lettres portant augmentation des menues nécessités jusqu'à la concurrence de 700 liv. pour le parlement et de 500 liv. pour la chambre des comptes, etc. — B. 184, 45. A Paris, le 6 juil. 1544.

875. Lettres en confirmation d'autres semblables par lesquelles sont révoquées toutes lettres d'évocation qui pourraient avoir été obtenues, et confirme l'ancien usage du parlement de subroger des juges en cas d'insuffisance ou de récusation, etc. — B. 184, 43 du 2me.

A Saint-Priest, le 2 août 1544 ; vérif. le 23 sept. s.

876. Edit portant création d'un office de maître des comptes ordinaire, outre le nombre ancien et les deux nouvellement créés. — Z. 12, 3.

A Villers-Cotterets, en août 1544.

877. Provisions dudit office. — (A la suite du n° précéd.) A Conty-l'Abbaye, le 24 août 1544.

878. Lettres portant défense de recevoir aucun procureur dans aucune juridiction de la province au-delà du nombre fixé et sans ordre de sa majesté, etc. — B. 185, 3.

A Saint-Germain, le 14 novem. 1544 ; vérif. le 1er déc. s.

879. Lettres portant ordre aux trésoriers généraux du royaume de retirer de tous les commissaires nommés pour les aliénations et réunion du domaine les procès-verbaux

et registres qu'ils en ont tenus, ensemble leurs commissions, pour être remis en la chambre des comptes et au trésor des chartes, etc. — B. 181, 41 du 2⁽ᵉ⁾.

A Fontainebleau, le 22 décem. 1544.

880. Déclaration sur le fait de l'office du maître des comptes nouvellement créé et pour l'enregistrement des lettres de provision dudit office, nonobstant les remontrances du procureur des Etats sur la suppression ci-devant obtenue de tous les nouveaux offices, etc. — Z. 12, 3 et s. A Fontainebleau, le 23 déc. 1544; vérif. le 15 janv. s.

881. Arrêt du parlement portant défense d'exécuter en Dauphiné aucunes lettres du vicaire de l'archevêque de Turin, tendantes à distraire les Dauphinois de leur juridiction ordinaire, etc. — Z. 18. Du 11 mars 1545.

882. Edit portant limitation du pouvoir des gouverneurs de Dauphiné et de leurs lieutenants, à l'instar des autres gouverneurs du royaume, etc. — B. 181, 42 du 2ᵉ.

A Romorantin, en avril 1545; enreg. le 5 juin s.

883. Lettres portant ordre au parlement d'inhiber aux officiers des seigneurs de connaître des cas royaux, ensuite est le dénombrement desdits cas, etc. — B. 185, 4.

A Bury, le 9 mai 1545,

884. Edit portant établissement d'une chancellerie près le parlement de Grenoble, etc. — Z. 19, 12.

A Jumièges, en juil. 1545; enreg. le 4 sept. s.

885. Lettres portant ordre au s' de Maugiron, lieutenant du roi de la province, aux s'' de Bellièvre et Fléard, premiers présidents du parlement et de la chambre des comptes, et autres d'assembler les Etats et faire ordonner une levée de 20,000 liv. pour l'année 1546, pour les affaires pressantes de sa majesté, etc. — C. D.

A [Saint-] Fuscien, le 21 sept. 1545.

886. Lettres de ssion pour procéder à la vérification de celles (n° 883) par lesquelles il était ordonné au parlement de faire inhibition aux officiers des seigneurs de connaître des cas royaux, et ce nonobstant les oppositions du procureur des Etats qui fut renvoyé au roi par ledit parlement, etc. — B. 185, 4 et ss.

A Folembray, le 3 octob. 1545.

887. Lettres du roi qui attribue au parlement la connaissance des poursuites faites contre les détenteurs des terres

du domaine, aliénées pour autre cause que celle de la guerre, etc. — B. 185, 1.

A Saint-Germain, le 26 janv. av. Pâq. 1545,6.

888. Lettres portant ordre à tous les receveurs particuliers de porter à la recette générale, un mois après, tous les deniers dont ils étaient en reste échus jusqu'au 1ᵉʳ janv. de la présente année, sous peine de quadruple et de privation de leurs charges, etc.—B 184; 40 du 1ᵉʳ.

A Saint-Germain, le 1ᵉʳ mars av. Pâq. 1545,6; enreg. le 16 s.

889. Edit portant que la cour du parlement de Dauphiné, les baillis et sénéchaux ressortissants en icelle connaîtront de tous les procès concernant le domaine et autres droits royaux et delphinaux, privativement à la chambre du domaine créée à Paris, etc. — B. 185, 2.

A Fontainebleau, en mars av. Pâq. 1545,6; vérif. le 4 mai s.

890. Lettres portant défense à toute sorte de personnes, de quelque condition que ce soit, de porter des armes à feu et autres, à la réserve des gens d'armes du roi, et ordre à tous les habitants, de quelque lieu que ce soit, de les porter aux maisons de ville et aux châteaux et forteresses les plus prochaines, etc. — B. 184, 46 du 2ᵐᵉ.

A Fontainebleau, le 16 juil. 1546; vérif. le 14 août s.

891. Lettres portant défense à toute sorte de personnes de faire des assemblées illicites et de porter des armes, à peine de mort, etc. — B. 184, 47 du 2ᵐᵉ.

A Fontainebleau, le 1ᵉʳ août 1546 ; vérif. le 2 sept. s.

892. Edit portant défense à toute sorte de seigneurs et gentilshommes de faire aucunes assemblées ni de venir à aucunes voies de fait pour des querelles particulières, etc. — C. D. A Fontainebleau, en août 1546.

893. Edit portant suppression des offices de président, maître des requêtes et conseillers des parlements de Toulouse, Bordeaux, Rouen, Dijon et Dauphiné vacants par mort ou autrement, les réduit au nombre qu'ils étaient à son avénement à la couronne, avec un règlement pour le bon ordre et administration de la justice, etc. — B. 184, 48.

A Moulins, en août 1546; enreg. le 3 nov. s.

894. Edit portant que toutes personnes se disant nobles et ne justifiant pas de la qualité depuis 40 ans seraient comprises aux subsides ordinaires, etc.—B. 185, 11. A Bar-le-Duc, en octob. 1546.

895. Edit qui permet d'appeler du juge commun d'Embrun au parlement ou au vi-bailli, au choix de l'appelant, etc. — Z. 18.   En novem. 1546.

896. Lettres du roi qui attribue aux évêques et à leurs officiers la connaissance du crime d'hérésie, qui leur sera renvoyée par les juges laïques, même en examinant les procès qui seront par-devant eux pour blasphèmes, troubles, séditions et autres de leur compétence, etc. — B. 185, 12. A Folembray, le 23 novem. 1546 ; enreg. le 21 jan. s.

897. Lettres portant ordre à tous baillis, sénéchaux, etc. de taxer de trois en trois mois le prix des vivres et denrées qui se consument journellement dans l'étendue de leurs juridictions, et pareille injonction aux officiers des seigneurs pour leurs terres, etc. — B. 185, 8.

A Folembray, le 26 nov. 1546 ; enreg. le 14 janv. s.

898. Lettres du roi qui donne pour trois ans la moitié du revenu du péage de Saint-Symphorien-d'Ozon aux consuls de Vienne, pour réparer le pont de ladite ville de Vienne, etc. — B. 276, 58.

A Compiègne, le 26 décem. 1546 ; enreg. le 8 mars s.

HENRI II
DEPUIS 1547 JUSQU'A 1559.

899. Lettres patentes du roi portant attribution à tous les officiers de son grand conseil des priviléges et exemptions des commensaux de la maison de sa majesté, et nommément des contributions à l'arrière-ban pour les fiefs qu'ils pourraient posséder dans ladite province, etc. — B. 185, 32.   A Saint-Germain, en avril ap. Pâq. 1547.

900. Lettres portant ordre au parlement et à tous autres officiers de Dauphiné, de faire publier l'ordonnance du feu roi qui défend la chasse et le port des armes, etc. — B. 185, 6.

A Enver [Annet ?], le 24 juin 1547 ; vérif. le 21 nov. s.

901. Lettres portant confirmation des libertés delphinales accordées par Humbert dauphin et ci-devant confirmées par les rois ses prédécesseurs, etc. — B. 179, 44.

A Saint-Germain, en juin 1547; enreg. le 24 déc. 1548.

902. Lettres portant confirmation des priviléges de la ville de Valence ci-devant accordés et confirmés par les rois prédécesseurs de sa majesté, etc. — B. 292, 129.

A Reims, en juil. 1547; enreg. le 2 mai 1551.

903. Lettres portant confirmation des officiers du parlement en l'exercice de leurs charges à son avénement à la couronne, etc. — Z. 14, 17.

A Reims, le 27 juil. 1547; enreg. le 31 mai 1549.

904. Lettres portant confirmation des officiers de la chambre des comptes en l'exercice de leurs charges, etc. — Ibid., 3.

A Villers-Cotterets, le 8 août 1547; enreg. le 2 août 1548.

905. Edit portant que tous les deniers provenants des lods et amendes pendant dix ans et arrérages d'iceux depuis 30 ans seront employés aux réparations des châteaux et places de la province, etc. — B. 185, 7.

A Fontainebleau, le 28 sept. 1547; enreg. le 2 déc. s.

906. Déclaration portant que l'imposition foraine n'a aucun lieu pour les marchandises venant du royaume en Dauphiné, etc. — B. 185, 15.

A Fontainebleau, en octob. 1547; enreg. le 18 mai s.

907. Edit portant suppression des offices et juridiction. des eaux et forêts en Dauphiné, etc. — B. 185, 16.

Même date; enreg. le 24 déc. s.

908. Edit portant aliénation de 100,000 l. t. de revenu sur le domaine, aides et gabelles de Dauphiné, outre les ventes ci-devant faites par les prédécesseurs de sa majesté pour pareille nécessité de guerre, etc. — XXV. 12, 1.

A Fontainebleau, en novem. 1547; enreg. le 9 déc. s.

909. Ensuite lettres de commission pour passer lesdites ventes à faculté de rachat perpétuel, etc.

A Fontainebleau, le 10 déc. 1547; enreg. le 19 janv. s.

910. Edit portant ampliation du précédent jusqu'à la somme de 150,000 l. t. — Ibid.

A Fontainebleau, le 12 déc. 1547; enreg. le 16 févr. s.

911. Ensuite lettres de commission pour procéder à ladite aliénation. Du 31 janv. av. Pâq. 1547/8.

912. Lettres portant confirmation des priviléges de la châtellenie de Voyron, etc. — B. 185, 64. A Fontainebleau, en mars av. Pâq. 1547/8: enreg. le 7 fév. 1549.

913. Lettres portant commission au parlement et à la chambre des comptes, pour procéder à l'égalation générale des feux de la province, et en conséquence de nommer des officiers desdites compagnies pour se transporter dans tous les bailli ges et, les officiers des lieux appelés, faire ladite égalation sans frais, etc. — B. 185, 43.

A Saint-Germain, le 15 avril 1548.

914. Déclaration en confirmation des lettres de Louis XII, du 11 fév. 1512 données à Blois, et de celles du 20 octob. 1513 données à Corbeil, et d'autres de François Ier, à Saint-Germain du 1er fév. 1528, portant que le Gapençais en-deçà de la Durance restera à perpétuité uni à la province de Dauphiné, comme il l'est de temps immémorié, et du ressort du parlement dudit Dauphiné, etc. — B. 299, 56.   A Lyon, en sept. 1518 : enreg. le 3 nov. s.

915. Lettres portant confirmation des privilèges de la ville de Gap, etc. — B. 299, 61. Même date : vérif. le 16 nov. s.

916. Lettres données sur les plaintes des habitants de Dauphiné, portant défense aux ecclésiastiques et nobles de tenir des biens à ferme d'autrui et que, s'ils en tiennent, ils contribueront à toutes les charges ordinaires et extraordinaires pour lesdits biens, etc. — B. 187, 99.

Même date ; enreg. le 7 juin s.

917. Lettres portant ordre à tous baillis et autres juges et officiers de tenir la main à ce qu'aucun religieux mendiant ni autres, tant réguliers que séculiers, ne prêche ni dogmatise sans mission du diocésain, etc. — B. 185, 21.

A Moulins, le 20 octob. 1548 ; enreg. le 14 janv. s.

918. Edit portant règlement sur le fait des bénéfices, pour obvier aux abus qui se commettaient dans les résignations et impétrations faites desdits bénéfices en cour de Rome. — C. D.   A Saint-Germain, en décem. 1548.

919. Lettres concernant la marque de toutes les monnaies d'or et d'argent, les poinçons et coins dont on se servirait désormais, ensemble les lettres et effigies qui devaient être empreintes sur ladite monnaie, attendu que les anciennes marques étaient trop aisées à contrefaire, etc. — B. 185, 24.   A Saint-Germain, le 31 janv. av. Pâq. 1518 9 ; enreg. le 26 fév. s.

920. Lettres portant défense à toute sorte de personnes de porter des étoffes d'or ou d'argent, à la réserve des pa-

rements, et quant aux étoffes et broderies de soie et couleurs d'icelles réglant l'état et qualité des personnes à qui il serait permis d'en porter, etc. — B. 185, 34.

A Paris, le 12 juil. 1549; enreg. le 5 nov. s.

921. Lettres portant commission à un président et deux conseillers du parlement et à un président et deux auditeurs des comptes, pour procéder dans le bureau de la chambre des comptes, avec nombre suffisant de juges, au jugement de tous procès mus à raison des lods et autres droits seigneuriaux dus à sa majesté depuis dix ans, etc.— Z. 20. A Compiègne, le 4 août 1549.

922. Lettres portant permission aux États d'imposer sur eux les sommes qu'ils trouveraient bon pour les affaires du roi et celles du pays, comme ils avaient accoutumé de faire ci-devant, et ce nonobstant les surséances et radiatures du parlement, le tout à la charge d'en rendre compte en l'assistance d'un conseiller du parlement et d'un auditeur de la chambre des comptes, etc. — B. 185, 41. A Compiègne, le 7 août 1549; enreg. le 8 juil. s.

923. Édit portant établissement d'un grenier à sel à Saint-Vallier, conformément à ceux de Valence, Vienne, Tain et autres, etc. — B. 185, 37.

A Paris, en décem. 1549; enreg. le 6 mars s.

924. Lettres portant qu'il sera procédé par la chambre des comptes à la liquidation des lods et autres droits seigneuriaux dus à sa majesté, pour l'accélération des fortifications, etc. — Z. 20.

A Fontainebleau, le 23 janv. av. Pâq. 1549/50.

925. Lettres portant commission à deux généraux des monnaies de visiter et informer sur les abus et malversations au fait des monnaies, tant contre les maîtres et officiers d'icelles qu'autres, à l'occasion des patards fabriqués à Marseille, etc. — B. 185, 72.

A Saint-Germain, le 10 sept. 1550.

926. Lettres portant établissement de trois foires par an à Saou en Valentinois. — B. 292, 128.

A Rouen, en octob. 1550; enreg. le 29 juil. s.

927. Arrêt de la chambre des comptes qui règle les jours des audiences de ladite chambre aux mardi et vendredi de chaque semaine, pour le jugement des procès concernant les lods, hommages, aveux et tous autres

droits appartenant à sa majesté en cette province, etc. —
C. D. A Grenoble, le 25 févr. 1551.

928. Lettres du roi à la chambre des comptes pour commettre un président et un maitre pour procéder aux baux à ferme et autres affaires concernant la Savoie, nonobstant l'opposition du procureur des Etats dudit pays, etc. — C. D. A Oiron, le 21 mai 1551.

929. Lettres portant révocation de toutes commissions ci-devant accordées pour vérification et liquidation de lods, ventes, amendes et autres droits seigneuriaux, dont il attribue désormais la connaissance à la chambre des comptes, etc. — B. 185, 55.
A Angers, le 4 juin 1551 ; enreg. au parlement le 11 juil. s.

930. Suivent lettres de jussion au parlement pour l'exécution des précédentes et autres ci-devant accordées pour le même fait en faveur de ladite chambre.
A Fontainebleau,..........1551.

931. Lettres portant règlement de la taxe des vacations ou commissions des officiers de la chambre des comptes, tant pour les affaires du roi que des particuliers, sur le même pied que celles du parlement. — B. 185, 53.
A Châteaubriant, le 25 juin 1551 ; enreg. le 17 nov. s.

932. Lettres portant que la copie entière de la recette et dépense du compte rendu par le receveur général de Dauphiné à la chambre des comptes de Paris après la reddition d'icelui compte sera renvoyé dûment collationnée à celle de Grenoble pour en faire la vérification et correction, etc. — B. 185, 52. Mêmes dates.

933. Lettres portant que le compte de 10,000 liv. prises sur les fonds de la recette des amendes et lods entre les mains du trésorier général pour les réparations des villes et places fortes, ensuite de l'ordonnance du gouverneur sera rendu à la chambre des comptes de Grenoble par le receveur général, etc. — B. 185, 54.
A Châteaubriant, le 26 juin 1551 ; enreg. le 7 nov. s.

934. Edit qui attribue aux juges laïques par prévention la connaissance du crime d'hérésie, avec plusieurs autres règlements sur le même sujet, etc. — B. 185, 61.
Même date ; enreg. le 30 sept s.

935. Règlement particulier pour la chambre des comptes de Dauphiné, concernant la discipline des officiers et

la forme de rendre les comptes en icelle, etc. — Z. 19, 437. A Fontainebleau, le 16 sept. 1551 ; enreg. au parlement le 16 nov. s.

936. Lettres portant approbation et validation de tous les arrêts et ordonnances faits par la chambre des comptes de Dauphiné pour le Piémont et la Savoie, pendant la réunion à icelle, et suppression de celles desdits Piémont et Savoie, etc. — B. 185, 51.
A Fontainebleau, le 17 sept. 1551 ; enreg. le 27 s.

937. Lettres qui confirme celles de François 1er, du 27 févr. 1526 (? n° 698), portant que les sujets des terres et châtellenies du domaine engagées à faculté de rachat seront admis audit rachat en payant les sommes pour lesquelles elles ont été engagées, etc. — Z. 18, 39.
A Fontainebleau, le 18 sept. 1551.

938. Lettres portant que toutes les lettres adressées à la chambre des comptes depuis l'avénement de sa majesté à la couronne, sur le fait des lods, mainmorte et autres droits seigneuriaux, auront leur exécution dès ledit temps, quoique l'adresse n'en ait pas été faite au parlement, etc. — B. 185, 56. A Fontainebleau, le 19 sept. 1551.

939. Etat ou mémoire de plusieurs réglements et ordonnances de divers rois concernant la juridiction de la chambre des comptes, etc. — B. 185, 58.

940. Edit portant création en titre d'office de dix-sept trésoriers généraux pour autant de généralités, avec un réglement touchant les fonctions desdits offices, etc.—Z. 14, 31.
A Blois, en janv. av. Pâq. 1551/2 ; enreg. le 31 mai s.

911. Lettres du roi qui donne un office de conseiller clerc à un laïque, avec autres lettres portant dispense audit laïque pour posséder ledit office, etc.—Ibid., 48. A Villers-Cotterets, le 24 févr. av. Pâq. 1551/2 ; vérif. le 6 mai s.

942. Lettres du roi qui détache le Piémont de la généralité de Provence pour le réunir à celle de Dauphiné, Savoie et Saluces, dont il est fait une seule trésorerie générale, avec les réglements pour la comptabilité, etc. Ensuite lettres de provisions dudit office de trésorier.—Ibid., 31. A Reims, en mars av. Pâq. 1551/2 ; vérif. le 16 mai s.

943. Lettres portant ordre à la chambre des comptes de Grenoble de ne passer ni allouer aux comptes des receveurs généraux et autres comptables aucuns gages ni pen-

sions s'ils ne résident actuellement aux lieux de leurs recettes, etc.— B. 185,68. A Joinville, le 31 mars av. Pâq. 1551/2 ; enreg. le 9 août s.

944. Lettres portant défense au parlement de rien changer à la forme ancienne de l'assiette et département des deniers imposés annuellement par les États sur les trois ordres, etc. — B. 185, 86 fin.
A Joinville, le 9 avril av. Pâq. 1551/2 ; vérif. le 17 mai s.

945. Edit contenant plusieurs articles touchant la forme que les trésoriers généraux devaient observer à l'avenir pour le recouvrement des deniers de leur recette, etc. — B. 185, 69. A Villers-Cotterets, en sept. 1552 ; enreg. le 12 oct. s. avec quelque modification concernant les saisies.

946. Edit qui affranchit tous les gens de mainmorte en leurs biens et personnes, en payant finance suivant la modération qui en sera faite par les commissaires, etc. — B. 185, 76. A Reims, en novem. 1552 ; enreg. le 19 avr. s.

947. Lettres contenant la forme dont les comptes des restes ou des sommes qui tombent en débet de clair doivent être dressés et remis entre les mains du trésorier de l'épargne, etc.— B. 185, 70.
A Paris, le 20 févr. av. Pâq. 1552/3 ; enreg. le 12 mars s.

948. Edit portant que toutes rentes foncières et droits seigneuriaux sur les maisons des villes et faubourgs seront rachetables, dans trois mois après la publication du présent édit, sur le pied du denier 20 et que les sommes en provenant seraient mises entre les mains des receveurs des villes et employées aux frais de la guerre, pour être remboursées dans le terme de six ans, etc. — B. 185, 75.
A Saint-Germain, en mai 1553 ; vérif. le 29 s.

949. Edit portant réglement sur la traite foraine, la manière dont les receveurs généraux en doivent retirer les droits des mains des receveurs particuliers et les faire porter à l'épargne, etc.—C. D. A Compiègne, le 30 juil. 1553.

950. Edit portant création en titre d'office de 17 trésoriers généraux alternatifs dans les 17 recettes générales du royaume, outre les 17 créées par l'édit des 1551, etc.—Z. 14, 37. A Offémont, en août 1553 ; vérif. le 28 nov. s.

951. Lettres portant que les officiers de la chambre des comptes qui sont en possession de tout temps des mêmes droits et priviléges que ceux du parlement jouiront de la

même exemption de contribution à l'arrière-ban, avec défense aux commis à la levée desdits droits de leur faire aucun trouble, etc. — B. 185, 90.   A Saint-Germain, le 7 sept. 1553 ; enregistré au parlement le 4 juin s.

952. Lettres portant que la connaissance des causes et matières contentieuses concernant le domaine et autres droits delphinaux appartiendra au parlement, avec défense au trésorier général d'en connaître ni procéder par séquestration et saisie au préjudice des libertés delphinales. — B. 185, 78.

A St-Germain, le 15 sept. 1553 ; enreg. le 18 janv. s.

953. Lettres de provision de l'un des six offices de conseiller nouvellement créés au parlement de Grenoble. — Z. 14, 39. A St-Germain, le 17 sept. 1553 ; vérif. le 9 févr. s.

Les provisions des autres cinq sont dans la suite du même registre.

954. Déclaration portant que l'édit qui permet le rachat des rentes foncières dans trois mois sur le pied du denier 20, ne doit s'entendre que des rentes constituées à prix d'argent et non de celles qui sont payables en espèces. — B. 185, 79.

A Villers-Cotterets, en octob. 1553 ; enreg. le 18 janv. s.

955. Edit portant suppression des insinuations des contrats et des offices de greffier desdites insinuations établis par l'édit du mois de mai dernier, le tout conformément aux libertés delphinales et à l'édit de 1513 de François Ier qui révoque toutes créations d'offices, etc. — B. 185, 80.

Même date ; enreg. le 20 févr. s.

956. Lettres de provision du trésorier général de Dauphiné. — (A la suite du n° 950).

A Villers-Cotterets, le 24 oct. 1553.

957. Edit portant création d'un deuxième président en la chambre des comptes de Dauphiné après la désunion de celle de Piémont, en faveur de Pierre Plouvier, président de ladite chambre de Piémont ; ladite création ayant eu pour motif l'union du marquisat de Saluces au Dauphiné, etc. — Z. 14, 49.

A Villers-Cotterets, en nov. 1553 ; enreg. le 23 déc. s.

958. Edit portant création d'un office de conseiller en chacune des cours de parlement, pour être uni et incorporé avec celui de garde des sceaux, etc. — B. 185, 85.

A Fontainebleau, en déc. 1553 ; enreg. le 5 avr. s.

959. Ordonnances du conseil privé du roi portant règlement de la taxe des vacations des officiers des cours souveraines, subalternes et autres employés par commission, etc. — B. 185, 101.

A Fontainebleau, le 1er mars 1553/4.

960. Lettres du roi qui attribue au trésorier général de Dauphiné la même connaissance et inspection sur le sel et gabelles de Dauphiné que celui de Languedoc avait sur la gabelle du Saint-Esprit, etc. — C. D.

A Fontainebleau, le 3 mars 1553/4.

961. Lettres portant que le garde des sceaux sera tenu d'être pourvu d'un office de conseiller, s'il n'est maître des requêtes, etc. — B. 185, 84.

A Fontainebleau, le 6 mars 1553/4 ; enreg. le 10 avr. s.

962. Lettres portant que le premier président de la chambre des comptes de Grenoble jouirait des mêmes salaires, priviléges, droits, gages, etc. que celui de Paris, etc.; suit un état desdits droits du 1er président de la chambre des comptes de Paris expédié par ordonnance d'icelle, etc. — B. 189, 87.

Au camp de Renty, le 14 août 1554 ; enreg. le 24 novem. 1557.

963. Lettres portant commission pour faire la visite des lépreux de Dauphiné, avec ordre de les distinguer par quelque marque, les séparer et punir ceux qui feignent de l'être, etc. — B. 185, 95.

A Saint-Germain, le 22 janv. av. Pâq. 1554/5 ; enreg. le 29 mars s.

964. Edit portant aliénation du domaine en Dauphiné jusqu'à la somme de 1200 l. t. de revenu au denier 12, etc. — B. 185.

A Paris, en mars av. Pâq. 1554/5.

965. Déclaration portant que la chambre des comptes est en droit de connaître et juger en dernier ressort de tous procès et différends pour raison des amendes, confiscations, lods, ventes et autres droits seigneuriaux, avec défense au parlement et à tous autres juges d'en prendre connaissance. — B. 185, 90 bis.

A Paris, en avr. av. Pâq. 1554/5.

966. Lettres adressées à la chambre qui ordonne qu'il y sera fait un registre à double, l'un pour être mis au greffe de la chambre et l'autre entre les mains du procureur général d'icelle, contenant l'état des sommes acquittées au profit de sa majesté pour prêts et autres dettes,

etc., ainsi qu'elles se trouveront couchées dans la dépense des comptables, etc. — B. 186, 1.

A Fontainebleau, le 12 avr. av. Pâq. 1554/5; enreg. le 25 s.

967. Edit qui divise la recette générale des quatre provinces de Dauphiné, Saluces, Savoie et Piémont en deux généralités, l'une qui comprendrait le Dauphiné et Saluces pour être exercée à Grenoble et l'autre la Savoie et le Piémont à Chambéry ou à Turin. — Z. 14, 62.

A Fontainebleau, en avril 1555; vérif. le 20 déc. s.

968. Lettres portant établissement de deux foires par an et deux marchés par semaine à Dieu-le-Fit, etc. — B. 292, 157.

A Saint-Germain, en juin 1555; enreg. le 7 déc. s.

969. Lettres d'augmentation de 300 liv. pour les menues nécessités du parlement, outre celle de 700 l., etc. — B. 185, 97.

A Villers-Cotterets, le 25 octob. 1555; enreg. le 10 avr. 1557.

970. Lettres portant que tous les deniers des lods, amendes et autres droits seigneuriaux échus ou à échoir seront employés aux réparations des villes et places de la province, que le receveur général en fera la recette et en comptera à la chambre, etc. — B. 185, 94.

A Villers-Cotterets, le 3 nov. 1555; enreg. le 2 mars s.

971. Lettres portant que les greffiers des parlements, chambres des comptes, cours des aides et des monnaies seront du corps des secrétaires du roi, maison et couronne de France de l'ancien collége en prenant des provisions, etc. — C. D.   A Blois, le 10 janv. 1555/6.

972. Déclaration portant que les procès où il s'agirait de prescription centenaire touchant les droits du roi seraient jugés suivant l'usage ancien de la province, etc. — B. 185, 108. A Blois, le 15 janv. av. Pâq. 1555/6; vérif. le 14 aoûts avec modification dans le cas de restitution en entier.

973. Lettres portant ordre au gouverneur de faire employer aux réparations des places de Savoie et du palais de Chambéry la somme de 4000 liv. ci-devant assignées à cet effet par le trésorier de l'épargne, etc. — B. 185, 92.

A Blois, le 2 févr. av. Pâq. 1555/6; enreg. le 14 mars s.

974. Lettres portant que, nonobstant l'arrêt d'inhibition du parlement, les gens des comptes procéderont à l'état et parcelle des dépenses universelles pour affaires du pays

en l'an 1556 et ainsi à l'avenir pour les années suivantes, etc. — B. 185, 103.

A Fontainebleau, le 27 juin 1556; enreg. le 5 août s.
975. Edit portant que les officiers du parlement et chambre des comptes jouiront de tous tels et semblables priviléges et exemptions que ceux de Paris, qu'ils auront le franc salé, etc., et plusieurs autres articles pour régler le nombre des juges pour les causes civiles et criminelles, leurs pouvoir et fonctions, etc. — B. 185, 105.

A Fontainebleau, en juil. 1556; enreg. le 13 sept. 1557.
976. Lettres portant confirmation des priviléges de la ville de Briançon, etc. — B. 299, 55.

A Paris, en août 1556; enreg. le 4 mars s.
977. Ensuite sont les lettres patentes du roi qui accorde auxdits officiers du parlement et chambre des comptes la faculté de prendre aux salines de Pecquais et autres la quantité de sel qu'ils avaient accoutumé de prendre anciennement pour leur usage franc de tout droit de gabelle, conformément à l'édit précédent (n° 975), etc.

A Paris, le 10 octob. 1556.
978. Lettres portant rémission à tous acquéreurs de terre, rentes et autres choses mouvantes du fief de sa majesté, du tiers des lods à la charge de payer le reste dans trois mois, faute de quoi ils seront obligés de payer le tout et amendés du tiers de la somme à laquelle peuvent monter lesdits lods, etc. — B. 185, 102.

A Paris, en nov. 1556; enreg. le 27 juil. s.
979. Déclaration portant que les greffiers secrétaires du parlement et de la chambre des comptes de Dauphiné ne seront point compris dans l'édit qui ordonne aux greffiers des cours souveraines de prendre des offices de notaire et secrétaire de la maison et couronne de France, attendu que les dits secrétaires sont nés et créés secrétaires du roi par leur institution, etc. — Z. 17, 76.

A Saint-Germain, le 12 novem. 1556; vérif. le 19 nov. 1557.
980. Ordonnance du conseil privé du roi qui règle la taxe des vacations des officiers des compagnies envoyés à la suite du conseil pour faire rapport et remontrances ou autres affaires publiques, leur enjoignant audit cas de ne point partir sans lettres de congé de sa majesté et les faire enregistrer à leur arrivée au conseil, pour régler

sur le temps de l'enregistrement la taxe de leurs vacations, etc. — B. 185, 101. A Saint-Germain, le 16 nov. 1556.

981. Lettres du roi et arrêt du conseil d'Etat portant que les chambres des comptes auront la connaissance des procès faits contre les faux monnayeurs, réservant à la cour des monnaies la connaissance des malversations faites par les officiers desdites monnaies, etc. — B. 186, 6. A Saint-Germain, le 1" décem. 1556 ; enreg. le 23 juil. s.

982. Déclaration qui confirme les lettres (n° 931) qui règlent la taxe des vacations ou commissions des officiers de la chambre des comptes sur le même pied que celles du parlement, etc. — B. 185, 101. A Saint-Germain, le 8 janv. av. Pâq. 1556/7 ; enreg. au parlement le 29 mai s.

983. Lettres du roi qui confirme le réglement fait par François 1" en 1528 pour l'ordre et le rang des officiers du parlement et de la chambre des comptes dans les processions, à l'instar des compagnies de Paris, et déclare avoir attribué au premier président de la chambre des comptes les mêmes droits qu'à celui de la chambre des comptes de Paris, comme étant son état de semblable nature, etc. — C. D.   A Paris, le 16 févr. av. Pâq. 1556/7.

984. Edit portant que les offices de receveurs généraux et autres officiers comptables fugitifs à l'occasion du maniement des deniers royaux, etc. seront déclarés vacants et impétrables au profit de sa majesté, etc. — B. 185, 99.

A Villers-Cotterets, en avril 1557 ; enreg. le 15 juin s.

985. Lettres portant création d'un 2° avocat général au parlement de Grenoble, etc. — Z. 14, 77.

A Villers-Cotterets, en mai 1557 ; enreg. le 20 déc. 1558.

986. Lettres patentes portant établissement de deux foires par an et deux marchés par semaine à Châtillon-en-Diois, etc. — B. 292, 157 bis.

A Compiègne, en août 1557 ; enreg. le 21 janv. 1559.

987. Lettres portant assignation de la somme de 200,000 écus sur les gabelles et tirage du sel à des banquiers y nommés, pour semblable somme par eux prêtée à sa majesté, et décharge les fermiers desdites gabelles de retirer des quittances des receveurs généraux, en rapportant les acquits des particuliers assignés pour leur remboursement, etc. — B. 185, 107.

A Saint-Germain, le 15 octob. 1557 ; enreg. le 27 juil. s.

988. Edit en confirmation des précédents portant réglement sur le fait des finances, la forme de les imposer, recouvrer et juger, etc.—C. D. A St-Germain, en déc. 1557.

989. Lettres portant commission aux trésoriers de France et généraux des finances de retirer le revenu d'une année de tous les détenteurs et possesseurs des portions du domaine ou gabelles, pour les pressants besoins de l'Etat, et d'en compter à la chambre, etc. — B. 186, 4.
A Paris, le 16 janv. av. Pâq. 1557,8 ; enreg. le 25 avr. s.

990. Lettres portant commission aux premiers présidents du parlement et chambre des comptes, aux trésorier et receveur généraux et autres de faire un emprunt de 1000 écus par tête sur les riches et aisés de la province, ou de 500 écus pour le moins selon les facultés, au denier 12 pour les frais de la guerre, pour assurer la prise (de) Calais et ses conquêtes de Flandre, etc. — B. 186, 1 bis. Même date ; enreg. le 3 mars s.

991. Edit portant qu'il sera aliéné, à faculté de rachat, jusqu'à 10,000 l. t. de revenu du domaine et aides de de Dauphiné et marquisat de Saluces, pour le même fait que dessus, etc. — B. 186, 2.   A Fontainebleau, en mars av. Pâq. 1557,8 ; enreg. le 18 avr. s.

992. Lettres du roi qui déclare que l'assistance du général des finances ne serait pas nécessaire pour les susdites aliénations, quoiqu'il eût été ainsi ordonné par les lettres du 16 janv. précéd., etc. — B. 186, 2.
A Fontainebleau, le 29 mars (comme 991).

993. Lettres portant commission aux mêmes que dessus pour emprunter sur les riches et aisés de la généralité de Grenoble jusqu'à la somme de 30,000 l. t. ou de leur vendre des biens du domaine à la concurrence de ladite somme sur le pied du denier 12, etc. — B. 186, 12.
A Villers-Cotterets, le 3 mars av. Pâq. 1558,9 ; enreg. le 16 s.

FRANÇOIS II
DEPUIS JUILLET 1559 JUSQU'EN DÉCEMBRE 1560.

994. Lettres portant commission aux premiers présidents du parlement et chambre des comptes et au général des finances pour rembourser sur les fonds de la recette de

1558 et 1559 les plus indigents de ceux qui avaient fourni les sommes ci-devant empruntées pour les besoins de l'Etat par ordre du roi, etc. — C. D.

A Saint-Germain, le 3 août 1559.

995. Déclaration sur la réquisition du prévôt des maréchaux, portant que les frais de la nourriture des prisonniers et des exécutions faites prévôtalement seront pris sur les deniers des amendes et confiscations adjugées par les sentences des prévôts, au cas que lesdits prisonniers et parties civiles ne soient pas solvables, etc. — B. 186. 21. Même date; vérif. le 18 janv. s.

996. Edit portant révocation et cassation de tous les dons, cessions, transports, aliénations faites par les rois prédécesseurs de sa majesté pour quelque cause que ce soit, à la réserve que ce ne fut pour douaire de reine ou apanage des enfants de France, etc. — C. D.

A Saint-Germain, le 18 août 1559.

997. Edit portant suppression de tous les officiers comptables alternatifs ci-devant créés par le feu roi, etc. — B. 186, 20. A Villers-Cotterets, en sept. 1559; enreg. le 3 nov. s.

998. Lettres du roi qui déclare être satisfait de François de Guise, gouverneur de Dauphiné, et Guillaume de Portes, premier président du sénat de Savoie, au sujet de la commission à eux donnée par Henri II, et par eux exécutée de tirer de la chambre des comptes dudit pays, lors de la restitution d'iceux, tous les titres et documents qui pouvaient intéresser sa majesté, avec l'inventaire y joint desdits titres, etc.—C. D.

A Escleron. [Eclaron], le 10 octob. 1559.

999. Lettres portant que les papiers originaux concernant les reliquats de comptes de Piémont et Savoie, ensuite de la restitution dudit pays, seraient transportés à celle de Dauphiné pour y être arrêtés selon le style de ladite chambre de Piémont et Savoie, et à cet effet il crée un office de 3ᵉ président et un de maître pour deux officiers qui avaient servi dans ladite chambre de Piémont, etc. — Z. 17. 2. A Blois, le 4 décem. 1559.

1000. Lettres portant confirmation de l'ordonnance (n° 996) sur la réunion du domaine, avec révocation des mains-levées desdites terres accordées à quelques particuliers pour raison de ce, etc. — B. 186, 23.

A Blois, le 4 janv. av. Pâq. 1559/60 ; enreg. le 19 févr. s.

1001. Edit portant abolition et rémission de tout le passé sur le fait de la religion, etc. — B. 186, 52.

A Loches, en mai 1560 ; enreg. le 29.

1002. Lettres portant confirmation des officiers de la chambre des comptes en l'exercice de leurs charges à son avénement à la couronne, etc. — Z. 17, 5.

A Châteaudun, le 16 juin 1560 ; enreg. le 10 juil. s.

1003. Lettres portant que les officiers anciens de la chambre des comptes de Savoie et Piémont jouiront des mêmes droits, priviléges et gages qu'ils avaient pendant l'exercice de leurs charges avant la reddition du pays, et que lesdits officiers auront droit de séance dans les autres chambres du royaume, etc. — Ibid., 32.

A Fontainebleau, le 27 août 1560.

CHARLES IX
DEPUIS 1560 JUSQU'A 1574.

1004. Lettres portant que tous les officiers ci-devant confirmés à l'avénement du feu roi ne seraient pas tenus de prendre de nouvelles confirmations en leurs offices ni payer aucun droit de ce, etc. — Z. 17, 7.

A Orléans, le 9 décem. 1560 ; enreg. le 26 s.

1005. Edit contre le luxe des habits tant à l'égard des ecclésiastiques que des laïques et qui règle la faculté de porter l'or, l'argent et la soie suivant l'état et condition des personnes qui sont désignées, etc. — B. 186, 30.

A Fontainebleau, le 22 avr. 1561 ; enreg. le 2 mai s.

1006. Lettres du roi qui retranche pour l'année présente une portion de gages à tous les officiers de la province, savoir une moitié aux officiers comptables, un tiers au trésorier général et à son contrôleur et un 5e à tous autres officiers de justice et de finances, etc. — B. 186, 28.

A Reims, le 16 mai 1561.

1007. Déclaration portant qu'à l'avenir les procureurs de sa majesté, receveurs ou solliciteurs des restes dus par les comptables, ne poursuivront la vente des offices desdits comptables qui se seront absentés qu'après la discussion et vente de tous leurs meubles et immeubles et de ceux de leurs cautions, etc. — B. 186, 20 bis et 36.

Même date; enreg. le 3 juin s.

1008. Edit portant que les receveurs du taillon remettront à la fin du 1" mois de chaque quartier les deux tiers de leur recette entre les mains du receveur général et l'autre tiers sur la fin du 2° mois, etc. — B. 186, 45.

A Saint-Germain, en juil. 1561.

1009. Lettres de commission pour la coupe et vente des bois en Dauphiné, à la concurrence de 4,000 liv. — B. 186, 38.

A Saint-Germain, le 4 août 1561.

1010. Lettres portant commission au trésorier de France de mettre sous la main de sa majesté tous les revenus de la 1" année de vacance des archevêchés, évêchés, abbayes et autres bénéfices consistoriaux, et de procéder aux baux à ferme desdits revenus, etc. — B. 186, 61.

A Saint-Germain, le 16 sept. 1561.

1011. Autres lettres portant ordre audit trésorier de procéder incessamment au bail à ferme des revenus de l'évêché de Grenoble et d'employer aux réparations du bénéfice les deniers provenant dudit bail, etc. — B. 186, 62.

A Saint-Germain, le 13 octob. 1561.

1012. Lettres portant commission au trésorier général de faire une vérification exacte de tous les revenus des biens aliénés du domaine entre les mains des possesseurs pour, en cas d'excédant desdits revenus par-dessus l'intérêt des sommes par eux données, appliquer ledit excédant au profit de sa majesté, etc. — B. 186, 33.

A Saint-Germain, le 30 octob. 1561.

1013. Déclaration qui dispense pour une année de la rigueur de l'ordonnance contre le luxe des habits les seigneurs, dames et autres qui sont à la suite de la cour avec permission d'user de leurs habits pour ladite année, et confirme au surplus ladite ordonnance dans tousses articles, etc.— B. 186, 30. A Saint-Germain, le 18 déc. 1561.

1014. Edit portant que les deniers provenant des lods, amendes et autres droits casuels échus ou à échoir à sa majesté seront employés à la réparation des maisons et châteaux de son domaine et autres édifices publics, etc.

—C. D. A Saint-Germain, en janv. av. Pâq. 1561/2.

1015. Edit qui ordonne la restitution des églises et autres biens usurpés par les religionnaires, avec plusieurs autres articles, etc. — B. 186, 34.

A Saint-Germain, le 17 janv. av. Pâq. 1561/2.

1016. Déclaration portant que le petit fief qui n'annoblit pas le seigneur et celui qui n'a aucune juridiction ou qui, ayant juridiction, ne rapporte pas 300 l. de revenu annuel, en outre [ainsi] que tous les roturiers possédant fiefs de quelque nature qu'ils soient, s'il est à faculté de rachat, ne seront tenus pour nobles ni exempts, etc.—B. 186, 60.

A Paris, le 8 mai 1562; vérif. le 15 nov. 1565.

1017. Edit de pacification sur le fait de la religion et troubles du royaume, etc. — B. 186, 43.

A Amboise, le 19 mars av. Pâq. 1562/3; enreg. le 12 août s.

1018. Edit portant aliénation des biens immeubles de l'Eglise et des communautés ecclésiastiques, à la réserve de celles des quatre (ordres) mendiants, à concurrence de 100,000 écus de rente, etc. — B. 186, 43.

A Saint-Germain, en mai 1563; enreg. le 5 août s.

1019. Autre édit pour procéder à l'évaluation des biens immeubles des ecclésiastiques qui seraient vendus en exécution du précédent édit, pour être assignée auxdits ecclésiastiques semblable somme sur la ville de Paris ou autres villes à la bienséance du bénéfice, et où le roi fera le fonds pour le payement desdites rentes, etc.—B 186, 42.

A Salon, en juil. 1563.

1020. Lettres portant ordre au parlement, quelques officiers des comptes appelés, de procéder au jugement des procès concernant la réunion du domaine, même avec restitution des fruits, nonobstant les arrêts provisionnels du parlement de Paris, et ce en exécution de l'édit général de François II, etc. — C. D. A Salon, le 8 juil. 1563.

1021. Déclaration portant ordre au parlement de procéder sommairement au jugement et à l'expédition des procès du domaine, et à la chambre des comptes de faire la recherche des droits de sa majesté, en dresser des états avec un répertoire exact, etc. — B. 186, 46.

A Paris, le 11 octob. 1563; enreg. le 16 févr. s.

1022. Lettres portant ordre au parlement d'enregistrer et observer le règlement y joint fait par sa majesté sur le fait de la justice, etc. — B. 186, 44.

A Paris, le 22 octob. 1563.

1023. Lettres portant confirmation des priviléges accordés et confirmés par les rois prédécesseurs de sa majesté pour les châteaux et terres de l'archevêché d'Embrun, etc. — B. 297, 398.   A Fontainebleau, en mars av. Pâq. 1563/4 ; enreg. le 29 nov. 1565.

CHANGEMENT D'ÉPOQUE.

1024. Le roi Charles IX ordonna en 1564 que l'année commencerait à l'avenir au 1er du mois de janvier, et non à Pâques comme on l'avait pratiqué jusqu'alors en France dans les actes publics : en quoi les dates diffèrent de celles de Dauphiné, où l'on commençait l'année à la Nativité. Ainsi il est à remarquer que jusqu'ici les lettres des rois de France sont datées selon l'époque de Pâques, et leurs enregistrements faits en Dauphiné selon celle de la Nativité ou du 1er du mois de janv. (?) : ce qu'on a eu soin d'observer dans cet ouvrage pour les lettres données en janvier, février, mars et partie d'avril, où l'on a mis les deux dates jointes ensemble, l'une qui finit l'année suivant l'usage de France, et l'autre qui la commence à la manière de Dauphiné.

1025. Déclaration portant que les officiers du parlement et de la chambre des comptes seront payés de leurs gages selon la coutume ancienne, et que le fonds en serait assigné sur la recette du pays, etc. — Z. 17, 24.

A Lyon, le 2 juil. 1564.

1026. Lettres qui confirme l'accord fait entre le parlement et la chambre des comptes touchant leurs droits et juridiction, le dit réglement y joint du 8 juil. 1564. — B. 186, 53. A Roussillon, le 10 août 1564 ; enreg. le 16 fév. s.

1027. Lettres qui ordonne à la chambre des comptes qu'on fera des mercuriales tous les ans à l'ouverture d'icelle, suivant l'usage du parlement, avec pouvoir de suspendre et priver des gages, etc. — B. 186, 51.

A Valence, le 2 sept. 1564 ; enreg. le 6 fév. s.

1028. Edit portant que les marchandises d'or, d'argent, de soie, etc. venant d'Italie, qui payaient ci-devant les droits d'entrée au passage de Suse, acquitteront désormais lesdits droits au pont de Beauvoisin, avec plusieurs autres articles sur le même sujet, etc. — B. 186, 50.

A Avignon, le 14 octob. 1564; enreg. le 24 fév. s.

1029. Lettres contenant la forme de procéder à la coupe et vente des bois de haute futaie appartenants à sa majesté, et défense aux ecclésiastiques d'en faire couper dans les forêts dépendantes de leurs bénéfices sans permission expresse de sadite majesté, etc. — C. D.

A Arles, le 26 novem. 1564.

1030. Lettres portant commission au trésorier de France et au juge mage de Valence de se transporter dans toutes les terres du domaine de la province et, les procureurs et receveurs de sa majesté appelés, procéder au bail à ferme au plus offrant de ce qui restait dudit domaine, etc. — B. 186. 57.   A Toulouse, le 19 mars 1565.

1031. Ordonnance du roi portant renvoi à la chambre des comptes des remontrances faites par les châtelains à sa majesté, au sujet de la destitution desdits châtelains pour leur subroger des fermiers, pour sur l'avis de ladite chambre y être pourvu; ensemble est l'avis de la chambre envoyé à sa majesté, portant qu'il serait plus expédient de laisser les choses en l'état et que les châtelains auraient plus de soin des droits de sa majesté que les fermiers, etc. — B. 186, 58.   A Acqs [Dax], le 15 juil. 1565.

1032. Ensuite est l'évaluation du quint de leur recette accordé aux châtelains par arrêt du conseil privé, donné

A Cognac, le 31 août 1565.

1033. Edit contenant la forme et la manière qu'il doit être observé tant pour la vente et aliénation du domaine que pour la réunion et baux à ferme d'icelui, en plusieurs articles. etc. — B. 186, 59.

A Moulins, en févr. 1566; enreg. le 16 mai s.

1034. Edit portant que les deniers d'octroi des places frontières ne seront employés qu'aux fortifications desdites places, avec la manière d'y procéder, et que ceux des autres villes ne seraient employés qu'à la forme des lettres de concession desdits octrois, et que le compte en serait rendu annuellement à la chambre par les maires et échevins desdites villes, etc. — Z. 19, 403.

A Moulins, le 5 février 1566.

1035. Lettres du roi portant qu'ayant supprimé les

payeurs des gages des cours supérieures, les officiers des parlements et chambres des comptes de Grenoble, d'Aix, etc. et des siéges présidiaux desdits pays seront payés par le receveur général des finances de Lyon, et que ledit receveur fera la recette des amendes adjugées à sa majesté dans lesdites cours, etc. — C. D.   A Moulins, le 20 mars 1566.

1036. Lettres portant ordre au trésorier général de Lyon et Dauphiné de faire payer les gages et menues nécessités des officiers du parlement et chambre des comptes de Grenoble, à la forme et manière qu'avait accoutumé de faire le trésorier de Dauphiné avant sa suppression, etc. — Z. 17, 51.   A Saint-Maur-des-Fossés, le 24 juin 1566.

1037. Edit par lequel, ensuite de la suppression générale de toutes les chambres des comptes du royaume, à la réserve de celle de Paris, le roi commet aux fonctions de celle de Grenoble le premier président et trois des anciens officiers, etc. — B. 188, 20.
                A St-Maur-des-Fossés, en juin 1566.

1038. Lettres portant augmentation de gages par forme de pension en faveur des procureurs du roi des bailliages et sénéchaussées de Dauphiné leur vie durant, attendu la modicité desdits gages, etc. — Z. 17, 43.

A Paris, le 5 novem. 1566; vérif. en la chambre pour celui de Vienne, le 7 juillet 1568.

1039. Lettres du roi portant que les châtelains seraient payés tant de leurs gages ordinaires que du quint des grains évalués en argent, et qu'en outre ils seraient tenus de tenir deux registres, l'un des invertitures qu'ils renouvelleront de 4 en 4 ans, l'autre des reconnaissances pour être renouvelé de même de 10 en 10 ans, et remis au bout dudit temps à la chambre des comptes. — B. 186, 58.   A Paris, le 3 janv. 1567; vérif. le 6 juin s.

1040. Lettres en forme de commission portant établissement d'un procureur général en la chambre des comptes, auquel seul appartiendra tout ce qui concerne la juridiction de ladite chambre et non à celui du parlement qui en faisait les fonctions, etc. — Z. 17, 46.
                A Paris, le 31 janv. 1567.

1041. Suivent les oppositions du procureur général du parlement et de celui des Etats, avec un arrêt du parlement rendu en leur faveur. Le 14 mai 1567.

1042. Lettres portant confirmation des privilèges de Château-Dauphin accordés par les marquis de Saluces et les princes Dauphins et confirmés par Henri II. — B. 289, 62 fin. A Saint-Maur-des-Fossés, en mai 1567; enreg. le 12 févr. 1572.

1043. Lettres adressées aux quatre officiers ci-devant réservés de la chambre des comptes pour ouir et clôre les comptes des recettes de la province, excepté celui de la recette générale qui avait été unie à celle de Lyon, pour être rendus à la chambre des comptes de Paris. — B. 188, 20 fin. A Saint-Maur-des-Fossés, le 18 mai 1567.

1044. Lettres portant assignation sur les débets des comptables pendant 4 ans de la somme de 200,000 liv. tourn. dont sa majesté avait fait don à la reine sa mère, etc. — Z. 25, 27. A Saint-Germain, le 2 juil. 1567.

1045. Ensemble autres lettres du roi portant cassation dudit arrêt et jussion pour l'enregistrement des précédentes. — (A la suite du n° 1041).

A St-Germain, le 11 juil. 1567; enreg. le 5 août s.

1046. Lettres du roi portant commission aux grands maîtres des eaux et forêts pour la vente des bois de quelques forêts domaniales du royaume, avec pouvoir de commettre tels officiers que bon leur semblerait. — C. D.

A Paris, le 29 décem. 1567.

1047. Edit portant création de 679 nobles dans tout le royaume, avec un état du nombre pour chaque bailliage et sénéchaussée, 25 pour le ressort du parlement de Dauphiné, etc. — B. 186, 67. A Paris, en janv. 1568.

1048. Edit portant que, pour subvenir aux frais de la guerre, il sera vendu et aliéné des portions du domaine, sous faculté de rachat perpétuel, jusqu'à la somme de 100,000 l. t. de rente dans les provinces y nommées, etc. — B. 186, 65. A Paris, en février 1568; enreg. le 8 mars s.

1049. Edit de pacification qui confirme le précédent de 1562, avec divers autres règlements sur le même fait, etc. — B. 186, 66.

A Paris, le 23 mars 1568; enreg. le 14 avr. s.

1050. Edit portant création d'un garde des sceaux dans toutes les cours tant supérieures que subalternes, avec un règlement concernant les droits et émoluments desdits sceaux dans chaque juridiction, etc. — Z. 19, 9.

A Paris, en juin 1568.

1051. Edit portant que tous les officiers possédant offices vénaux, qui auront payé au 1" janv. prochain le tiers de la valeur de leurs dits offices, pourront les résigner et leurs héritiers pareillement succéder auxdits offices sans payer autre finance, etc. — C. D.

Même date ; enreg. le 27 juil. s.

1052. Lettres portant rétablissement des officiers de la chambre des comptes supprimée par l'édit de Moulins, moyennant le payement du tiers denier de la valeur de leurs offices pour chacun d'iceux, etc. — C. D. Au château de Boulogne, en août 1568 ; enreg. le 25 sept. s.

1053. Lettres portant que les trésoriers et receveurs généraux de Dauphiné compteront à l'avenir à la chambre des comptes dudit Dauphiné, et ne seront plus tenus de compter en celle de Paris, mais seulement d'y remettre un extrait collationné de leur compte, etc. — Z. 26, 1.

A Paris, le 29 octob. 1568 ; enreg. le 20 déc. s.

1054. Lettres portant commission au trésorier de Dauphiné de payer aux officiers de la chambre des comptes la somme de 2,661 l. 6 s. 8 d. que sa majesté leur devait d'emprunt ou de retranchement de gages, etc. — Z. 27, 41. A Paris, le 29 novem. 1568.

1055 Lettres adressées aux cours du royaume pour l'enregistrement et exécution de la bulle du pape Pie V, qui permet l'aliénation du temporel de l'Eglise pour la guerre contre les hérétiques ; et ensuite les arrêts de vérification du 18 février 1569. — B. 186, 73.

A Melun, le 17 décem. 1568.

1056. Déclaration portant que les bénéfices de l'ordre des Mathurins ne sont point compris dans l'édit de juin 1561, qui ordonne l'aliénation des biens d'Eglise, etc. — B. 186, 69. A Château-Thierry, le 15 janv. 1569.

1057. Lettres portant validation des taxes des offices et des provisions et lettres scellées du petit sceau au conseil établi sous le duc d'Alençon, en l'absence de sa majesté et de son conseil, etc. — B 186, 75. A Château-Thierry, le 16 janv. 1569 ; vérif. le 9 nov. s. ensuite des lettres de jussion et sans préjudice de l'opposition du procureur des Etats.

1058. Lettres portant validation de toutes les ventes qui seraient faites des biens d'Eglise par les délégués du pape, comme si elles avaient été faites par-devant les juges ordinaires, etc. — B. 186, 73.

A Rennes, le 10 mai 1569 ; vérif. le 24 s.
1059. Edit portant rétablissement et nouvelle création de deux receveurs généraux du taillon dans chaque généralité, ci-devant unis aux recettes générales, etc.—Z.17,87.

A Tours, en août 1569 ; enreg. le 19 janv. 1572.
1060. Edit portant qu'il sera procédé au bail à cens et rente des vieilles masures et des terres en friche du domaine de Dauphiné et marquisat de Saluces, et que les deniers en provenants seront employés aux mêmes fins que ceux qui devaient provenir de la vente du domaine, de laquelle vente le Dauphiné est déclaré exempt, attendu le peu de domaine qui restait et ce sur les remontrances de la chambre, etc. — B. 186, 71. Au camp de Lazande, près de Saint-Jean-d'Angély, en novem. 1569 ; enreg. le 20 décem. s.

1061. Lettres du roi portant commission à la chambre des comptes et aux trésoriers de donner en emphytéose les masures des châteaux, fours, moulins, battoirs, etc. dépendants du domaine du roi en Dauphiné et marquisat de Saluces, etc. — B. 186. A Angers, le 6 févr. 1570.

1062. Lettres portant suppression d'un maître auditeur et (de) tous autres surnuméraires qui pourront vaquer à l'avenir, etc. — Z. 19, 7.

A Angers, le 23 févr. 1570 ; enreg. le 30 mai s.
1063. Déclaration du roi en confirmation de plusieurs autres pour les droits et séances de la chambre des comptes de Dauphiné à l'instar de celle de Paris, et ordonne entre autres que les receveurs et trésoriers généraux ne pourront prétendre de séance dans ladite chambre qu'après le dernier des maîtres et le procureur général en icelle, etc. — Ibid. A Châteaubriant, le 2 mai 1570.

1064. Edit portant création d'un 3ᵉ président au parlement, etc. — Z 17, 75.

A Paris, en avril 1571 ; vérif. le 23 juil. s.
1065. Ensuite lettres de provision dudit office.

A Paris, le 22 avril 1571 ; enreg. le 27 juil. s.
1066. Lettres du roi portant que la moitié des lods, ventes et autres droits seigneuriaux et casuels appartenants au roi seront employés aux réparations du palais, des

maisons de la gouvernerie et trésorerie, et à bâtir une conciergerie ; et au cas que les amendes de la cour ne suffisent pas pour le pavement de 2,000 liv. ordonnées pour les frais de justice et de 1500 l. pour les menus frais de ladite cour, lesdites sommes seront préalablement prises sur lesdits droits et par préférence, etc. — Z. 18, 9.   A Fontainebleau, le 26 juil. 1571.

1067. Déclaration portant que les gages des officiers seront prélevés avant que de procéder à la vérification d'aucuns dons et assignations sur le domaine de sa majesté, etc. — B. 186, 82.

 A Fontainebleau, le 4 août 1571 ; enreg. le 10 nov. s.

1068. Provision pour le (receveur général) de Dauphiné. — (A la suite du n° 1059).   Du 21 sept. 1571.

1069 Edit portant création d'un office alternatif de trésorier de France pour 16 généralités où il y en avait déjà un ancien, aux mêmes gages, etc. — B. 186, 85.

  A Blois, en octob. 1571 ; vérif. le 27 janv. 1573.

1070. Lettres de provision de la charge de conseiller audiencier nouvellement créée en la chancellerie de Grenoble, etc. — C. D. A Amboise, le 18 décem. 1571.

1071. Lettres portant ordre aux notaires de tenir des registres des contrats de toutes les ventes et acquisitions des biens de la mouvance du roi, pour sur iceux faire le recouvrement des lods et autres droits casuels de sa majesté, tant pour l'avenir que pour les 20 dernières années et faire recherche des droits négligés, etc. — B. 186, 84.

  A Blois, le 18 mars 1572 ; enreg. le 20 déc. s.

1072. Lettres portant que l'office de maître des comptes ci-devant possédé par le S' Rome demeurera supprimé par la mort dudit Rome, attendu que ledit office était surnuméraire et au-delà des 8 offices ordinaires de maîtres des comptes, etc. — Z. 19, 1.

  A Blois, le 6 août 1572 ; enreg. le 26 janv. s.

1073. Edit portant création de 4 notaires et 4 sergents en chaque bailliage et sénéchaussée ressortissant au parlement de Grenoble, etc. — B. 186, 89.

  A Paris, en janv. 1573 ; enreg. le 16 nov. s.

1074. Edit portant aliénation de la plus-value du domaine delphinal jusqu'à la somme de 36,000 l. t. de rente au denier 12, etc. — XXVI. 48, 2.

Même date ; enreg. le 30 mars s.

1075. Ensuite lettres de commission pour l'exécution dudit édit, etc.   A Paris, le 9 janv. 1573.

1076. Lettres portant révocation de tous dons faits sur le fonds des amendes, avec défense aux receveurs de les payer, si aucuns y en avait, que les charges ordinaires n'aient été payées, etc. — B. 186, 90.

A Fontainebleau, le 1ᵉʳ avril 1573 ; vérif. le 24 oct. s.

1077. Lettres de conseiller honoraire au parlement en faveur du célèbre Jacques Cujas, professeur en droit en l'université de Valence, etc. — Z. 17, 99 A Fontainebleau, le 15 mai 1573 ; vérif. le 24 juil. s. et sans conséquence pour pareils états de conseiller honoraire.

1078. Édit portant aliénation de la plus-value du domaine delphinal jusqu'à la somme de 30,000 l. t. de rente à raison du denier 12 et au-dessous, etc. — XXVI. 48, 2.

A Boulogne, en juil. 1573 ; enreg. le 30 mars s.

1079. Ensuite lettres de commission pour l'exécution dudit édit, etc.   Du 8 juillet 1573.

1080. Ensemble autres lettres portant permission aux premiers présidents du parlement et chambre des comptes et au trésorier de France, députés pour l'exécution des susdits édits, d'acheter eux-mêmes les plus-values du domaine delphinal à concurrence de la somme de 36,000 l. t. énoncées au premier édit, etc.

A Paris,.............. 1573.

1081. Lettres de validation des taxes faites par le traitant à raison de la finance des offices de procureur nouvellement créés et des quittances par lui passées, comme si le tout avait été fait par le conseil privé de sa majesté et par le trésorier des parties casuelles, etc. — B. 186, 95.

A Paris, le 4 août 1573.

1082. Lettres portant contrainte contre les procureurs du parlement de payer la finance à laquelle ils seront taxés à raison de leurs offices, etc. — B. 186, 95.

A Paris, le 16 août 1573 ; enreg. le 15 févr. s.

1083. Lettres portant commission pour aliéner du domaine delphinal jusqu'à la somme de 30,000 l. t. en capital, sur le pied du denier 12, etc. — XXVI. 48, 2.

A Villers-Cotterets, le 18 octob. 1573 ; enreg. le 9 nov. s.

1084. Édit portant qu'il serait vendu du domaine delphinal non encore aliéné ou de la plus-value de celui qui l'avait déjà été jusqu'à la somme de 50,000 l. sur le pied du denier 12 et au-dessous, pour le recouvrement des places occupées par les rebelles, etc. — XXVI. 53, 112.

A Vincennes, en mars 1574 ; enreg. le 8 avr. s.

HENRI III
DEPUIS 1574 JUSQU'A 1589.

1085. Edit portant création d'un office de contrôleur général du taillon dans toutes les recettes générales du royaume, etc.— Z. 23, 389. A Paris, en sept. 1574 ; vérif. le 6 oct. 1576, avec modification sur l'emploi des deniers de ladite recette.

1086. Lettres portant attribution de gages ordinaires de conseiller en faveur de Jacques Cujas, conseiller honoraire, et du premier office vacant de conseiller ordinaire, etc. — Z. 17, 115.

A Lyon, le 17 sept. 1574 ; enreg. le 9 nov. s.

1087. Lettres portant confirmation des officiers du parlement et de la chambre des comptes en l'exercice de leurs charges, etc. à son avénement à la couronne. — Z. 19, 4. A Lyon, le 26 sept. 1574 ; enreg. le 12 nov. s.

1088. Lettres portant que les fonds du domaine étant épuisés par les aliénations ci-devant faites, il serait imposé sur chaque émine de sel 2 sols pour être employés à l'avenir au payement des gages des officiers du parlement et des comptes, etc. — Ibid., 16. Mêmes dates ; vérif....

1089. Lettres du roi qui permet aux trésoriers de France en Dauphiné d'ordonner jusqu'à la somme de 300 l. sur les recettes générales et particulières de leurs charges pour les affaires courantes concernant leurs charges. — Ibid., 3. A Lyon, le 2 octob 1574 ; enreg. le 11 déc. s.

1090 Lettres du roi qui ordonne l'exécution des choses contenues dans les réponses faites par sa majesté aux articles proposés par le procureur général du parlement touchant les droits, gages, priviléges et nombre des officiers, les moyens de bien administrer la justice, etc. — Ibid., 5. A Lyon, le 14 octobre 1574.

1091. Lettres portant exemption du logement des gens de guerre tant en la ville qu'à la campagne, en faveur des officiers du parlement et de la chambre des comptes, etc. — Ibid., 2.   Même date ; enreg. le 12 nov. s.

1092. Lettres portant création d'un office de contrôleur alternatif du domaine et provisions d'icelui, etc. — C. D.   A Lyon, le 3 novem. 1574 ; vérif. le 10 juillet 1576.

1093. Lettres portant qu'il sera imposé sur chaque émine de sel 6 s. 6 d. pour être employés au payement des gages des officiers du parlement et de la chambre des comptes, avec un cahier de procédures en conséquence et une remontrance du procureur des États pour empêcher la vérification desdites lettres ; ensuite est un état de tout le revenu du domaine, etc. — Z. 19, 16.

A Lyon, le 13 janvier 1575.

1094. Lettres portant confirmation de tous les priviléges, droits et exemptions des officiers du parlement et de la chambre des comptes et des trésoriers généraux des finances accordés anciennement par les princes dauphins au conseil delphinal, etc. — Z. 19. 5.   A Lyon, le 24 janvier 1575 ; vérifié le 7 mai s.

1095. Lettres portant que toute sorte de personnes, même les prélats possédant fiefs, aient à prêter hommage et donner leur dénombrement dans 0 mois en la chambre des comptes, à peine d'être contraints par saisie desdits fiefs à défaut d'y satisfaire dans ledit temps, etc. — Ibid , 20. A Paris, le 16 avril 1575 ; enreg. le 7 juin s.

1096. Édit portant suppression de l'office de grand maître des eaux et forêts, et création de six autres grands maîtres dont l'un serait pour le Languedoc, la Provence et le Dauphiné, avec un règlement touchant leur juridiction, etc. — Ibid., 420.   A Paris, en mai 1575.

1097. Lettres portant augmentation de 250 liv. pour les mennes nécessités de la chambre des comptes, outre 350 l. dont elle jouissait, etc.—Ibid. 6. A Paris, le 3 juin 1575.

1098. Lettres portant que les officiers du parlement et chambre des comptes seront payés de leurs gages sur le don gratuit de la province, à défaut de fonds sur le domaine, pour n'avoir pu jouir de l'imposition sur le sel à cause de l'opposition du procureur des États, etc. — Ibid., 17.

A Paris. le 12 juil. 1575.

1099. Lettres portant commission à la chambre des comptes, en continuation d'une pareille commission ci-devant accordée à Jacques Cujas et à l'évêque de Valence, pour recevoir les comptes du maniement de ceux qui avaient été employés dans les vivres, munitions, étapes, etc., comme étant naturellement des fonctions de ladite chambre, etc. — C. D.   A Paris, le 28 août 1575.

1100. Lettres portant permission aux chevaliers de Saint-Jean-de-Jérusalem de tirer du royaume durant le terme d'un an une certaine quantité de charbons, de cuivre, de plomb, fil de fer et autres munitions de guerre pour l'entretènement de leurs places et de leurs galères, etc. — B. 187, 33. A Blois, le 1ᵉʳ mars 1576; enreg le 13 nov. 1577.

1101. Edit portant attribution à la chambre des comptes de l'audition du compte de la recette générale des finances et du taillon de ce pays, avec juridiction sur les départements des comptables, nonobstant les lettres et arrêts obtenus par celle de Paris en 1571, pour faire révoquer pareille attribution ci-devant accordée par Charles IX en 1565. — Z. 19, 11.

A Paris, en avril 1576; enreg. le 9 août s.

1102. Lettres portant confirmation des priviléges de la ville de Romans, etc. — B. 285, 52 ℃n.

A Paris, le 11 avril 1576; enreg. le 14 août s.

1103. Edit de pacification, contenant un règlement en plusieurs et divers articles pour l'observation de ladite pacification. Z. 19, 16. A Paris, en mai 1576; vérif. le 23 juin s.

1104. Lettres portant que les gages des officiers des comptes tant pour les arrérages que pour l'avenir seront payés des deniers provenants des droits casuels, à défaut de fonds dans la recette générale, etc. Ibid., 19.

A Paris, le 25 juin 1576; enreg. le 20 juil. s.

1105. Edit portant que les offices vénaux de Dauphiné seront héréditaires pour une fois, en payant le tiers denier de la finance, ainsi qu'il avait été pratiqué sous Charles IX. — Ibid., 21.

A Paris. le 3 juil. 1576; enreg. le 1ᵉʳ sept. s.

1106. Lettres portant augmentation de 200 liv. par-dessus les 800 l. ci-devant accordées par an à la chambre des comptes pour ses menues nécessités, etc. — Ibid.

A Paris, le 12 juil. 1576; enreg. le 1ᵉʳ sept. s.

1107. Lettres portant révocation du quint de la recette accordé aux châtelains pour le renouvellement des terriers du domaine delphinal à l'égard de ceux qui n'y auront pas satisfait, avec injonction à la chambre des comptes de commettre à l'avenir personnes capables pour ledit renouvellement, à défaut par eux d'y satisfaire.— Ibid., 24 bis.   A Paris, le 26 juil. 1576; enreg. le 15 nov. s.

1108. Lettres portant que les restes qui se trouveront dus par l'affinement des comptes rendus à la chambre seront employés au rachat du domaine, de même que les lods et autres droits casuels, etc. — Ibid., 24.

A Paris, le 17 août 1576.

1109. Lettres portant confirmation du concordat de 1564 fait entre le parlement et la chambre des comptes, et nommément à raison du droit et faculté attribué à ladite chambre de juger en dernier ressort de tout ce qui tombait en ligne de compte et autres matières de sa compétence, avec défense au parlement de recevoir à l'avenir aucun appel des jugements de ladite chambre, etc. — Ibid., 27 ou 230 v°.   Même date; enreg. le 10 juin s.

1110. Lettres portant ordre au parlement de Paris de faire publier et enregistrer la bulle du pape Grégoire XIII qui permet l'aliénation du temporel des églises de France jusqu'à la somme de 50,000 écus d'or de rente, la bulle y jointe, etc. — B. 187, 97.   A Paris, le 20 août 1576.

1111. Ensuite dont les lettres des commissaires du pape pour faire procéder à ladite aliénation dans tout le royaume, etc. Enreg. sans approuver la clause *invitis clericis*,

le 7 sept. 1576.

1112. Ensuite sont les instructions dressées par les cardinaux et autres commissaires députés par le pape pour procéder à ladite aliénation. A Paris, le 20 septem. 1576.

1113. Lettres portant que les arrérages des gages des officiers du parlement et chambre des comptes seraient pris sur le don gratuit dont le roi avait accordé la rémission aux États, laquelle n'aurait lieu qu'après que lesdits gages auraient été prélevés, etc. — Z. 19, 17.

A Paris, le 9 octob. 1576.

1114. Lettres portant que les officiers du parlement

chambre des comptes et finances seraient payés de leurs gages sur l'imposition de 6 s. 6 d. sur chaque émine de sel à la forme du précédent édit, avec défense aux commis des Etats d'y former empêchement, au quel cas ils seraient payés par imposition sur le pays à la forme des deniers royaux, etc. — Ibid., 17 bis.

A Paris, le 30 octob. 1576; enreg. le 24 nov. s.

1115. Edit portant création de trois receveurs particuliers des tailles distribués dans les bailliages de Vienne, des Montagnes et sénéchaussée de Valence, etc. — Ibid., 12. A Paris, en novem. 1576.

1116. Ensuite lettres de jussion. A Blois, le 6 janv. 1577.

1117. Edit portant suppression des susdits receveurs particuliers, à la requête du procureur des États, etc. — Ibid., 26. A Blois, en févr. 1577; vérif. le 28 mars s.

1118. Édit portant création d'un contrôleur général alternatif du taillon, etc. — Z. 22, 390 v°.

A Blois, en avril 1577; vérif. le 29 janv. s.
Ensuite les provisions dudit office et de l'ancien créé ci-devant par édit de 1574, avec les arrêts de vérification.

1119. Édit portant aliénation du domaine, à faculté de rachat, jusqu'à la somme de 120,000 l. t. de principal, sur le pied du denier 12, et des gabelles s'il en est besoin, etc. — XXV. 16, 2. A Poitiers, en juil. 1577; enreg. le 9 août s. à la charge que les deniers seront employés dans le pays.

1120. Ensuite sont les lettres de commission pour l'exécution dudit édit. Du 19 juil. 1577.

1121. Lettres portant augmentation de gages en faveur des avocat et procureur généraux du parlement, à chacun jusqu'à la somme de 500 écus annuellement, tant pour le service ordinaire que pour celui des vacations. — Z. 21, 43. A Paris, le 25 nov. 1577; vérif. le 19 nov. 1578.

1122. Lettres portant imposition de 6 s. 6 d. sur chaque émine de sel entrant en Dauphiné pour le payement des gages des officiers du parlement, chambre des comptes et des finances, etc. — Z. 19, 30. A Paris, le 31 janv. 1578.

Suivent les publications et verbaux pour l'exécution des dites lettres, etc.

1123. Lettres en forme d'édit portant création, en faveur de Louis Revol, d'un 4ᵉ office de président en la chambre des comptes, et provisions d'icelui aux gages de 200 écus, etc. — Z. 21, 40. A Paris, en mai 1578 ; enreg. le 21 nov. s.

1124. Édit portant révocation de toutes ventes, cessions, dons, etc. faits par ses prédécesseurs, de son domaine ou portion d'icelui. — Z. 18, 18. A Fontainebleau, le 16 octob. 1578 ; enreg. le 23 février s.

1125. Edit portant réunion du domaine aliéné en Dauphiné, etc.; ensemble les instructions pour l'exécution dudit édit dressées au conseil d'état, etc., avec les lettres de commission pour y procéder. — Z. 19, 319.
A Fontainebleau, en novem. 1578 ; vérif. le 23 fév. s. avec les modifications y contenues sur les articles des instructions.

1126. Edit portant création d'une nouvelle chambre au parlement de Grenoble, composée de deux présidents et douze conseillers de l'une et l'autre religion, sous le nom de chambre de l'édit, etc. — Z. 21, 66.
A Paris, en janvier 1579 ; enreg. le 9 nov. 1581.

1127. Lettres portant attribution à la chambre de l'édit de la somme de 180 écus sol par an pour la poursuite des procès criminels et de 120 écus pour les menues nécessités, etc. — Z. 19, 343 v°.
A Paris, le 20 janv. 1579 ; enreg. le 9 nov. s.

1128. Lettres portant ratification des réponses faites par la reine mère aux articles du cahier contenant règlement entre les trois ordres, à raison du payement du don gratuit et taillon et autres charges à l'occasion de la guerre, etc. — Ibid., 364. A Paris, le 17 août 1579.

1129. Edit portant réunion de tous les greffes domaniaux ci-devant engagés, avec revente d'iceux, pour le prix être employé au rachat du domaine : le tout de l'avis des deux premiers présidents du parlement et chambre des comptes, etc. — C. D. A Paris, en mars 1580 ; enreg. le 15 janv. s. sous les remontrances à l'égard des greffiers du parlement et chambre des comptes.

1130. Edit portant aliénation du domaine, à faculté de rachat perpétuel jusqu'à la somme de 60,000 écus, avec la manière d'y procéder pour la subsistance d'une armée en Dauphiné, etc. — XXVI. 54, 1.
A Paris, en avril 1580 ; enreg. le 18 août s.

1131. Ensuite les lettres de commission expédiées sur ledit édit, etc. A Paris, le 29 avril 1580.

1132. Lettres portant permission au **cardinal de Bourbon**, de faire tirer 200 muids de sel par an des salines de Pequais pour être porté et vendu à Avignon, etc. — B. 187, 115. A Blois, le 3 mars 1581 ; enreg. le 12 mai s. à la charge que ledit sel d'Avignon qui sera vendu sur les limites aux habitants de Dauphiné sera sujet aux impositions mises ou à mettre.

1133. Lettres portant validation des impositions faites par le lieutenant du roi, le parlement et la chambre des comptes sur la province pour la subsistance de l'armée de Dauphiné, et décharge le clergé et la noblesse d'une partie de ladite imposition. — B. 187, 118.

A Blois, le 1ᵉʳ juin 1581 ; enreg. le 16 s.

1134. Edit portant création d'un receveur des épices et autres deniers consignés en chacune des cours de parlement, chambre des comptes et autres, etc. — Z. 28, 18.

A Paris, en juil. 1581.

1135. Lettres portant confirmation des priviléges et exemptions accordés aux trésoriers généraux, receveurs et contrôleurs de toutes impositions, etc. — Z. 19, 164.

A Paris, le 26.... 1581.

1136. Edit portant suppression de tous offices surnuméraires vacants par mort ou autrement, excédant le nombre fixé par l'édit de Blois ; ordonne de plus qu'il sera pourvu gratuitement de sujets capables et de probité à tous autres offices vacants, etc. — Ibid., 341.

A Fontainebleau, en juillet 1582 ; enreg. le 27 s.

1137. Edit portant création de onze contrôleurs provinciaux ordinaires des guerres dans le royaume, avec un règlement pour leurs fonctions ; ensemble les provisions de l'un desdits offices au département de **Dauphiné**, **Lyonnais**, etc. pour assister aux montres et revues de la gendarmerie : le tout sans préjudice du contrôleur général de l'extraordinaire des guerres, etc. — Z. 21, 65.

A Paris, en novem. 1582 ; vérif. le 9 avr. s.

1138. Lettres portant que le greffe de la chambre des comptes n'est point compris dans l'édit de la réunion du domaine, et que les pourvus des offices de secrétaires en icelle demeureront en titre d'office, etc. — B. 188, 51.

A Paris, le 13 novem. 1582; vérif. le 14 janv. s.

1139. Lettres portant établissement de deux foires par an à Bourgoin, etc. — B. 274, 61.   A Saint-Maur-des-Fossés, en mars 1584; enreg. le 8 mai 1586.

1140. Lettres portant établissement de deux foires par an au Mont-de-Lans, mandement d'Oisans, et d'un marché le mercredi, etc. — B. 260, 144.   A Saint-Maur-des-Fossés, en avril 1581; enreg. le 25 juin s.

1141. Edit portant qu'à l'avenir nul officier ne sera reçu à la chambre des comptes qu'après avoir été examiné par ladite chambre sur les finances, etc. — Z. 19, 43.
A St-Maur-des-Fossés, en juin 1581; vérif. le 15 nov. s.

1142. Lettres portant ordre aux trésoriers généraux de payer également sur les mêmes fonds et de même nature de deniers les gages du parlement et ceux de la chambre des comptes, en prescrivant l'ordre et la forme, etc.— Ibid., 365 v°. A Paris, le 17 juil. 1581; enreg. le 27 nov. s.

1143. Lettres portant confirmation d'un concordat fait entre le parlement et la chambre des comptes au sujet de leur juridiction, etc. — C. D.

A Paris, le 17 juil. 1581.

1144. Edit portant que les rentes constituées à prix d'argent, rachetables à perpétuité et qui n'excéderont pas le denier 12, seront reconnues bonnes et valables, avec réduction au même pied de celles qui sont au denier 10, etc. — Z. 19, 399.   A Fontainebleau, le 29 juil. 1581; enreg. le 16 mai s.

1145. Déclaration portant qu'à la forme des ordonnances précédentes nul comptable ne pourra être reçu aux offices de président, maître, correcteur et auditeur des comptes, et que ceux de cette qualité qui y sont actuellement reçus seront tenus de les résigner dans six mois, etc.
Ibid., 371.   A Chenonceaux, le 9 octob. 1581.

1146. Autre déclaration en explication de la précédente, portant que tous ceux qui avaient exercé des offices comptables ou leurs commis seront compris dans ladite déclaration, etc.—Ibid. A Blois, le 15 oct. 1581; enreg. le 6 nov. s.

1147. Lettres en forme d'édit portant règlement sur le fait des finances conformément à l'édit de 1557, ensemble sur la juridiction et discipline des chambres des comptes, etc. — Ibid., 367 bis.   A Blois, le 16 (comme 1146).

1148. Edit portant suppression de tous nouveaux états ci-devant créés et révocation de toutes commissions, suivant le rôle joint et attaché sous le contre-scel, etc. — Ibid., 375.   A Saint-Germain, en novem. 1584.

1149. Lettres portant établissement de trois foires par an et d'un marché par semaine à Veynes dans le Gapençais, etc.—B. 298, 65. Même date ; enreg. le 27 mars s.

1150. Lettres portant établissement de deux foires par an et d'un marché par semaine à Vaucluson dans le Briançonnais, etc. — B. 298, 64.   Même date.

1151. Lettre portant établissement d'une 2ᵉ foire à Oulx, avec confirmation de la 1ʳᵉ, du marché et des autres priviléges, etc. — B. 298, 66.

A Paris, en octob. 1585 (?); enreg. le 11 févr. 1585.

1152. Lettres portant ordre à la chambre des comptes de tenir la main à l'exécution des lettres (n° 1095) pour les hommages dus à sa majesté, et que les possesseurs de fiefs qui n'avraient pas rendu ledit hommage eussent à le rendre dans deux mois, à peine de commis et de saisie des fruits dont les sequestres seraient tenus de rendre compte à la chambre, etc. — Z. 19, 389.

A Paris, le 20 fevr. 1585 ; enreg. le 13 avr. s.

1153. Edit portant confirmation de l'imposition de 6 s. 6 d. sur l'émine de sel pour les gages des officiers de la chambre des comptes, et en cas d'insuffisance qu'il sera suppléé par une nouvelle imposition sur ledit sel ; ensemble est une commission pour vérifier et retrancher toutes autres impositions faites indûment sur ledit sel, etc. — Ibid., 381. A Paris, le 2 mars 1585 ; enreg. le 14 août s.

1154. Lettres portant qu'en cas d'insuffisance des fonds destinés pour les gages des officiers, il sera imposé sur la province la somme de 24,000 l. t. pour tenir lieu des droits pris sur l'entrée du vin dans les autres provinces, etc. — Ibid., 296.   A Paris, le 9 mars 1585.

1155. Lettres portant que la chambre des comptes jouira de l'autorité et juridiction portée par l'accord fait avec le parlement, avec défense audit parlement de recevoir les appels des jugements de ladite chambre dans les cas portés par ledit accord, conformément aux lettres (n° 1108). — Ibid., 291.

A Paris, le 12 mars 1585 ; vérif. le 2 août s.

1156. Autres lettres portant confirmation des précédentes et de celles de 1576, avec défense itérative au parlement de recevoir aucun appel des jugements rendus en ladite chambre, etc. — Ibid., 417.

A Paris, en mai 1585 ; enreg. en 1588.

1157. Edit portant permission à toute sorte d'ecclésiastiques de rentrer dans leurs parts et portions de leurs biens aliénés où il aurait eu déception ou lésion du tiers, etc.—B. 187, 129. A Paris, en févr 1586 ; enreg. le 29 mai s.

1158. Lettres portant confirmation des privilèges et exemptions de toutes charges en faveur du parlement et de la chambre des comptes de Dauphiné, avec défense au commis des Etats d'y donner atteinte, etc. — Z. 19, 423 v°. A Paris, le 26 mars 1586 ; enreg. le 18 mai s.

HENRI IV
DEPUIS 1589 JUSQU'A 1610.

1159. Lettres portant commission au trésorier de France en Dauphiné et à un conseiller du parlement pour l'exécution de l'édit de 1585 concernant l'aliénation du temporel de l'Eglise dans l'étendue des bailliages des Montagnes et sénéchaussées de Valentinois, pour les deniers en provenant être employés aux frais de la guerre de Savoie et Piémont, etc. — Z. 29, 1. A Senlis, le 31 décem. 1590.

1160. Ensuite sont les procédures des commissaires, les rôles contenant la répartition sur tout le clergé par diocèse et les ventes faites en conséquence, etc.

1161. Edit portant aliénation du domaine du royaume jusqu'à la somme de 120,000 écus d'or sol de revenu annuel, à raison du denier 25 ou 30, pour l'entretènement de l'armée que sa majesté commandait contre les rebelles, etc. — XXV. 17, 1.

Au camp devant Noyon, en sept. 1591 ; enreg. le 7 mars 1593.

1162. Lettres portant commission aux mêmes que dessus pour procéder à l'aliénation du temporel des bénéfices dans le bailliage de Viennois et autres dépendants de Dauphiné, suivant l'état et répartition, etc. —C. D.

Au camp devant Noyon, le 4 sept. 1591.

1163. Arrêt du parlement portant défense à toute sorte de personnes, soit gens de guerre ou autres, de faire aucune levée de deniers dans la province sans imposition préalable en vertu des lettres du roi, sous les peines y portées contre les contrevenants, etc. — B. 188, 7.

A Grenoble, le 12 novem. 1591.

1164. Lettres portant confirmation des priviléges et exemption des tailles et contribution à l'arrière-ban accordés aux officiers du parlement et chambre des comptes de Dauphiné, etc. — Z. 19, 490.

Au camp devant Rouen, en sept. (décem.?) 1591.

1165. Lettres portant que le domaine qui sera exposé en vente, en exécution de l'édit de sept. dernier, ne pourra être vendu qu'au denier 30, avec faculté de payer le tiers du prix en rente constituée sur les gabelles et autres droits royaux par forme de rétrocession, etc. — XXV. 17, suite d'1. Au camp devant Rouen, le 12 déc. 1591; enreg. le 7 mars 1593.

1166. Lettres portant confirmation des officiers du parlement et de la chambre des comptes en l'exercice de leurs charges, etc. — Z. 23, 605. Au camp devant Rouen, le 27 décem. 1591 ; enreg. le 6 nov. 1592.

1167. Lettres portant suppression de l'office de 4ᵉ président de la chambre des comptes ci-devant créé en faveur de Louis Revol, pourvu nouvellement de l'un des trois anciens vacants, etc. — Z. 22, 17.

A Gisors, le 17 juin 1592; vérif. le 3 nov. s.

1168. Autres lettres de même. — (A la suite du n° 1166). Au camp devant Senlis, le 28 juin 1592; vérif. le 6 nov. s.

1169. Lettres en forme d'édit portant création d'un trésorier de France et général des finances, d'un receveur général et d'un contrôleur pour le Piémont, Savoie, marquisat de Saluces, Terre-Neuve et Bresse, etc. — Z. 22, 36. A Chartres, en janv. 1593; vérif. le 18 mars s. avec la modification que l'édit n'aura lieu pour le marquisat de Saluces, uni depuis longtemps au Dauphiné.

1170. Ensuite lettres portant que le département des 120,000 écus d'aliénation du domaine pour tout le royaume, suivant l'édit (n° 1161), sera réduit à 10,000 écus pour le Dauphiné.

A Chartres, le 22 janv. 1593; enreg. le 4 mars s.

1171. Ensuite lettres de commission à quelques officiers du parlement et chambre des comptes pour l'exécution dudit édit, etc. Même date ; enreg. le 8 mars s.

1172. Lettres de provision de l'office de trésorier général pour le Piémont ci-devant créé, etc.— Z. 22, suite de 36. A Chartres, le 31 janv. 1593.

1173. Autres lettres de suite portant union dudit office de trésorier à la généralité de Dauphiné, avec les 4 autres déjà créés pour la dite généralité.

A Saint-Denis, en août 1593 ; vérif. le 26 févr. s.

1174. Ensuite des lettres de jussion et à la charge que les gages dudit trésorier ne pourraient être assignés sur les deniers de la province, et de rapporter déclaration des autres trésoriers de ne point former ensemble un corps de bureau, etc.

1175. Lettres portant attribution à la chambre des comptes de la reddition des comptes, de la recette et dépense des deniers provenus de l'aliénation du temporel de l'Eglise, etc. — Z. 19, 52. A Chartres, le 6 oct. 1593.

1176. Lettres portant confirmation et ratification des arrêts du parlement sur le fait et fabrication des monnaies ; lesdits arrêts dans le même reg., f°s 3, 4, 5. — B. 188, 10.

A Vernon, le 26 décem. 1593.

1177. Lettres portant validation des contrats de vente des terres du domaine passés par les commissaires et du sol pour livre pour les vacations d'iceux, etc.— Z. 30, 256. A Mantes (s. Seine), le 26 décem. 1593 ; enreg. le 26 fév. s.

1178. Lettres portant confirmation des réponses faites en 1577 aux plaintes du tiers-état à raison du payement du don gratuit et du taillon et autres charges, à raison de la guerre, etc. ; lesdites réponses ci-devant confirmées par Henri III ; voulant toutefois sa majesté que les officiers du parlement et de la chambre des comptes jouissent des priviléges et exemptions attribués à leurs états, etc. — Z. 19, 488. A Mantes, le 24 janv. 1594.

1179. Edit portant révocation des 50 secrétaires nouvellement créés, avec confirmation des priviléges des anciens, attribution et augmentation de gages ou de survivance, etc. — Z. 22, 35.

A Paris, en juin 1591 ; enreg. le 30 juil. s.

1180. Lettres du roi qui ordonne à la chambre des

comptes de tenir la main qu'il ne se fasse aucune imposition dans la province qu'en vertu de lettres patentes de sa majesté, etc. — C. D.

A Saint-Germain, le 14 novem. 1594.

1181. Lettres portant qu'ensuite de l'établissement d'un conseil particulier des finances, les receveurs généraux des provinces seront tenus de rendre leurs comptes sur les états qui y seront dressés et ensuite envoyés à cet effet, etc. — C. D. A St-Germain, le 25 nov. 1594.

1182. Lettres portant règlement pour la recette et dépense des deniers du taillon, augmentation de solde de la gendarmerie, commutation de meubles et ustensiles, etc. — B. 188, 25.

A Fontainebleau, le 31 mai 1595 ; vérif. le 17 juill. s.

1183. Lettres du roi et arrêt du conseil portant union de l'office de maître-clerc du greffe du parlement à ceux des greffiers civils dudit parlement, etc. — C. D.

A Dijon, le 23 juin 1595.

1184. Lettres portant confirmation des priviléges de la ville de Valence et concession de deux foires par an. — B. 188, 54. A Lyon, en sept. 1595 ; enreg. le 26 févr. 1598.

1185. Lettres portant ordre aux trésoriers dans le département de la province d'imposer les deniers du taillon comme deniers ordinaires et les faire remettre au receveur dudit taillon par le receveur général, etc. — B. 188, 25.

A Lyon, le 9 sept. 1595.

1186. Lettres portant confirmation de l'exemption de la taille et autres charges publiques en faveur des trésoriers généraux, receveurs et contrôleurs, etc. — Z. 19, 367.

A Lyon, le 14 sept. 1595.

1187. Lettres portant confirmation de la juridiction souveraine de la chambre des comptes pour ouir et examiner tous comptes, excepté celui de l'extraordinaire des guerres, avec inhibition au parlement de n'attenter ni innover au contraire, etc. — B. 188, 26.

A Lyon, le 23 sept. 1595 ; enreg. le 22 nov. s.

1188. Lettres portant ordre à la chambre des comptes de faire une imposition sur les communautés taillables de la province, de la somme de 308,016 écus, pour l'entretènement des troupes nécessaires à la conservation de la province, pour ensuite lesdits deniers être remis entre les mains du trésorier de l'extraordinaire des guerres par le receveur des Etats qui en devait faire la recette, etc. —B. 188, 24. A Lyon, le 23 sept. 1595.

1189. Lettres portant que les amendes seront remises au receveur à ce commis, lequel en comptera à la chambre des comptes, avec défense au parlement de faire recevoir lesdites amendes par les greffiers de ladite cour, et pareillement de prendre aucune connaissance ni décerner aucune contrainte contre les receveurs et autres comptables pour raison de leurs comptes, etc. — B. 188, 26. A Lyon, le 30 sept. 1595; enreg. le 21 nov. s.

1190. Lettres qui ordonnent la revente des greffes et offices de clercs d'iceux dans tous les siéges et judicatures de la province, etc. — C. D.
A Folembray, en janv. 1596.

1191. Lettres qui ordonnent une imposition de 114,049 écus sur les communautés taillables de la province, etc. — C. D. A Fernand près La Fère, le 27 févr. 1596; vérif. le 3 avr. s.

1192. Lettres portant exemption des tailles en faveur des officiers de la chambre des comptes, etc. — C. D.
A Paris, le 26 mars 1596.

1193. Lettres de jussion au parlement pour obéir aux précédentes touchant la juridiction de la chambre des comptes, etc. — B. 188, 32.
A Paris, le 30 mars 1596; vérif. le 18 mai s.

1194. Lettres portant que l'imposition ordonnée par les précédentes lettres serait assise tant seulement sur les feux solvables et qu'à cet effet ceux qui se trouveraient hors d'état de payer en seraient rayés et déchargés, etc. — C. D. A Treveray devant La Fère, le 14 mai 1596.

1195. Autres lettres pour l'imposition de 1000 écus sur les feux solvables de la province destinés aux fortifications de la ville de Grenoble pour l'an 1596. — C. D.
Au camp devant La Fère, le 24 mai 1596.

1196. Arrêt de la chambre des comptes qui sursoit la vérification desdites lettres (n° 1194) quant à l'article qui regarde la diminution et décharge des feux jusqu'à ce qu'il ait été procédé à une nouvelle révision, etc. — C. D.
A Grenoble, le 15 juin 1596.

1197. Lettres portant confirmation des priviléges de La

Buissière, etc. — B. 189, 60.

A Paris, en juin 1596 ; enreg. le 1ᵉʳ mars s.

1198. Lettres d'augmentation de 13 s. sur l'émine de sel pour les gages des officiers de la chambre des comptes et autres officiers des finances, etc. — B. 188, 38.

A Paris, le 22 juin 1596 ; enreg. le 10 déc. 1598.

1199. Lettres portant que les deniers d'emprunt levés sous l'autorité de sa majesté seront précomptés aux gens de guerre qui les auront reçus sur ce qui devait leur être payé ci-après, et ceux qui se lèvent en vertu de commission de sadite majesté sur le sel et autres marchandises tiendront lieu sur la prochaine imposition qui sera ordonnée pour le payement des gens de guerre, etc. — B. 188, 48. A Monceaux, le 14 juil. 1596.

1200. Lettres portant rémission des arrérages des tailles, crues et toutes autres impositions de 1589, 1590, 1591, 1592, et surséance pour les années 1593 et 1594. — B. 188, 79. A Rouen, le 4 déc. 1596 ; vérif. le 10 nov. 1599.

1201. Lettres portant ordre au parlement et chambre des comptes d'imposer la somme de 10,000 écus sur la province, pour la fortification des places, etc. — C. D.

A Rouen, le 31 déc. 1596 ; vérif. le 30 avr. s.

1202. Edit portant établissement de chevaux de relais et louage par toutes les villes, bourgs et bourgades du royaume, avec un règlement sur ce sujet, etc. — B. 189, 29. A Paris, en mars 1597 ; vérif. le 12 févr. 1602.

1203. Lettres portant augmentation jusqu'à la somme de 500 écus pour les menues nécessités de la chambre des comptes, etc. — Z. 19, 428. A Paris, le 8 nov. 1597.

1204. Lettres portant augmentation de gages pour les conseillers du parlement de 46 écus 2/3 pour chacun, faisant avec les anciens gages la somme de 166 écus 2/3, etc. — Z. 23, 328. A Saint-Germain, le 30 novem. 1597.

1205. Lettres portant qu'outre le prix de l'acquisition les acquéreurs du domaine seraient tenus de payer les 2 sols pour livre dudit prix pour les frais des commissaires, etc. — C. D. A Angers, le 7 avril 1598.

1206. Lettres portant ordre au parlement et à la chambre des comptes de faire observer les articles répondus par le conseil et présentés par les Etats sur les oppressions et charges causées par les gens de guerre entretenus dans la province et divers autres abus, etc. — B. 188, 67. A Saint-Germain, le 9 juil. 1598.

1207. Arrêt de la chambre des comptes, rendu sur la requête desdits conseillers, portant qu'ils feraient fonds pour ladite augmentation, quoi fait serait pourvu, etc. — (A la suite du n° 1204). Du 21 juil. 1598.

1208. Lettres du roi sur les remontrances faites par les trois États, contenant divers articles, avec les réponses de sa majesté, dont les principaux sont au sujet du rétablissement de l'exercice de la religion catholique en divers lieux et sur divers abus qui se commettaient dans les levées de deniers, et autres diverses matières, etc. — B. 188, 66. A Paris, le 27 nov. 1598.

1209. Lettres portant établissement de quatre foires par an et d'un marché tous les lundis au Puy-Saint-Martin, etc. — B. 289, 309.
A Paris, en janv. 1599 ; enreg. le 7 mai s.

1210. Lettres portant que les gages des officiers de la chambre des comptes seront payés sur la ferme du sel, suivant l'usage accoutumé, etc. — C. D.
A Paris, le 28 janv. 1599.

1211. **Arrêt** de la cour des aides de Montpellier portant ordre aux fermiers du tirage de faire voiturer et délivrer au prix dudit tirage la quantité de sel attribuée à chaque officier pour le franc-salé, suivant le rôle y joint, etc. — C. D. Du 7 juin 1599.

1212. Lettres portant exemption de tous droits de traite foraine, douane et imposition quelconque pour tous les livres reliés et non reliés, en faveur des marchands libraires et imprimeurs de Lyon, etc. — B. 189, 79.
A Paris, en décem. 1599 ; enreg. le 20 avril 1605.

1213. Lettres en forme d'édit sur le fait de la chasse, etc.—B. 189, 40. A Paris, en janv. 1600; vérif. le 18 août 1602.

1214. Lettres portant établissement d'un marché pour tous les samedis à Saint-Jean-de-Royans, etc. — B. 190, 272. A Lyon, en décem. 1600 ; enreg. le 26 juil. 1605.

1215. Déclaration portant que les correcteurs des comptes auront part aux épices comme les autres officiers, etc. — Z. 23, 623.
A Lyon, le 9 décem. 1600 ; vérif. le 11 août 1608.

1216. Articles proposés au roi par le parlement, chambre des comptes et trésoriers, touchant la juridiction de Bresse et plusieurs droits et attributions desdites compagnies, etc., avec les réponses auxdits articles, etc.; ensemble lettres du roi portant augmentation des menues nécessités du parlement jusqu'à la somme de 800 écus, etc. — Z. 22, 93.

A Paris, le 15 juin 1601 ; enreg. le 18 janv. s.

1217. Lettres portant augmentation de gages de 166 écus, faisant avec les gages anciens la somme de 666 écus 40 sols, au profit des avocat et procureur généraux du parlement, etc. — Z. 23, 98 v°.

A Saint-Germain, le 13 juil. 1601 ; enreg. le 20 déc. 1604.

1218. Edit portant révocation de tous dons et aliénations faits du domaine de Dauphiné, pour quelque considération que ce soit, remboursant ceux qui auront acquis à prix d'argent, avec les instructions pour y procéder, etc. — XXVI. 56, 1.

A Paris, en août 1601 ; enreg. le 5 avr. s.

1219. Lettres portant que, conformément à celles de Charles IX (n° 1034), les deniers d'octroi des villes de Dauphiné seront employés aux réparations des places ou autres, suivant les destinations portées par lesdites lettres, et que les receveurs en compteront tant du passé que de l'avenir de 3 en 3 ans à la chambre des comptes, etc. — Z. 19, 404.

A Paris, le 31 octob. 1601 ; enreg. le 17 juin s.

1220. Arrêt du conseil qui confirme la chambre des comptes dans le droit de vérifier et d'enregistrer l'engagement du péage de Boix-sur-Baix quoiqu'au-delà du Rhône. — C. D. A Paris, le 19 janv. 1602.

1221. Lettres du roi en exécution d'un arrêt du conseil, portant règlement pour l'envoi des doubles des comptes de la recette générale à Paris, et pour l'obligation des receveurs généraux de rapporter un état arrêté du conseil de leur recette et dépense pour la reddition de leurs comptes, etc. — C. D. A Paris, le 9 févr. 1602.

1222. Edit contre les duels portant défense de faire aucun appel et déclarant criminels de lèse-majesté tous ceux qui appelleront pour un autre ou seconderont, etc. — B. 189, 44. A Blois, en avril 1602 ; enreg. le 27 juin s.

1223. Arrêt du conseil rendu en forme de règlement

entre les trois ordres de la province au sujet de la taillabilité, déclarant la qualité des officiers ou nobles qui doivent jouir de l'exemption des tailles, etc.— B. 189,499.

A Fontainebleau, le 15 avril 1602.

1224. Lettres portant confirmation de l'art. 32° de l'édit de Nantes, qui évoque toutes les causes des Provençaux de la religion prétendue réformée à la chambre de l'édit de Grenoble, et qui en outre révoque l'option accordée ci-devant aux catholiques de Provence de porter lesdites causes à la chambre de l'édit de Castres ou de Grenoble, à la réserve des cas y exprimés, etc. — B. 189, 26.

A Poitiers, le 26 mai 1602 ; enreg. le 28 juin s.

1225. Lettres portant défense à toute sorte de personnes, de quelque qualité qu'ils soient, de chasser avec l'arquebuse et autres armes, etc. — C. D.

A Saint-Germain, en août 1603.

1226. Lettres du roi et arrêt du conseil portant exemption des tailles, en faveur du 1⁰ʳ secrétaire du parlement et du 1ᵉʳ de la chambre des comptes, et ce en interprétation de l'arrêt (n° 1223), etc. — B. 190,580.

A Paris, le 4 août 1603 ; enreg. le 8 nov. 1606.

1227. Edit portant exemption de toutes charges personnelles, à la réserve des tailles, en faveur d'un habitant dans les communautés au-dessous de 100 maisons et de deux au-dessus, en payant une finance, etc. — Z. 19, 535.

A Caen, en sept. 1603.

Suivent diverses oppositions à la vérification de la part des Etats, et lettres de jussion de passer outre malgré lesdites oppositions, etc.   Vérifié avec modification à l'égard de l'exemption des tutelles, le 21 avril 1605.

Autre jussion pour la vérification pure et simple, etc.

Le tout vérif. et enreg. le 8 juin s.

1228. Lettres du roi, en exécution d'un arrêt du conseil d'état, portant que conformément à l'ordonnance de 1557 les receveurs généraux des finances, gabelles et taillons envoient à la chambre des comptes de Paris d'année en année les doubles entiers de leurs comptes collationnés et signés, etc. — B. 189, 61.

A Paris, le 18 décem. 1603 ; enreg. le 16 mars s.

1229. Lettres portant commission à plusieurs officiers du parlement et chambre des comptes y nommés pour procéder à la révision des feux de la province, etc.—Z. 19, 523. A Monceaux, le 26 juil. 1604 ; enreg. le 19 nov. s.

1230. Déclaration en faveur du s' Expilly, portant que le temps qu'il a servi à la chambre des comptes lui sera utile aux 20 ans qu'il est obligé de servir pour jouir de la qualité de noble, etc. — Z. 23, 158.

A Fontainebleau, le 29 octob. 1604 ; enreg. le 26 févr. s.

1231. Lettres portant que les officiers de la chambre des comptes qui vaqueront pour les affaires de sa majesté auront part aux épices en leur absence comme s'ils étaient présents, etc. — C. D. A Paris, le 11 décem. 1604.

1232. Lettres portant que les receveurs généraux du taillon ne seront admis à compter qu'ils n'aient auparavant fait apparoir de leur état de dépense et recette arrêté au conseil, etc. — B. 189, 76.

A Paris, le 30 janv. 1605 ; enreg. le 1ᵉʳ mars s.

1233. Lettres portant que les villes et communautés feront examiner et arrêter sur leurs acquits les états de la dépense et recette de leurs octrois par les trésoriers généraux, chacun en l'étendue de sa généralité, pour après les présenter au grand voyer de France avant que les comptes soient examinés à la chambre, et accorde à cet effet de plus longs délais qu'auparavant pour rendre leurs comptes, savoir de 3 ans pour les trésoriers et 6 pour la chambre. — B. 190, 110.

A Paris, le 28 avr. 1605 ; enreg. le 13 juil. s.

1234. Lettres portant confirmation des priviléges de Villeneuve-de-Coynaud par Jean dauphin, par lettres données à Moirans le 12 juil. 1312, et confirmées par le roi Charles VI, par lettres données à Paris en août 1396, et par lettres de Louis dauphin données à Saint-Chef le 18 nov. 1449 : le tout de suite en un cahier, etc. — B. 190, 349.

A Paris, le 19 juil. 1605 ; enreg. le 20 mai s.

1235. Lettres en exécution d'un arrêt du conseil d'état portant que les gages du prévôt de la maréchaussée de Dauphiné seront employés sur la parcelle du pays pour être payés annuellement à raison de 13,520 liv. — C. D.

A Paris, le 13 août 1605.

Ensemble opposition à la vérification desdites lettres de la part des Etats, etc. Vérif. en la chambre en rapportant de nouvelles lettres, le 30 septembre s.

1236. Autres lettres qui ordonnent l'exécution des précédentes, et que ladite somme sera imposée à l'avenir et couchée sur la parcelle des Etats, etc.

A Paris, le 29 nov. 1605 ; enreg. le 24 janv. s.

1237. Déclaration portant que les dons de lods ne seront vérifiés que pour la moitié et les remises pour les deux tiers, etc. — Z. 19, 557.

A Paris, le 6 mars 1696 ; vérif. le 10 mai 1607.

1238. Lettres portant commission pour visiter tous les péages du Rhône et de l'Isère, vérifier les titres des possesseurs et régler les droits d'iceux pour l'avenir, etc. — B. 190, 285. A Paris, le 29 mai 1606 ; enreg. le 4 août s.

1239. Lettres portant que les deniers provenant du bail à ferme du sel seront employés au rachat du domaine, etc.—Z. 19, 551. A Fontainebleau, le 1er août 1606.

1240. Edit portant rétablissement de l'office de 4e président en la chambre des comptes ci-devant supprimé, etc. — Z. 23, 631. A Fontainebleau, en sept. 1606 ; vérif. ensuite des lettres de jussion le 28 avr. 1609.

1241. Edit pour le rachat du temporel de l'Eglise aliéné depuis 44 ans, par lequel ledit rachat est permis durant 5 ans depuis la vérification dudit édit, etc. — Z. 19, 559. A Paris, en décem. 1606 ; vérif. le 3 juin 1607.

1242. Lettres portant que la chambre de l'édit, composée de huit officiers pour servir en vacation, sera augmentée de deux conseillers, l'un catholique et l'autre de la religion P. R., etc. — Z. 23, 929.
A Fontainebleau, le 13 juin 1607 ; vérif. le 14 juin 1608.

1243. Lettres portant que l'édit (n°1085) portant création d'un contrôleur général du taillon dans toutes les recettes générales du royaume, et celui (n° 1118) pour un contrôleur alternatif auront leur effet en Dauphiné, etc. ; ensemble les provisions desdits offices de 1607. — Ibid., 390 v°. A Paris, en décem. 1607 ; vérif. le 15 juil. s.

1244. Lettres du roi en exécution de l'arrêt du conseil, qui assigne sur les gabelles de Dauphiné la somme de 29,500 liv. pour la réparation du palais, etc. — C. D. A Paris, le 9 août 1608.

1245. Lettres portant établissement d'un marché pour tous les mardis à Villevieille dans la vallée de Queyras, etc.—B.191,148. A Paris, en nov. 1608 ; enreg. le 7 août 1609.

1246. Déclaration portant que les officiers des comptes qui auront vaqué aux affaires de sa majesté auront les mêmes salaires que ceux du parlement, conformément à la déclaration d'Henri II (n° 931). — B. 191, 311 v°.

A Paris, le 21 novem. 1608; enreg. le 9 févr. s.

1247. Lettres portant que les Etats continueront l'imposition sur les contribuables aux aides et octrois de la somme de 27,513 l. pour l'augmentation de solde des troupes, etc. — C. D.   A Paris, le 28 novem. 1608.

1248. Autres de même. — Ibid.   Du 12 octob. 1609.

1249. Lettres en faveur de la ville de Crest, portant défense d'y faire entrer, vendre ni débiter aucun vin ni vendange que du crû des habitants, excepté les 4 mois avant les vendanges, etc. — B. 191, 343 v°.

A Paris, en décem. 1608; enreg. le 1ᵉʳ juin s.

1250. Arrêt du parlement contenant un règlement sur le crime d'usure, en exécution des lettres du roi du 19 novem. dernier portant attribution par commission extraordinaire audit parlement pour la connaissance et correction dudit crime, etc.—B. 191,559. Publ. le 10 avr. 1609.

1251. Lettres de provision de l'office de 4ᵉ président en la chambre des comptes créé par édit (n° 1240). — Z. 23, 631.   A Fontainebleau, le 16 mai 1609.

1252. Lettres portant confirmation des priviléges et exemptions accordées au chapitre de l'église royale et collégiale de Saint-André de Grenoble par Louis XI et François 1ᵉʳ, etc. — B. 200, 24. A Paris, en janvier 1610.

1253. Déclaration portant dispense en faveur du sʳ Demurat pour posséder ledit office, quoique comptable en qualité de trésorier général. — (A la suite du n° 1251). A Paris, le 17 avril 1610; vérif. le 24 novem. 1612, ensuite des lettres de surannation de Louis XIII du 28 nov. 1611.

LOUIS XIII
DEPUIS 1610 JUSQU'A 1643.

1254. Arrêt du conseil d'état contenant divers articles sur la forme de procéder à la vérification des dettes de communauté de la province, etc. — B. 191, 776.

A Paris, le 30 septem. 1610.

1255. Lettres portant confirmation en faveur des habitants d'Avignon et du Comtat-Venaissin de plusieurs priviléges, droits et exemptions, et entre autres qu'ils ne seront point sujets au droit d'aubaine; lesdits priviléges accordés par Charles IX et ci-devant confirmés par lettres patentes d'Henri IV, du 4 juil. 1596, y rapportées, etc.—B. 194, 1138. A Paris, en janv. 1611; vérif. le 8 nov. s.

1256. Lettres portant droit de franc-salé en faveur des trésoriers des fortifications de Dauphiné, etc. — Z. 24, 21. A Fontainebleau, le 20 avril 1611.

1257. Lettres portant érection de la terre de Lesdiguières en duché et pairie en faveur de François de Bonne, etc. — B. 193, 704.

A Paris, en mai 1611; enreg. le 21 nov. 1621.

1258. Lettres du roi et arrêt du conseil d'état rendu ensuite d'une procédure faite sur les péages du Rhône, qui déclare tous ceux qui sont maintenus et en explique les droits, etc. — Z. 46, 30 v°. A Paris, le 20 août 1611.

1259. Lettres du roi et arrêt du conseil d'état portant règlement pour le tirage du sel, la manière de faire les déchargements, les droits des voituriers et des péages y dénombrés, etc. — B. 191, 843. Même date.

1260. Lettres portant confirmation des officiers de la chambre des comptes en l'exercice de leurs charges à l'avénement à la couronne. — Z. 23, 609.

A Paris, le 30 janv. 1612; enreg. le 12 avril s.

1261. Lettres du roi et arrêt du conseil d'état portant injonction au parlement de continuer et achever dans 3 mois la vérification et liquidation des dettes des communautés de la province, à la forme de l'arrêt de 1610. — C. D. A Paris, le 10 mai 1612.

1262. Lettres portant que les trois États jouiront de la ferme du sel de Dauphiné, comté Venaissin et principauté d'Orange durant 10 ans, avec un acte de subrogation par eux passé à Jacques Chevalier, etc. — B. 192, 682.

A Paris, le 14 août 1612; enreg. le 12 août 1614.

1263. Lettres portant confirmation de 4 foires par an à Dieulefit, etc. — B. 193, 354.

A Paris, en septem. 1612; enreg. le 30 janv. 1619.

1264. Edit portant création et érection en titre de tous les offices de la prévôté de Dauphiné, etc. — Z. 24, 1220.

Même date; vérif. le 2 juillet 1627.

1265. **Lettres** en exécution d'un arrêt du conseil d'état portant commission pour procéder à l'évaluation des droits de péage des particuliers sur le sel le long des rivières du Rhône, de la Saône et de l'Isère, et réduction desd. droits en argent, etc. — C. D. A Paris, le 6 septem. 1612.

1266. Lettres du roi qui confirme les règlements faits sur la forme des souffrances, radiatures et débets des comptes, et autres concernant la reddition des comptes, etc. — C. D. A Paris, le 6 décem. 1612.

1267. Règlement touchant les fonctions et gages de la maréchaussée de Dauphiné fait par M. le maréchal de Lesdiguières, administrateur au gouvernement dud. Dauphiné, etc. — B. 192, 273.

A Grenoble, le 23 mai 1613; enreg. le 21 juil. s.

1268. Lettres portant érection de la terre de Disimieu en titre de comté, avec autres lettres d'approbation de l'échange y joint de ladite terre avec celle de Véneyrieu, etc. — B. 193, 293.

A Paris, en juin 1613; enreg. le 8 août 1617.

1269. Lettres portant droit de franc-salé en faveur du lieutenant du vibailli de Graisivaudan, etc. — B. 192, 597.   A Paris, le 10 décem. 1613; enreg. le 5 août s.

1270. Autres de même (que le n° 1256).

A Paris, le 16 avril 1614; enreg. le 21 janvier 1617.

1271. Edit portant création en titre d'office de 3 trésoriers généraux, ancien, alternatif et triennal, des ponts, passages, chemins, voiries, chaussées et autres ouvrages publics, et d'un contrôleur général desd. ouvrages, etc. — C. D. A Bordeaux, en octob. 1615.

1272. Edit portant création d'offices triennaux en la généralité de Dauphiné, savoir d'un receveur et d'un contrôleur général des finances, d'un receveur et d'un contrôleur général du taillon, d'un trésorier général des fortifications, d'un trésorier provincial et d'un contrôleur de l'extraordinaire des guerres, d'un contrôleur général des gabelles et d'un contrôleur du domaine, etc. — Z. 24, 169.   Même date.

Suivent les oppositions du procureur du pays, avec un arrêt du conseil et diverses jussions ensuite.

Vérif. le 20 décem. 1618, à la charge de ne pouvoir être payés de leurs gages que le fonds des anciens ne soit fait.

Suivent les lettres de provisions desd. offices. — Ibid.

1273. Lettres portant ordre à la chambre des comptes de continuer ses séances comme le parlement, conformément aux lettres du 6 du prés. mois, dans lesquelles la chambre avait été omise par inadvertance, et ce pour vaquer aux affaires de la province en l'absence de M' de Lesdiguières.— C. D. A Paris, le 20 août 1616.

1274. Edit portant suppression de l'office de contrôleur général des ouvrages publics créé en octob. 1615 dans chaque généralité du royaume, et en même temps création de 3 contrôleurs généraux, ancien, alternatif et triennal, desd. ouvrages pour tout le royaume. etc. — C. D.

A Paris, en sept. 1616.

1275. Lettres portant établissement de 4 foires par an à Ribiers, etc. — B. 193, 249. A Paris, en janv. 1617.

1276. Lettres portant confirmation des octrois accordés à la ville de Crest par lettres du 15 janv. 1607. — B.193, 199. A Paris, le 6 août 1618; enreg. le 28 nov. s.

1277. Lettres portant que les secrétaires du parlement auront part aux augmentations des menues distributions dud. parlement, pourvu que lad. augmentation n'excède pas la somme de 300 l., etc. — Z. 24, 555.

A Paris, le 17 décem. 1618 ; enreg. le 20 déc. 1619.

1278. Lettres portant confirmation des priviléges du lieu de Pierrelatte, etc. — B. 193, 7.

A Paris, en janv. 1619 ; enreg. le 5 févr. 1627.

1279. Lettres portant établissement de deux foires par an et d'un marché par semaine dans le bourg de Bardonnenche, etc. — B. 193, 137.

A Paris, en mars 1620 : enreg. le 16 juil. 1621.

1280. Lettres portant augmentation de gages pour les officiers du parlement, savoir de 600 liv. pour le 1" président, de 300 l. pour les autres présidents et de 100 l. pour chacun des conseillers, etc. — Z. 24, 621.

A Paris, en août 1620 ; enreg. le 1" déc. 1621.

1281. Edit portant réduction du nombre des procureurs postulants au parlement de Grenoble et aux juridictions royales subalternes, qu'il crée en tant que de besoin sous certaine finance, avec défense d'exercer à l'avenir lesd. offices sans lettres de provision de sa majesté, etc. — Z. 39, 2. A Paris, en décem. 1620.

1282. Déclaration portant rétablissement du droit annuel et modérant les conditions apposées à la déclaration du 31 juil. 1620 sur le dit rétablissement, etc. — B. 193, 431.

A Paris, le 22 févr. 1621.

1283. Lettres portant augmentation de gages au profit des officiers de la chambre des comptes, savoir de 300 l. pour les présidents, 200 l. pour les maîtres, etc. — Z. 24, 707. Au camp devant Saint-Jean-d'Angély, en juin 1621; enreg. le 13 août s.

1284. Lettres portant création de 7 offices de trésoriers généraux de France en Dauphiné, etc. — Z. 39, 3.

Au camp de Montauban, en octob. 1621; vérif. le 3 déc. 1622 après des lettres de jussion.

1285. Déclaration pour la levée de 2 s. 6 d. par minot de sel qui entre de Provence dans les trois bailliages des Montagnes et comté de Tallard, pour les menues nécessités de la chambre des comptes, etc. — Z. 24, 719. Au camp devant Montauban, le 6 nov. 1621; enreg. le 10 juin s.

1286. Lettres portant ratification du contrat de vente y joint du vicomté de Villemur sur le Tarn, diocèse de Montauban, vendu à sa majesté par François de Bonne, duc de Lesdiguières, avec assignation des intérêts montant à la somme de 35,000 l. pour être employés à l'avenir sur l'état des gabelles, etc. — B. 193, 686.

A Toulouse, le 19 nov. 1621; enreg. le 14 juin s.

1287. Déclaration qui attribue à l'office de correcteur créé en 1543 les mêmes droits que ceux des maîtres, etc. — B. 193, 513.

A Paris, le 12 févr. 1622; enreg. le 19 mars s.

1288. Lettres portant confirmation des priviléges de la ville de Tulette, ci-devant confirmés par lettres patentes d'Henri IV, données à Paris en avril 1610, y rapportées, etc. — B. 194, 374.

A Paris, en mars 1622; enreg. le 30 mars 1623.

1289. Lettres portant permission aux Etats de la province d'augmenter sur eux le prix du sel de 40 s. par minot, sur laquelle augmentation serait assignée une constitution de rente au principal de 120,000 l. à faculté de rachat pour la subsistance de l'armée sous les ordres du maréchal de Lesdiguières, etc., et supprime en faveur desd. Etats les édits précédents, etc. — B. 194, 134.

A Niort, le 26 avril 1622 ; enreg. le 16 juin s.

1290. Lettres portant confirmation des priviléges et exemptions accordées aux Suisses, et ratification des traités faits en 1516 et 1602 par les rois prédécesseurs de sa majesté, etc. — B. 194, 514.   Au camp devant Royan, le 4 mai 1622 ; enreg. le 14 décem. s.

1291. Edit portant création de collecteurs et receveurs des tailles dans chaque bailliage de Dauphiné, etc. — Z. 39, 3. Au camp devant Montpellier, le 13 sept. 1622 ; vérif. le 3 déc. s. avec la modification de ne jouir d'aucune exemption de tailles.

1292. Lettres de jussion pour la vérification de l'édit de mars 1619 qui établit le petit scel en Dauphiné, nonobstant la modification y apposée. — Ibid., 2. Mêmes dates et la modification levée, sauf l'exemption en faveur des officiers du parlement et chambre des comptes.

1293. Lettres portant commission pour assigner 35,000 l. de rente sur les 50,000 l. que sa majesté prend sur les gabelles de Dauphiné, pour payer les intérêts de 700,000 l. dues au duc de Lesdiguières pour le vicomté de Villemur. — Ibid., 2.   A Grenoble, en décem. 1622 ; vérif. le 3, à la charge que sa majesté sera suppliée de remplacer lad. somme sur la recette générale de Languedoc, vu que le comté de Villemur sera incorporé au domaine delphinal, etc.

1294. Plusieurs lettres portant commission à divers officiers du parlement pour la démolition de plusieurs châteaux de Dauphiné, etc. — Ibid.

A Lyon, le 16 déc. 1622.

1295. Lettres portant établissement de 2 foires par an et d'un marché par semaine à Chaumont en Briançonnais, etc. — B. 194, 349.

A Lyon, en déc. 1622 ; enreg. le 8 avr. s.

1296. Lettres portant ordre d'imposer sur la province la somme de 12,902 l. pour les frais de la démolition de tous les châteaux et places fortes de la province. — C. D. Le 30 juin 1623.

1297. Arrêt du conseil d'état sur plusieurs différends entre le parlement et la chambre des comptes, pour servir de règlement sur leurs droits et fonctions, et confirme le concordat de 1564. — Z. 24, 1161. A Paris, le 24 mai 1625.

1298. Edit portant suppression des offices de receveurs des épices et autres deniers consignés, et réunion d'iceux à ceux des greffiers, avec attribution de 2 s. pour livre de toutes les épices, etc. — Z. 50, 18.

A Nantes, en juil. 1626.

1299. Edit portant création en titre d'office de 1200 notaires tabellions royaux, pour en être distribué un certain nombre dans les villes et bourgs de la province, etc. — Z. 39, 48 v°. A Paris, en mai 1627.

1300. Edit portant création de 2 conseillers en chacun des bailliages et sénéchaussées de Dauphiné, etc.—Ibid., 4 v°. A Paris, en juin 1627; enreg. le 15 sept. 1628.

1301. Edit portant création et érection d'un bureau de trésoriers de France, généraux des finances en Dauphiné, avec augmentation des officiers d'icelui jusqu'au nombre de 18, et création de 4 charges aux qualités de président, 1 avocat et 1 procureur du roi, 2 greffiers et 4 huissiers, etc. — Ibid., 15 v°. Au camp devant La Rochelle, en décem. 1627; vérif. le 15 sept. s.

1302. Edit portant création en titre d'office de 3 conseillers audienciers et secrétaires, 2 conseillers référendaires et chauffe-cire héréditaires et 1 huissier en la chancellerie, etc.— Z. 25, 569. Au camp dev. La Roch., en févr. 1628; vérif. le 1er juil. 1630.

1303. Edit portant désunion de la chambre des comptes d'avec le parlement et établissement d'icelle à l'instar de celle de Paris, ensemble création d'un président et 5 maîtres en ladite chambre, etc. — Ibid., 461.

A Paris, en mars 1628; vérif. le 15 sept. s.

1304. Encore le même édit et de suite les provisions desd. offices nouvellement créés, avec les vérifications, etc. — Ibid., 13.

1305. Edit portant création en titre d'offices de 2 présidents, 10 conseillers, 2 secrétaires et 2 huissiers au parlement de Dauphiné, et érection d'une 4e chambre avec juridiction de la cour des aides, et création de 3 receveurs et payeurs des gages desd. officiers du parlement, ensemble de 23 procureurs avec un règlement concernant les fonctions d'iceux, etc. — Z. 50, 6 v°.

Mêmes dates.

1306. Edit portant création de 10 élections en Dauphiné, ensemble de 3 receveurs des tailles pour chacune desd. élections, etc. — Ibid., 28. Mêmes dates, sous la modification que les élus ne pourront juger d'aucun cas en dernier ressort et que les appellations de leurs sentences seront relevées par-devant la cour et non ailleurs, etc.

1307. Edit portant création en titre d'office d'un procureur et syndic des trois Etats, de 3 substituts dud. syndic, de 3 trésoriers généraux et 3 contrôleurs, d'1 syndic et d'1 substitut des communautés villageoises, de 2 commis du clergé, de 2 secrétaires du pays et d'1 huissier, etc. — Ibid., 44.   Au camp devant La Rochelle, en juil. 1628 ; vérif. le 15 sept. s.

1308. Edit portant création de 2 trésoriers au bureau des finances de Dauphiné et suppression des offices des Etats du pays et syndics des communautés créés par l'édit (n° 1307), etc. — Z. 33, 117.

Au camp dev. La Roch., en sept. 1628. Ensuite provisions de l'un desd. offices de trésorier.

Vérif. le 15 déc. 1634.

1309. Règlement fait par le parlement concernant le style et manière de procéder dans les élections. — (A la suite du n° 1306).   Le 5 octob. 1628.

1310. Edit portant établissement d'un grenier à sel à Grenoble pour les deniers provenant de la recette d'icelui être affectés par préférence au payement des gages du parlement et de la chambre des comptes ; ensemble création d'1 receveur, d'1 contrôleur et de 3 mesureurs, aux gages y portés, etc. — Z. 25, 134.

A la Rochelle, en nov. 1628.

1311. Lettres portant ordre aux trésoriers de France, au bureau établi à Béziers, de faire délivrer aux officiers du parlement et chambre des comptes leur franc-salé aux marais de Pequais exempt de gabelle, suivant l'état qui en sera dressé par les trésoriers du Dauphiné, ainsi qu'il a été de tout temps pratiqué, etc. — Ibid., 133.

A la Rochelle, le 11 nov. 1628.

1312. Lettres portant confirmation des priviléges de la ville de Saint-Symphorien-d'Ozon, etc. — B.195,27.

A Valence, en mai 1629 ; enreg. le 9 mars s.

1313. Lettres portant union de 2 offices de secrétaires

au parlement nouvellement créés aux 8 anciens, avec les gages attribués aux dits offices, etc.—Z. 31, 192 v°.

Même date; vérif. le 21 mai 1631.

1314. Edit portant règlement pour le rang et préséance entre les officiers du parlement, chambre des comptes et trésoriers, conformément à l'usage du parlement et chambre des comptes de Paris, et création d'un président et deux maîtres des comptes, etc. — Z. 32, 103.

A Fontainebleau, en octob. 1629.

1315. Lettres en exécution d'un arrêt du conseil portant que les greffiers du bureau des finances jouiront de 450 l. chacun en l'année de son exercice pour frais et vacations, etc. — B. 195, 77.

A Paris, le 24 mai 1632; enreg. le 15 déc. 1634.

1316. De suite (au n° 1314) autre édit portant confirmation du précédent sur la préséance, et attribution à ladite chambre de la comptabilité de Pignerol et vallées dépendantes, avec règlement pour les épices des comptes, etc.

A Paris, le 12 janv. 1633.

1317. Edit portant règlement du nombre des gens de guerre pour les garnisons des villes, citadelle et vallées dépendantes de Pignerol, et création de trois trésoriers et payeurs provinciaux desdites garnisons, etc. — Z. 19, 77.

A Saint-Germain, en févr. 1633 ; enreg. le 12 mai s.

1318. Edit portant que les officiers du bureau des finances de Dauphiné sont réputés du corps de chambre des comptes et cours des aides, et qu'à l'instar des dites cours ils soient reçus à l'avenir à payer le droit annuel, etc. — Z. 32, 119. Même date; vérif. le 16 nov. s.

1319. Lettres d'octroi sur le poids des farines pour la ville de Chabeuil, etc. — B. 195.

Au Pont-Saint-Esprit, le 9 juin 1633; enreg. le 18 juil. s.

1320. Edit portant que les cours de parlement et chambre des comptes de Dauphiné seront réglées en toutes choses à l'instar de celles de Paris, ensemble création d'1 avocat général, d'1 contrôleur des restes, d'1 garde livres et papiers, de 6 procureurs héréditaires et 4 huissiers dans ladite chambre, avec augmentation de gages aux anciens officiers et attribution de la connaissance des comptes des étapes, deniers d'octroi et des communautés de la province, etc. — Z. 32, 105.

A St-Germain, en juin 1633; vérif. le 13 juil. s.

1321. Edit portant rétablissement et création en titre d'office de 8 trésoriers et receveurs généraux des ponts, chemins, chaussées et autres ouvrages publics, et de 3 contrôleurs généraux, et 3 trésoriers et receveurs provinciaux et autant de contrôleurs, etc. — Z. 33, 277.

Même date; vérif. le 25 mai 1635, sans préjudice de l'oppoition des Etats et à la charge d'être reçus en la chambre.

1322. Lettres de jussion pour la vérification pure et simple de l'édit (n° 1314) portant création d'un président et de 2 maîtres ordinaires en la chambre des comptes, etc. — Z. 32, 104.

A St-Germain, le 23 juin 1633; vérif. le 13 juil. s.

1323. Lettres portant commission à divers officiers du parlement et chambre des comptes, de procéder aux taxes et liquidations des droits de franc-fiefs et nouveaux acquêts dus au roi depuis le 21 février 1609 jusqu'au 31 déc. suiv., etc.—B. 196, 16. A Monceaux, le 16 août 1633.

1324. Suit un arrêt de la chambre des comptes, du 23 mars 1638, sur la requête du receveur desdits droits, tendant à la vérification desdites lettres, par lequel les parties sont renvoyées au roi sur la remontrance des Etats, attendu que la province n'est point sujette au payement desdits droits, etc.

1325. Lettres du roi et arrêt du conseil portant règlement et déclaration spécifique des droits des officiers des élections de cette province, etc. — Z. 33, 431.

A Château-Thierry, le 19 août 1633; enreg. le 31 mars 1635.

1326. Edit portant création d'un contrôleur des restes et de 3 payeurs des gages de la chambre des comptes, avec attribution de gages et taxations, ensemble augmentation d'un fonds de 1000 l. sur les Etats pour les épices de ladite chambre et assignation de gages par insuffisance sur les gabelles de Valence, etc. — B. 196, 31.

A St-Germain, en décem. 1633; vérif. le 13 août 1635.

1327. Edit portant création de 3 contrôleurs conservateurs dans chaque grenier à sel et dans chaque bureau des 5 grosses fermes, avec attribution de 6 den. pour liv. et autres droits y mentionnés, etc.; ensuite plusieurs arrêts et lettres en conséquence, etc. — Z. 37, 100.

Même date; le tout vérif. le 17 mai 1652.

1328. Lettres du roi et arrêt du conseil portant que lesdits trésoriers compteront de leurs maniements en chacune des chambres des comptes du royaume des sommes qui se lèveront pour lesdits ouvrages publics ès généralités de leurs ressorts, etc. — (A la suite du n° 1321).

A Paris, le 16 févr. 1634.

1329. Lettres du roi et arrêt du conseil portant ordre aux villes, bourgs et communautés de la province de compter à la chambre des deniers et denrées levées pour le fait des étapes de l'an 1629. — B. 196, 7.

A Paris, le 23 avril 1634; enreg. le 8 fév. s.

1330. Edit portant création d'un office de secrétaire greffier héréditaire des corps de villes et communautés en chaque ville, bourg et village de la province, etc. — Z. 35, 49. A Fontainebleau, en mai 1634; vérif. en la cour des aides à Vienne, le 14 fév. 1640, avec modification sur les prétendues exemptions et droits de la dite charge.

1331. Edit portant suppression des quatre élections d'Embrun, Briançon, Crest et Die, etc. — B. 195.
A Monceaux, en sept. 1634; enreg. le 16 mars s. avec modification à l'égard des droits des receveurs particuliers desdites élections.

1332. Edit portant augmentation de gages en hérédité en faveur des receveurs et contrôleurs généraux des finances et receveurs particuliers des tailles et taillon de la généralité de Dauphiné, ensemble suppression de la chambre de justice ensuite de deux arrêts du conseil sur le même fait, etc. — Z. 31, 14.

A Paris, en novem. 1635; vérif. le 6 févr. 1638.

1333. Edit portant attribution de 600,000 liv. de gages aux officiers des compagnies souveraines de judicature, finances et autres du royaume, etc. — B. 197, 7. A St-Germain, en décem. 1635; vérif. pour le regard tant seulement des receveurs et contrôleurs généraux des finances, en rapportant par eux les quittances des finances et rôle arrêté au conseil, le 13 août 1342.

1334. Lettres de jussion pour la vérification pure et simple de l'édit de suppression des 4 élections d'Embrun, Briançon, Crest et Die, etc. — Z. 33, 471.

A Fontainebleau, le 12 juin 1636; vérif. le 4 août s.

1335. Edit portant établissement du siége présidial de

Valence, etc. — Z. 35, 7.

A Paris, en août 1636 ; vérif. en la chambre le 3 août 1641.

1336. Arrêt du conseil portant que, nonobstant l'opposition des consuls de Montélimar, lesdits consuls rendront compte à la chambre et non ailleurs des deniers tant patrimoniaux que d'octroi et autres levés ou à lever pour les affaires communes, et ce conformément à l'édit de mars 1628 et à la déclaration de juin 1633. — B. 196, 25.

A Paris, le 10 décem. 1636.

1337. Edit portant augmentation de gages héréditaires, pour tous les officiers comptables de Dauphiné, de la somme de 120,000 l. par an, etc. — C. D.

A Versailles, le 23 avril 1637.

1338. Lettres portant que les sujets du duc de Savoie, qui auraient acquis des biens en Dauphiné et le titre de nobles en Savoie ou en Piémont avant 1602, jouiront des mêmes priviléges que les nobles de la province pour le fait des tailles, etc. — B. 201, 948.

A Saint-Germain, en mai 1637.

1339. Edit portant attribution de 3 den. pour liv. de taxation en hérédité aux receveurs généraux des finances de la généralité de Grenoble et 2 den. aux contrôleurs durant le temps de leur exercice, avec rétablissement de leur franc-salé et décharge lesdits receveurs de donner caution, etc. —Z. 37, 30. Au château de Madrid, en juin 1637 ; enreg. le 30 juil. 1638, avec modification que lesdits receveurs continueront de donner caution, etc.

1340. Edit portant création en titre d'offices héréditaires d'auditeurs et asséeurs des tailles des communautés de la province. etc. — Ibid., 56.

Même date ; vérif. le 13 mars 1640.

1341. Edit portant rétablissement et nouvelle création en titre d'office d'une conduite en résidence pour la police des gens de guerre et garnisons en Dauphiné, etc. — Z. 34. 16. Au chât. de Madrid, en juil. 1637 ; vérif. le 24 mars s. sous la modification que les pourvus n'auront droit de *committimus*.

1342. Edit portant que pour les frais de la guerre contre l'Espagne il sera procédé à la vente et aliénation de tout le domaine de Dauphiné, etc. — B. 196, 18 et 20.

A Saint-Germain, en novem. 1637 ; enreg. le 9 juin s.

1343. Déclaration portant qu'il sera fait une imposition de 30,000 l. sur la province pour le payement des gages des secrétaires et greffiers des communautés créés par l'édit (n° 1330). — Z. 35, 49.

A St-Germain, le 4 févr. 1638; vérif. le 27.... s.

1344. Déclaration et arrêt du conseil portant qu'il serait procédé à la susdite aliénation sans préjudice du droit du gouverneur pour la provision aux offices sujets à son droit annuel et de celui qu'a ledit gouverneur de pourvoir les châtelains sur la nomination des acquéreurs, etc. — B. 196, 20. A St-Germain, le 26 juin 1638; vérif. le 14 août s.

1345. Arrêt du conseil concernant les 6000 l. assignées sur les gabelles accordées par le roi pour tenir lieu d'indemnité, à raison de l'aliénation du domaine, aux officiers de la chambre des comptes, etc. — B. 202, 101.

A Chaillot, le 10 juillet 1638; enreg. le 24 mars s.

1346. Lettres portant annoblissement de deux sujets en chaque généralité du royaume que le roi trouvera bon de nommer pour l'heureuse naissance de Mgr. le Dauphin, etc. — B. 196, 39.

A St-Germain, en novem. 1638; enreg. le 19 déc. 1639.

1347. Déclaration portant confirmation du droit d'hérédité et survivance pour tous les offices ci-devant créés en hérédité ou rendus héréditaires par autres édits et principalement tous offices domaniaux et de police, etc. — Z. 45, 190. A St-Germain, le 6 décem. 1638.

Avec des arrêts donnés en conséquence le 18 décem. 1638, le 9 avril et le 4 mai suivants, etc.

1348. Règlement fait par le roi et son conseil entre la noblesse et le tiers-état pour raison des tailles, portant entre autres que les biens possédés le 1er mai 1635 par les nobles qui justifieront avoir eu leur noblesse avant le 15 avril 1602 demeureront exempts de taille, et attribue la noblesse aux officiers du parlement, chambre des comptes et bureau des finances qui auront père et aïeul dans ces charges ou qui auront exercé 20 ans, etc. — B. 196, 40. A Lyon, le 24 octob. 1639; enreg. le 13 août s.

1349. Lettres en forme d'édit qui déclare les receveurs et contrôleurs généraux et particuliers des finances et les officiers des élections de cette province exempts du prêt et avance du 5e denier de l'évaluation de leurs offices pour entrer au droit annuel, moyennant la taxe faite sur eux au conseil, etc. — B. 197, 4.

A St-Germain, en novem. 1639.
Ensemble l'arrêt du conseil donné en conséquence le 26 févr. 1641, etc.   Enreg. le 18 juin 1642.

1350. Arrêt du conseil d'état portant que les officiers des chambres des comptes de Languedoc, Dauphiné et Provence seront exempts de la taxe d'augmentation de gages attribués par l'édit (n° 1333) aux officiers des cours souveraines, etc. — B. 196, 41. Du 5 avril 1640.

1351. Edit portant création de 3 lieutenants particuliers en la prévôté de Dauphiné, 3 exempts, 1 procureur du roi, 32 archers et 1 payeur de gages héréditaire, etc. — Z. 35, 42. A Amiens, en août 1611 ; vérif. le 20 déc. 1612.

1352. Edit portant limitation au pouvoir extraordinaire des gouverneurs de Dauphiné, dont il réduit l'autorité à celle des gouverneurs des autres provinces, etc. — Z. 49, 82.   Même date ; enreg. le 24 janv. s.

1353. Erection du Valentinois en titre de duché en faveur du prince de Monaco, suivant les articles accordés audit prince à Péronne le 4 sept. 1611. Au camp devant Perpignan, en mai 1642; enreg. le 25 juin 1644.

1354. Lettres du roi et arrêt du conseil qui accorde annuellement 10,000 l. qui seront employées sur les états des ponts et chaussées de la province pour les réparations de la rivière du Drac, etc. — B. 198, 26.

A Paris, le 16 juil. 1642.

LOUIS XIV
DEPUIS 1643 (JUSQU'EN 1689).

1355. Lettres patentes du roi qui donne au duc de Lesdiguières le droit de 10° appartenant à sa majesté sur toutes les mines de Dauphiné, etc. — B. 200, 77.

A Paris, le 1er avril 1643 ; vérif. le 9 déc. 1649.

1356. Lettres portant annoblissement de deux sujets en chaque généralité du royaume pour l'heureux avénement du roi à la couronne, au choix de sa majesté, etc. — B. 197, 35.   A Paris, en mai 1643 ; enreg. le 18 fév. 1645.

1357. Edit portant crue d'officiers au présidial de Valence, augmentation de gages et confirmation en la jouissance des ressorts du haut et bas Vivarais, etc. — Z. 35, 121. A Paris, en janv. 1644 ; vérif. en la chambre des comptes le 13 déc. s.

1358. Edit portant création de 4 trésoriers de France, d' 1 trésorier garde-scel, et des contrôleurs des greffes et sénéchaussées de cette province, etc. — Z. 36, 49.
A Paris, en avril 1644 ; vérif. le 14 août 1646.

1359. Lettres portant validation des conventions intervenues entre les prêtres missionnaires du collége de Valence et les consuls de ladite ville pour l'établissement dudit collége, avec les arrêts et autres actes ensuivis, etc. — B. 203, 132.
A Paris, le 5 mai 1644 ; enreg. le 14 août 1685.

1360. Lettres portant confirmation des priviléges et exemptions des habitants d'Avignon et du comté Venaissin, ci-devant confirmés par Louis XIII (n° 1255) et par les autres rois ses prédécesseurs, etc. — B. 199, 6.
A Paris, en décem. 1644 ; enreg. le 27 janv. 1653.

1361. Lettres portant confirmation des priviléges accordés aux Chartreux par les rois prédécesseurs de sa majesté, contenus aux chartes attachées sous le contre-scel, etc. — B. 197, 54. Même date ; enreg. le 16 nov. s.

1362. Lettres portant attribution de 3 den. par quartal de blé sur les habitants de la ville de Grenoble et 1 sol sur les boulangers, pour les pauvres de ladite ville, etc. —B. 197, 39. A Paris, le 15 mars 1645 ; enreg. le 8 mai s.

1363. Lettres de continuation d'octroi pour Gap. — B. 201, 327. A Paris, en juin 1645.

1364. Edit portant création d'offices de quatriennaux où il y en a de triennaux, etc. — Z. 36, 42 bis.
A Amiens, en août 1645 ; vérif. le 28 juil. s.

1365. Edit portant attribution aux présidents, trésoriers généraux de France et autres officiers des bureaux des finances du royaume, de 120,000 l. d'augmentation de droit de bourse pour les expéditions des lettres d'attache des commissions des tailles et autres impositions, sous la finance y mentionnée, etc. — C. D. A Paris, en sept. 1645.

1366. Edit portant création en titre d'office de 4 commis en chaque bureau des maîtres des courriers, messageries coches et carosses du royaume, etc. — Z. 18, 16.

Même date.

1367. Edit portant création d'un office de conseiller auditeur en chaque élection du royaume, etc. — Z. 36, 99.

A Paris, en mars 1646 ; vérif. le 14 août 1647.

1368. Arrêt du conseil portant que les comptes de tous les deniers communs d'octroi, étapes et tous autres qui s'imposent dans la province seront rendus à la chambre des comptes de Grenoble, conformément aux édits et déclarations de mars 1628 et juin 1633. — B. 197, 71.

A Paris, le 13 févr. 1647 ; enreg. le 12 avr. s.

1369. Lettres portant confirmation des priviléges accordés aux dames de Montfleury par les dauphins et rois prédécesseurs de sa majesté, principalement l'exemption des décimes et faculté de prendre du bois pour leur usage et chauffage dans les forêts des mandements de Montfleury et Cornillon, etc. — B. 198, 13.

A Paris, en juin 1648 ; enreg. le 14 oct. s.

1370. Déclaration portant révocation de toutes commissions extraordinaires et nommément des intendants de justice en Dauphiné et autres provinces du royaume, à l'exception de quelques-unes y nommées, où ils ne pourront se mêler de l'imposition et levée des deniers du roi, lequel décharge tous ses sujets des arrérages de tailles jusqu'en 1647, etc. — B. 198, 70.

A Paris, le 13 juil. 1648; enreg. le 7 août s.

1371. Autre déclaration portant établissement d'une chambre de justice composée d'officiers des cours souveraines pour la recherche des extorsions et vexations commises en l'imposition et levée des deniers des tailles et autres, avec ordre au procureur général de recevoir tous les mémoires qui lui pourront être présentés pour cet effet, etc. — De suite.

A Paris, le 16 juil. 1648 ; enreg. le 7 août s.

1372. Autre déclaration portant règlement sur distribution de la justice conformément aux anciennes ordonnances, ensemble la forme de lever les deniers pour le soulagement du public, qu'il décharge en même temps d'un quartier des tailles à commencer en 1649, au lieu d'un demi-quartier ci-devant accordé, etc. — De suite.

A Paris, le 31 juil. 1648 ; enreg. le 13 août s.

1373. Déclaration en forme d'ordonnance sur le fait de

la justice, police, finance et commerce, etc. — B. 198, 17. A Saint-Germain, en octob. 1648.

1374. Autre déclaration en interprétation de la précédente, sur les remontrances des députés de Dauphiné touchant les rentes sur les gabelles, la suppression des offices et droits de chancellerie, l'imposition pour les étapes, la forme des enregistrements des baux des fermes du roi, etc. — De suite. A Paris, le 24 décem. 1648.

1375. Autre déclaration portant qu'il ne sera fait aucune imposition pour les étapes, et que la dépense qu'il conviendra faire pour icelles sera prise sur le fonds des tailles et deniers laissés ès mains des receveurs, etc. — De suite.

A Compiègne, le 14 juin 1649 : le tout enreg. le 27 juil. s.

1376. Arrêt du parlement qui déclare les fonds et héritages assis en Dauphiné, cens et autres droits être francs et allodiaux de leur nature et en conséquence exempts d'hommage, lods, etc. — B. 198, 31.

A Grenoble, le 16 décem. 1649.

1377. Déclaration portant suppression des offices d'intendant et receveurs des deniers communs patrimoniaux d'octroi et étapes en chaque élection de Dauphiné créés par l'édit du mois de mars 1637, et commutation des gages attribués en augmentation de gages, avec faculté aux officiers des cours souveraines et bureau des finances de les acquérir, etc. — Z. 38, 1.

A Paris, le 22 juil 1650 ; enreg. le 11 août 1651.

1378. Edit contre les duels et rencontres, etc. — B. 200, 59. A Paris, en sept. 1651 ; vérif. le 1ᵉʳ févr. 1655.

1379. Lettres d'octroi à perpétuité de 6 den. par minot de sel qui se débite dans la province, en faveur des Jésuites de Grenoble. — B. 198, 67.

A Saint-Denis, le 9 juil. 1652 ; enreg. le 19 nov. s.

1380. Lettres en confirmation d'exemption de décimes et subvention qui se lèvent sur le clergé, en faveur des dames de Montfleury, etc. — B. 199, 12.

A Paris, en mars 1653 ; enreg. le 26 juin s.

1381. Déclaration portant rétablissement de l'office de procureur-syndic général de la province et de 3 substituts d'icelui, créés par édit (nº 1307) et ci-devant supprimé, etc. — Z. 38, 68.

A Paris, le 10 janv. 1654 ; vérif. le 22 mai s.

1382. Déclaration pour les francs-fiefs dus depuis le 31 décem. 1633 jusqu'au 31 déc. 1653. — Z. 50, 20.

A Paris, le 13 avril 1654.

1383. Edit portant création d'un lieutenant civil, criminel ou particulier, d'un contrôleur, d'un commissaire examinateur et garde-scel, d'un avocat du roi, d'un receveur des tailles alternatif dans les élections du royaume, et attribution à ceux de cette province de 10 s. pour paroisse d'augmentation des droits de vérification et signature de rôles. etc. — Z. 40, 3.

A Paris, en décem. 1654 ; vérif. le 14 août 1662 pour les droits de vérification.

1384. Lettres portant confirmation des priviléges accordés aux habitants et marchands de la Hanse Teutonique à raison du commerce, confirmés par les rois prédécesseurs de sa majesté, Louis XI en 1464 et 1483, Charles VIII en 1489, François 1ᵉʳ en 1535, Henri II en 1552 et Henri IV en 1604. — B. 200, 14.

A Compiègne, en juin 1656 ; enreg. le 14 août s.

1385. Lettres de confirmation de l'exemption du sceau en faveur du chapitre de Saint-André de Grenoble, etc. — B. 200, 43. A Paris, en mai 1657 ; enreg. le 18 juin 1658.

1386. Lettres d'octroi en faveur du Bourg de Pisançon de 15 sols par charge sur le vin étranger qui se débitera audit lieu, etc. — B. 201, 802.

A Paris, le 17 mai 1657 ; enreg. le 15 déc. 1663.

1387. Lettres d'octroi sur le vin et la vendange pour la ville de Saint-Marcellin, etc. — B. 200, 39.

A Paris, le 22 décem. 1657 ; enreg. le 1ᵉʳ fév. s.

1388. Lettres portant confirmation d'un péage sur le Rhône en faveur du chapitre de Saint-Maurice de Vienne accordé par les empereurs, etc.; avec plusieurs arrêts sur ce fait. — B. 201, 267.   A Paris, en octob. 1658.

1389 Edit portant réunion de la cour des aides de Vienne au parlement, création d'un président, 6 conseillers, 2 secrétaires, 2 commis au greffe, 2 substituts, 4 payeurs des gages et 3 huissiers, avec attribution de gages et franc-salé, etc.—B. 200, 47. Même date ; vérif. le 3 déc. s.

1390. Edit portant que les droits de péage du domaine sur le Rhône se lèveraient à l'avenir par doublement, lequel doublement serait aliéné sous faculté de rachat perpétuel pour subvenir aux frais de la guerre, etc. — B. 200, 57.

Même date; vérif. le 15 janv. s.

1391. Edit portant affranchissement des biens roturiers situés en Dauphiné jusqu'à la somme de 90,000 l. et aliénation de pareille somme sur les tailles de la province, etc. — B. 200, 57 bis. Même date; vérif. le 29 janv. s.

1392. Edit portant réunion des domaines, greffes, offices, etc. aliénés par sa majesté et par ses prédécesseurs, avec commission de les revendre, etc. — B. 200, 58 bis.

Même date; vérif. le 31 janv. s.

1393. Edit portant permission aux roturiers de Dauphiné de posséder fiefs, arrière-fiefs, héritages de franc-alleu, rentes et autres droits nobles, en payant la finance à laquelle ils seront taxés, comme aussi décharge les gens de main-morte de tout ce qu'ils pourraient devoir, en payant la finance, etc. — B. 200, 58. Mêmes dates.

1394. Lettres portant commission aux officiers du parlement, chambre des comptes et bureau des finances y nommés pour la révision générale des feux, etc. — B. 200, 66. A Paris, le 28 octob. 1658; enreg. le 23 juin s.

1395. Edit portant augmentation de 20 sols sur chaque minot de sel qui se débite en Dauphiné, etc. — B. 200, 56.

A Dijon, en novem. 1658; vérif. le 14 janv. s.

1396. Edit portant augmentation de gages de 90,000 l. aux compagnies souveraines de Dauphiné sur les gabelles dudit pays et même sur les 20 s. mis de nouveau sur chaque minot de sel à prendre préférablement et volontairement par chaque officier, etc. — B. 200, 56 bis.

Mêmes dates.

1397. Trois lettres patentes portant confirmation des dons et priviléges accordés aux religieuses de Sainte-Claire de Grenoble, consistant en franc-salé, pension de 100 liv. annuelle, droit et permission de quêter par tout le royaume et autres, etc. — B. 200, 55.

A Lyon, en janv. 1659; enreg. le 5 avr. s.

1398. Lettres portant don de 4 minots de sel par an aux Cordeliers de la Magdeleine de Grenoble, etc. — B. 200, 50. Même date; enreg. le 18 fév. s.

1399. Lettres en forme d'édit portant que les officiers de la chambre des comptes de Grenoble jouiront des mêmes priviléges que les secrétaires du roi maison couronne de France, etc. — B. 200, 62.

A Paris, en mars 1659 ; enreg. le 15 mai s.

1400. Lettres portant révocation de toutes nouvelles impositions faites par doublement dans les péages appartenants à des particuliers, soit qu'ils les aient obtenues par lettres patentes ou établies en quelque autre manière que ce soit, etc. — B. 200, 65.

A Paris, le 31 mars 1659 ; enreg. le 27 mai s.

1401. Lettres portant rémission à Ennemond Baudet, conseiller au parlement de Grenoble, de faire ouvrir et travailler aux mines qu'il pourrait découvrir hors des terres du duc de Lesdiguières, et don pour 10 ans de la 10ᵉ qui appartient au roi, etc. — B. 200, 69.

A Paris, le 5 juin 1659 ; enreg. le 1ᵉʳ juillet s.

1402. Edit portant création à perpétuité d'augmentation de gages héréditaires, en faveur des officiers des compagnies souveraines, de 12.916 l. 9 s. sur les gabelles et même sur les revenants-bons des gages des officiers supprimés de la cour des aides, etc. — B. 200, 78.

A Toulouse,..... 1659 ; vérif. le 18 août s.

1403. Arrêt du conseil d'état en faveur de la ville de Grenoble, qui ordonne l'imposition de 100,000 l. en 5 années sur la province pour les réparations de la rivière du Drac. — B. 202, 55.

A Fontainebleau, le 19 mai 1660 ; enreg. le 24 juil. 1661.

1404. Lettres d'octroi de 3 sols sur chaque minot de sel qui se débite dans le grenier de Vienne, en faveur des consuls de ladite ville, etc. — B. 201, 151.

A Paris, le 31 mai 1660 ; enreg. le 8 mars s.

1405. Lettres de continuation d'octroi de 15 s. par charge sur le vin qui entre dans la ville de Grenoble pour y être vendu, etc. —B. 202, 5.

A Paris, le 16 sept. 1660 ; enreg. le 13 août 1665.

1406. Lettres portant révocation du doublement des droits de péage appartenants au roi, ci-devant établi par l'édit (nᵒ 1390) et converti en augmentation de 20 s. par minot de sel qui se débite dans la province, etc. — B. 201, 15.

A Paris, en décem. 1660 ; enreg. le 29 janv. s.

1407. Lettres portant confirmation des priviléges de l'université de Valence, etc. — B. 201, 3.

A Paris, le 30 déc. 1660; enreg. le 8 mars s.

1408. Lettres portant attribution de 120,000 l. d'augmentation de gages aux officiers du parlement et chambre des comptes de Dauphiné, et autres du royaume qui voudront les acquérir sur les gabelles de Dauphiné, etc. — B. 201, 21. A Paris, en janvier 1661; vérif. le 15 fév. s., les charges anciennes et nouvelles préalablement payées, etc.

1409. Règlement général fait par le parlement de Grenoble pour la forme de l'imposition et recouvrement des tailles dans la province, etc. — B. 201, 47.

A Grenoble, le 21 févr. 1661.

1410. Lettres de continuation des octrois de la ville de Crest, etc. — B. 201, 83.   A Paris, le 28 févr. 1661.

1411. Arrêt du conseil d'état qui décharge les communautés de la province de rendre compte à la chambre, ordonne qu'à l'avenir ils seront rendus par-devant les officiers desdites communautés et accorde 6000 l. d'indemnité à ladite chambre des comptes, etc. — B. 201, 105. A Paris, le 31 mars 1661; enreg. le 5 juil. s. sous la réserve des remontrances qui seront faites à sa majesté, etc.

1412. Edit portant création de 4 receveurs et payeurs, ancien, alternatif, triennal et quatriennal des rentes constituées sur les gabelles de Dauphiné, etc. — C. D.

A Paris, en mars 1661.

1413. Edit portant révocation de 50,000 l. d'affranchissement restantes de 90,000 ordonnées être aliénées sur les tailles par édit (n° 1391) et création de 177,718 l. d'augmentation de gages héréditaires à prendre sur les deniers de la recette générale de Dauphiné, avec faculté à toute sorte de personnes de les acquérir, etc. — B. 201, 111.

A Paris, en avril 1661; vérif. le 5 juil. s.

1414. Edit portant suppression de tous les officiers des élections de Dauphiné, à l'exception d'1 président, d'1 lieutenant, d'1 assesseur, 5 élus, 1 procureur du roi, 1 greffier et 2 receveurs des tailles dans chaque élection, etc. — Z. 40, 2.

A Fontainebleau, en août 1661; vérif. le 10 juin s.

1415. Edit portant établissement d'un conseil royal des finances et suppression de l'office de surintendant, etc. —

B. 201, 223. A Fontainebleau, le 15 sept. 1661.

1416. Lettres portant établissement d'une chambre de justice pour la recherche et punition des abus et malversations sur le fait des finances, etc. — B. 201, 229.

A Fontainebleau, en novem. 1661; enreg. le 22 s.

1417. Lettres de continuation d'octroi du trézain du pain et vingtain du vin pour la ville de Vienne, etc. — B. 201, 353. A Paris, le 13 avril 1662; enreg. le 4 juil. s.

1418. Lettres portant suppression des congrégations pour la propagation de la foi et union des revenus d'icelles à l'hôpital de Grenoble. — B. 201.

A Paris, en janv. 1663; enreg. le 26 mai s.

1419. Déclaration portant attribution de 9 den. pour livre aux receveurs généraux et particuliers des tailles de la province sur les sommes qui doivent être portées entre les mains du trésorier de l'épargne, etc. — Z. 40, 36.

A Vincennes, le 1" octob. 1663; vérif. le 13 mars s.

1420. Lettres portant confirmation des priviléges accordés aux Capucins de cette province, et les décharge de tous droits d'amortissement pour l'enclos de toutes les maisons qu'ils habiteront, etc. — B. 201, 822.

A Paris, en oct. 1663; enreg. le 4 avril s.

1421. Edit portant suppression des offices de receveurs particuliers des paroisses, asséeurs des tailles et auditeurs des comptes des communautés, et des greffiers secrétaires des villes et communautés de la province, etc. — Z. 40, 55. A Paris, en févr. 1664; enreg. le 12 mai s.

1422. Arrêt du conseil d'état qui fixe les épices des comptes qui se rendent en la chambre par les receveurs généraux et particuliers des tailles, et confirme les officiers de ladite chambre dans la jouissance de l'indemnité des 3.000 l. à eux accordées par l'édit de 1628 pour raison d'une crue d'officiers, etc. — B. 202, 4.

A Paris, le 6 mars 1664.

1423. Lettres portant permission au duc de Lesdiguières de faire ouvrir les mines, de quelque qualité qu'elles soient en tout le Dauphiné à l'exclusion de tous autres, avec don pour 30 ans de la 10ᵉ due au roi, etc. — B. 201, 988.

A Paris, le 13 juil. 1664; vérif. le 27 janv. s.

1424. Edit portant révocation de toutes les lettres de noblesse accordées depuis l'an 1634, sauf de confirmer celles qui auront été données aux gens de mérite et de service sans frais, etc. — B 201, 996.

A Vincennes, en sept. 1664; vérif. le 27 janv. s.

1425. Lettres de don aux religieuses de la Visitation de Crémieu des débris et plassage de l'ancien château dudit lieu, etc. — B. 201, 4080. Même date ; enreg. le 3 mars s.

1426. Lettres portant commission à des officiers du parlement, chambre des comptes et bureau des finances pour l'exécution des déclarations qui ordonnent la recherche et recouvrement des deniers revenants-bons au roi et débets des comptes rendus à la chambre, etc. — C. D.

A Saint-Germain, le 14 juil. 1665.

1427. Edit portant suppression des rentes provinciales assignées sur les recettes générales et particulières des tailles, payeurs et contrôleurs d'icelles, des droits héréditaires des officiers des élections supprimés, des procureurs du roi des villes et communautés, intendants contrôleurs des deniers communs, etc. — Z. 41, 48.

A Paris, en décem. 1665 ; vérif. le 20 août s.

1428. Avec un règlement pour le payement des gages et droits des offices desdites élections et lettres patentes sur ce sujet, du même jour, etc. Du 9 mars 1666.

1429. Lettres portant confirmation des priviléges accordés aux Chartreux par les papes et les rois, suivant les chartes attachées sous le contre-scel, etc. — B. 202, 11.

A Saint-Germain, en mai 1666 ; enreg. le 26 janv. s.

1430. Arrêt du conseil qui fixe à la somme de 4500 l. les épices du compte que le fermier des gabelles de Dauphiné rend à la chambre, etc. — Z. 15, 3.

A Paris, le 16 décem. 1666.

1431. Lettres portant réunion de tout le domaine de sa majesté en Dauphiné à la couronne, et ordonne que les engagistes représenteront leurs titres par-devant les commissaires qui seront députés à cet effet, pour être procédé à la liquidation et remboursement de leur finance, etc. — B. 202, 17. A St-Germain, en avril 1667 ; enreg. le 4 juil. s.

1432. Ordonnances civiles. — C. D. Du mois d'avril 1667.

1433. Lettres patentes adressées au duc de Lesdiguières pour assister à la publication de ladite ordonnance en la chambre des comptes, etc. — B. 202, 19.

A Tournay, le 29 juil. 1667 ; enreg. le 22 novem. s.

1434. Lettres portant permission d'établir un séminaire dans la ville de Grenoble, etc. — B. 202, 21.
Au camp devant Lille, en août 1667 ; enreg. le 1er fév. s.

1435. Edit portant exemption jusqu'à l'âge de 25 ans révolus des tailles personnelles et négotiales et de toutes charges publiques en faveur des sujets de sa majesté taillables qui seront mariés avant ou à l'âge de 20 ans, et de toute sorte de charges en faveur des pères de famille qui auront 10 enfants nés en loyal mariage, etc. — B. 202, 18.
A Saint-Germain, en sept. 1667 ; enreg. le 14 nov. s.

1436. Lettres portant commission aux srs de La Berchère et de Boissieu, premiers présidents du parlement et de la chambre des comptes, pour tous les deux ensemble ou l'un en l'absence de l'autre avec les commissaires du duc de Savoie régler les limites des deux états, etc. — B. 205, 64.
A Saint-Germain, le 14 mars 1668.

1437. Ordonnance pour l'âge des officiers et pour les degrés de parenté dans les compagnies, etc. — Z. 50, 61.
A Saint-Germain, en juil. 1669 ; enreg. le 7 déc. s.

1438. Edit pour le contrôle des exploits, etc. — Ibid., 66.
A Saint-Germain, en août 1669 ; enreg. le 7 déc. s.

1439. Edit portant création en titre des offices de greffiers des affirmations dans tous les siéges qui ont pouvoir de taxer les dépens, etc. — Ibid., 69.   Mêmes dates.

1440. Edit portant défense aux sujets de sa majesté de s'établir dans les pays étrangers sans permission, etc. — Ibid., 70.   Mêmes dates.

1441. Déclaration qui défend les contestations plus amples par-devant les rapporteurs et d'appointer aucunes causes civiles au conseil en droit, ni à mettre par défaut ou autrement que sur la plaidoirie des parties et à la pluralité des voix, etc. — Ibid., 72.
A St-Germain, le 10 août....

1442. Edit portant que nul ne soit reçu appelant sans consigner l'amende de 12 l. dans les cours souveraines et de 10 dans les siéges présidiaux, etc. — Ibid., 74.
A St-Germain, en août.:...

1443. Edit portant règlement pour les offices de secrétaires du roi et suppression de 6 desdits offices, etc. — Ibid., 77 v°.   Mêmes dates.

1444. Ordonnance des évocations, etc. — Ibid., 78.

Mêmes dates.

1445. Edit portant création des offices de trésoriers et contrôleurs généraux du domaine, etc. — Ibid., 101 v°.

Même date ; vérif. le 9...

1446. Edit portant règlement pour les chambres des comptes du royaume, en 56 articles, etc. — B. 202, 63.

Même date ; vérif. le 7...

1447. Lettres portant faculté aux nobles de commercer sur mer sans déroger à la qualité, etc. — B. 202, 77.

Même date ; enreg. le 4 juin s.

1448. Lettres portant que les Savoyards ne sont point aubains, qu'ils pourront recueillir toute sorte de successions en Dauphiné et posséder des bénéfices, à la charge de réciprocité en conséquence des lettres de Charles Emmanuel, duc de Savoie, enregistrées par ordre du roi avec l'arrêt du sénat de Chambéry, etc. — B. 203, 11.

A Saint-Germain, en sept. 1669 ; enreg. le 14 juin 1674.

1449. Lettres de continuation d'octrois pour la ville de Crest, etc. — B. 202, 69.

A Saint-Germain, le 16 mars 1670 ; enreg. le 28 avr. s.

1450. Lettres du roi et arrêt du conseil portant permission aux dames de Montfleury de faire construire un pont sur la Romanche au port de Champs en place d'un bac, et d'exiger le double du droit qu'elles tiraient dudit bac, etc. — B. 202, 81.   Même date ; enreg. le 4 août s.

1451. Lettres de don des bastions, remparts et dépendances de la ville de Grenoble en faveur du duc de Lesdiguières, etc. — B. 202, 83.

A Saint-Germain, en avril 1670 ; enreg. le 19 déc. s.

1452. Edit portant suppression d'un des receveurs généraux des finances et d'un des receveurs généraux des deniers du pays et d'un des contrôleurs de chacun desdits offices, etc. — Z. 41, 148.

A Saint-Germain, en novem. 1670 ; vérif. le 10 déc. s.

1453. Arrêts et actes servant aux officiers de la chambre des comptes au sujet de 6000 l. assignées sur les gabelles annuellement pour l'indemnité à eux accordée pour les fonds taillables par eux possédés. — B. 202, 101.

A Paris, le 5 mars et le 9 juil. 1671.

1454. Lettres de continuation d'octroi sur les denrées pour la ville de Vienne, etc. — B. 202, 97.

A Paris, le 10 mai 1671 ; enreg. le 4 janv. s.

1455. Edit portant confirmation des édits de 1666 et 1669, et nouveau règlement pour l'âge et le service requis pour entrer dans les offices de judicature, etc. — B. 202, 106. A St-Germain, en févr. 1672 ; vérif. le 29 mars s.

1456. Edit pour les francs-fiefs de Dauphiné, qui permet aux roturiers et non nobles de posséder des fiefs et biens nobles à la charge de payer 3 années de la valeur du revenu desdits fiefs, ordonne en outre un supplément de finance pour les biens affranchis en 1658, 1659, 1660. — Z. 50, 121. A Versailles, en mars 1672.

1457. Déclaration portant aliénation et délaissement à perpétuité et en propriété des petits domaines, à concurrence de 400,000 l. — Ibid., 127.

A Versailles, le 8 mars 1672.

1458. Edit portant confirmation des notaires, procureurs, huissiers et sergents en l'exercice de leurs offices et dans le droit d'hérédité pour lesdits offices, en payant finance, etc. — Ibid., 117. A Versailles, le 23 mars 1672.

1459. Edit portant réduction des secrétaires du roi au nombre de 240, ensuite l'arrêt du conseil pour l'exécution dudit édit, etc. — B. 203, 4.

A Versailles, en avril 1672 ; vérif. le 11.

1460. Lettres du roi qui nomme la reine son épouse pour commander en son absence dans le royaume durant la guerre de Hollande, etc, — Z. 50, 43.

A St-Germain, le 23 avril 1672.

1461. Déclaration en faveur des secrétaires du roi aux chancelleries, contenant leurs droits et privilèges, etc. — Z. 48, 4. A St-Germain, le 7 janv. 1673.

1462. Déclaration contenant la manière de recevoir les ordonnances, lettres et édits du roi, et la forme des enregistrements dans les cours supérieures, etc. — Z. 50, 145 v°. A Versailles, le 24 févr. 1673.

1463. Lettres de continuation d'octroi sur toutes les marchandises qui passent par eau et par terre à Vienne, en faveur de ladite ville, etc. — B. 202, 221.

A St-Germain, le 28 févr. 1673 ; enreg. le 12 juil. s.

1464. Edit portant rétablissement des offices de trésoriers de France ci-devant supprimés en payant la finance, etc. — Z. 50, 130 v°. A Versailles, en mars 1673.

1465. Edit portant établissement des greffes des enregistrements des oppositions pour la conservation des hypothèques et règlement sur ce fait en divers articles, etc. — Ibid., 157. Même date.

1466. Edit portant création d'offices de banquiers expéditionnaires en cour de Rome et légation d'Avignon, ensemble de plusieurs offices de greffiers des arbitrages dans le royaume, etc. — Ibid., 173. Même date.

1467. Autre déclaration touchant l'impression et l'usage des formules, avec un tarif des droits d'icelles, etc. — Ibid., 179 v°. A Versailles, le 19 mars 1673.

1468. Lettres de continuation d'octroi pour la ville de Romans, etc. — B. 202, 126.

A Paris, le 20 juil. 1673; enreg. le 29 nov. s.

1469. Arrêt du conseil portant abonnement des droits de franc-fief et franc-alleu en faveur de tous les habitants de Dauphiné roturiers et non nobles, et amortissement général pour les communautés, conformément aux priviléges de la province et moyennant la somme de 120,000 l., etc. — B. 205, 11.

A Paris, le 2 sept. 1673; enreg. le 16 mars 1690.

1470. Lettres du roi et arrêt du conseil d'état qui décharge les bénéficiers de fournir au papier-terrier des déclarations du temporel de leurs bénéfices, à la charge de fournir à la chambre des comptes leurs aveux et dénombrements, ensuite de l'hommage par eux prêté de leur temporel, etc. — B. 203, 32.

A St-Germain, le 12 décem. 1673; enreg. le 20 avril 1676.

1471. Lettres portant permission à un particulier d'établir un ou deux bacs sur le Rhône à Vienne, en place du pont ruiné, etc. — B. 203, 83.

A Versailles, le 6 mars 1674; enreg. le 4 juil. 1480.

1472. Edit portant suppression des greffes des enregistrements des hypothèques créés par édit (n° 1465), etc. — B. 203, 10. A Versailles, en avril 1674.

1473. Arrêt du conseil d'état rendu contre la ville de Lyon en faveur de la province de Dauphiné concernant le droit du tiers sur taux, qui exempte les marchands dudit Dauphiné de faire passer audit Lyon les marchandises qui sortent de la province, etc. — B. 203, 43.

A Paris, le 2 juin 1674; enreg. le 9 févr. 1677.

1474. Autre arrêt du conseil d'état portant que les trésoriers généraux des ponts et chaussées ne compteront à l'avenir qu'en la chambre de Paris, et pour indemnité accorde 500 l. à la chambre des comptes de Grenoble, etc. — B. 203, 20. A Versailles, le 15 sept. 1674.

1475. Edit portant création de 500,000 l. d'augmentation de gages aux officiers des cours supérieures et autres qui voudront les acquérir, etc. — Z. 45, 2.

A St-Germain, en décem. 1674; vérif. le 18 janv. s.

1476. Lettres en faveur des consuls de Vienne pour continuation de la levée de 6 d. par minot de sel qui se débite dans la province, pour les réparations du collége des Jésuites de ladite ville, etc. — B. 203, 22.

A St-Germain, le 11 mai 1675; enreg. le 19 juin s.

1477. Lettres portant établissement d'un séminaire à Valence, etc. — B. 203, 40.

Au camp près de Ninove,
en juin 1676; enreg. le 15 déc. s.

1478. Lettres portant permission d'établir une nouvelle paroisse dans la ville de Grenoble, avec assignation de la somme de 36,000 l. pour la construction d'une église paroissiale sur le fonds des gages des secrétaires greffiers ci-devant supprimés, etc. — B. 203, 87.

Même date; enreg. le 27 mars 1681.

1479. Lettres portant augmentation de 30 s. par minot de sel qui se débite en Dauphiné, etc. — B. 203, 46.

A Versailles, le 19 sept. 1676; enreg. le 16 fév. s.

1480. Edit portant rétablissement des offices de receveurs des épices supprimés par l'édit de 1626, etc. — Z. 28, 35. A Versailles, en juin 1677.

1481. Lettres du roi qui accorde aux consuls de Grenoble les droits du péage du pont de l'Isère durant 9 ans chaque fois pour les réparations dudit pont et autres, etc. — B. 203, 80. A Saint-Germain,
le 18 juin 1679; enreg. le 21 juin 1680.

1482. Déclaration portant que les avis des officiers des cours supérieures et inférieures, qui sont parents aux degrés y déclarés, ne seront comptés que pour un, etc.—Z. 45, 9. A Saint-Germain, le 16 juil. 1679; vérif. le 31 s.

1483. Déclaration pour le recouvrement et restitution des droits et gages payés à des porteurs de quittances et lettres de provision d'offices, le nom en blanc, etc. — Ibid., 12.

A St-Germain, le 1" décem. 1679 ; vérif. le 8 janv. s.
1484. Déclaration portant que les receveurs généraux des finances et du taillon et tous autres officiers comptables, leurs commis, ensemble les héritiers de ceux qui sont décédés, qui n'auront pas rendu compte des années de leur exercice, seront contraints au payement des amendes portées par les ordonnances, avec un règlement sur la forme qui sera observée par la décharge des débets et souffrances, etc. — Z. 50, 33. Même date.

1485. Déclaration et interprétation de l'édit (n° 1437) qui dispense les correcteurs et auditeurs des comptes de l'incompatibilité à raison des degrés de parenté entre eux, etc. — Z. 44, 130.

A St-Germain, le 27 déc. 1679 ; vérif. le 28 janv. s.
1486. Déclaration portant règlement pour la nourriture des prisonniers, etc. — Z. 50, 203.

A St-Germain, le 6 janv. 1680 ; vérif. le 6 fév. s.
1487. Edit portant peine de mort contre les officiers et personnes publiques atteints et convaincus de fausseté dans les fonctions de leurs offices, etc. — Ibid., 206.

A St-Germain, en mars 1680 ; vérif. le 7 mai s.
1488. Lettres portant confirmation d'une société établie à Vienne sous le nom de filles de la Miséricorde, etc. — B. 203, 86.

A Fontainebleau, en juil. 1680 ; enreg. le 26 févr. s.
1489. Lettres pour faire continuer les apurements des comptes dans la chambre, nonobstant les vacations, etc. — Z. 50, 26. A Versailles, le 31 juil. 1680.
1490. Déclaration en interprétation de celle (n° 1483) pour la restitution des gages reçus sans titre valable, etc. — Ibid., 25. A Versailles, le 23 novem. 1680.
1491. Lettres à la chambre des comptes pour faire enregistrer l'arrêt du conseil d'état, du 8 févr. 1681, portant défense aux officiers de ladite chambre de recevoir à l'avenir aucun compte d'apurement, ledit arrêt y joint, etc. — Ibid., 23. A St-Germain, le 8 févr. 1681 ; enreg. le 21 avr. s.
1492. Lettres du roi et arrêt du conseil portant abonnement des débets et gages intermédiaires en Dauphiné, moyennant la somme de 200,000 l. qui seraient répar-

ties sur les contribuables par les commissaires y nommés, etc. — Z. 45, 30.

A St-Germain, le 29 févr. 1682; enreg. le 22 avr. s.
1493. Déclaration portant que les arrêts qui se rendront à la chambre des comptes seront signés par le président qui y présidera et par le maître rapporteur d'iceux, etc. — Ibid., 29.

A St-Germain, en mars 1682; vérif. le 18 avr. s.
1494. Déclaration et arrêt du conseil portant que ceux qui ont été pourvus des offices vacants aux parties casuelles seront reçus, nonobstant les oppositions des veuves et autres, etc. — Ibid., 61.

A Versailles, le 5 avril 1683; enreg. le 12 mai s.
1495. Edit portant que les possesseurs des iles et ilots payeront annuellement au roi la 20ᵉ du revenu, etc. — Z. 50, 14.   Même date; enreg. le 2 juin s.
1496. Edit portant création et aliénation de 50,000 l. de rente au denier 18, à prendre généralement sur tous les deniers provenants des recettes générales du royaume, etc. — Ibid., 13.

A Versailles, en juillet 1683; enreg. le 7 janv. s.
1497. Edit portant création de 600,000 l. d'augmentation de gages au denier 18 en faveur des cours supérieures et autres qui voudront les acquérir, etc. — Z. 45, 82.

A Versailles, en octob. 1683; vérif. le 7 janv. s.
1498. Edit portant nouveau règlement sur l'âge des maîtres des requêtes, correcteurs et auditeurs des comptes, officiers des présidiaux et judicatures, etc. — Ibid., 127.

A Versailles, en novem. 1683; vérif. le 7 janv. s.
1499. Lettres de continuation d'octroi pour la ville de Valence, etc. — B. 203, 121.

A Versailles, le 22 févr. 1684; enreg. le 18 juil. s.
1500. Lettres portant établissement d'un collége de Jésuites à Pignerol, etc. — B. 203, 123.

A Versailles, en août 1684; enreg. le 24 nov. s.
1501. Déclaration portant que nul de la R. P. R. ne pourra être pris d'office ni être nommé pour servir d'expert en quelque occasion que ce soit, etc. — Z. 50, 10.

A Versailles, le 21 août 1684; enreg. le 16 nov. s.
1502. Déclaration portant règlement pour la vente des biens immeubles des comptables qui se trouveront redeva-

bles à sa majesté, etc. — Z. 45, 179.

A Versailles, le 21 janv. 1685 ; vérif. le 16 mars s.
1503. Déclaration qui règle la forme de prononcer par les juges des cours supérieures sur la condamnation des amendes et aumônes, etc. — B. 203, 124. Mêmes dates.

1504. Edit portant création d'un receveur général du domaine en chaque généralité du royaume et règlement pour la reddition des comptes dudit receveur dans les chambres des comptes, etc. — Z. 45, 204.

A Versailles, en avril 1685 ; vérif. le 29 nov. s.
1505. Arrêt du conseil portant que les seuls actes de foi et hommage qui seront faits en la chambre des comptes de Grenoble, dans lesquels sont énoncés les main-levées des fiefs, seront scellées en la chancellerie, etc. — Ibid., 229. A Versailles, le 5 juin 1685 ; enreg. le 4 mars s.

1506. Déclaration portant que les comptables redevables à sa majesté de la somme excédant 200 l. en payeront les intérêts au denier 20, etc. — Ibid., 220.

A Versailles, le 8 juillet 1685 ; vérif. le 12 nov. s.
1507. Déclaration portant défense à tous juges, avocats, procureurs, etc. de se servir d'aucun clerc de la R. P. R., etc. — Ibid., 219.

A Versailles, le 10 juillet 1685 ; vérif. le 12 nov. s.
1508. Edit portant révocation de celui de Nantes de 1598 et tous autres édits, déclarations et arrêts rendus en conséquence, etc. — Z. 50, 5.

A Fontainebleau, en octob. 1685.
1509. Edit portant création de 600,000 l. de gages aux officiers des compagnies souveraines du royaume et autres qui voudront les acquérir, etc. — B. 197, 7.

A Versailles, en décem. 1685 ; enreg. le 13 août s.
1510. Arrêt du conseil d'état portant règlement général pour les fonctions des receveurs généraux des domaines et bois du roi, etc. et de ce que doivent faire les fermiers et engagistes desdits domaines pour le payement des charges locales, aumônes, gages des officiers, etc. — Z. 50, 4.

A Versailles, le 1er juil. 1687.
1511. Déclaration portant règlement sur les fonctions des receveurs généraux des domaines et bois du roi, etc. en exécution du précédent arrêt, etc. — Z. 47, 11.

A Versailles, le 12 juil. 1687 ; enreg. le 12 nov. s.

1512. Arrêt du conseil privé portant que les officiers de la chambre des comptes de Grenoble jouiront de l'exemption du droit du sceau de la chancellerie pour toute sorte d'expéditions, à l'exception des lettres d'assiette pour lesquelles ils payeront le tiers, et que réciproquement les officiers de la chancellerie seront exempts de payer aucuns droits ni épices en ladite chambre, etc. — Z. 28, 2.
A Versailles, le 26 novem. 1687.

1513. Edit portant que tous les biens tant des consistoires que des ministres de la R. P. R. que des religionnaires fugitifs du royaume seront réunis au domaine, etc. — Z. 50, 2.   A Versailles, en janv. 1688; vérif. le 11 fév. s.

1514. . Arrêt du conseil d'état portant attribution à la chambre des comptes de Grenoble par provision de la connaissance des droits féodaux et casuels dus à sa majesté, etc. — Z. 28, 3.   A Versailles, le 16 mars 1688.

1515. Lettres du roi et arrêt du conseil qui décharge les receveurs généraux des domaines et bois de Languedoc, Provence et Dauphiné de compter par état au conseil, à la charge d'envoyer au contrôleur général des doubles des états arrêtés aux bureaux des finances.—Ibid., 3 bis.
A Versailles, le 18 mai 1688; enreg. le 30 juin s.

1516. Edit portant création des receveurs des octrois de Grenoble et autres villes de Dauphiné, et règlement pour les épices des comptes desdits octrois, etc. — B. 204, 57.   A Versailles, en janv. 1689 ; vérif. le 7 sept. s.

1517. Edit portant réunion au domaine des offices des receveurs des consignations, et vente et revente d'iceux, etc. — Z. 28, 6.
A Versailles, en févr. 1689 ; enreg. le 2 mai s.

1518. Edit portant rétablissement et création de 16 grands maîtres enquêteurs et réformateurs des eaux et forêts du royaume dans les 16 départements y exprimés, etc. — Ibid., 7.   Mêmes dates.

1519. Déclaration portant règlement sur les hypothèques appartenant à sa majesté sur les biens et offices des comptables, etc. — Ibid., 36.
A Versailles, le 5 juil. 1689 ; enreg. le 12 août s.

1520. Edit portant création à chacun des bureaux des finances du royaume de 2 receveurs et payeurs de gages, etc. — Ibid., 14.   A Vers,, en juil.....

1521. Edit portant suppression des offices des commissaires aux saisies réelles, contrôleurs et commis ancien, alternatif, etc., créés par édit de février 1626 dans toutes les cours et juridictions du royaume, et création d'un seul commissaire receveur héréditaire et domanial en chacune desdites juridictions, etc. — Z. 26, 99.

Mêmes dates.

1522. Edit portant attribution de 300.000 l. d'augmentation de gages héréditaires aux officiers des élections et greniers à sel et confirmation des droits et priviléges à eux accordés par les édits de 1685 et 1688, etc. — Z. 47, 12.

A Versailles, en nov. 1689; enreg. le 12 déc. s.

1523. Edit portant création de huit siéges des maîtrises des eaux et forêts dans les départements y exprimés, etc. — Z. 28, 15.

Même date; enreg. le 9 févr. s.

1524. Edit portant création des offices de tiers référendaires, taxateurs et calculateurs des dépens pour toutes les cours, siéges et justices royales du royaume, etc. — Ibid., 32.

Même date; enreg. le 7 janv. s.

ERRATA.

N° *130*, l. *3* : XVI = XIV : *177*, *4* : consommer ; *334*, *3* : — B. 266 ; *478*, *4* : XVIII. 25, 96 ; *725*, *2* : m. q. n. m. ayant fait profession ne : *742*, *6* : 1535 ; *792*, *2* : o. (n° 787). etc. : *867*, *5* : 35 : *1111*, *1* : sont : *1118*, *2* : 23 ; *1119*, *4* : 15 : *1161*, *5* : 16 : *1165*, *6* : 16 : *1352*, *4* : 49 = 19 : *1353*, *3* : 1641. — B. 197. 23 : *1471*, *4* : 1680.

www.ingramcontent.com/pod-product-compliance
Lightning Source LLC
Chambersburg PA
CBHW071931160426
43198CB00011B/1357